# 新クレジット・デリバティブのすべて

著

土屋 剛俊　　大橋 英敏
Taketoshi Tsuchiya　　Hidetoshi Ohashi

糸田 真吾　　谷 栄一郎
Shingo Itoda　　Eiichiro Tani

CREDIT
DERIVATIVES

# はじめに

　本書は『クレジット・デリバティブのすべて』および『ビッグバン後のクレジット・デリバティブ』を基に全面改訂を行なったものであるが，本書執筆の経緯について簡単に述べたいと思う。両書は本邦におけるCDS業務関係者のバイブルとも言える存在で，CDSビジネスに従事する者は全員机の上に置いてあるといっても過言ではないだろう。しかしながら『クレジット・デリバティブのすべて』は第2版の出版から11年，『ビッグバン後のクレジット・デリバティブ』も出版から8年以上の時が流れ，必ずしも市場の最新の状況を織り込んでいるとは言えない状態となってしまったことも事実である。市場慣行や各国の規制が大きく変化していくなかで，CDS市場関係者の中から改訂版を渇望する声が多く聞かれた。

　熱心な読者の1人として，市場関係者の思いを届けるべく両書の著者である糸田真吾氏に改訂版執筆の可能性を問い合わせたところ，同氏がマーケットの最前線から少し距離を置かれていることを理由に，単独での改訂作業では最新情報の反映という意味での内容の正確性を担保しきれないという懸念を伝えられた。それではCDS市場の最先端にいる人間と共著にすればその点は補えると考え，協力を打診したのが，みずほ証券チーフクレジット・ストラテジストの大橋英敏氏と大和証券チーフストラテジストの谷栄一郎氏である。両氏の快諾を得て執筆作業が始まり，今回の出版となったものである。

　当初の目的は最新情報を織り込んだ改訂版の作成であったが，新メンバーで議論を進める上で，新メンバーの強みを活かして投資ストラテジーの項目を大幅に追加することとなった。結果として，近年の市場や規制の変化を可能な限り広範囲かつ正確に反映でき，本来本書の強みであるCDSの基本的な考え，商品性といった基本部分や契約関連の詳細な記述はより洗練され，CDSを用いた実践的な投資ストラテジーも幅広く盛り込むことができた。さらにCDSのプライシング・ロジックに関する最新のクオンツ的手法を，難解な数式の展開に頼ることなく，平易に解説したことも本書の特徴のひとつとなった。本書では，糸田が第Ⅱ部契約書編および全体の統括，大橋が投

資戦略，谷がモデル，土屋がカウンターパーティー・リスクを主に担当したが，ページの制約もあり，簡潔に書かざるを得ない部分もあったことから，詳細は大橋，谷，土屋の著書や論文（参考文献リスト参照）を合わせて参照していただきたいと思う。なお，本書の内容および意見はすべて著者個人によるもので，著者の所属する（あるいは過去の所属した）会社や機関の意見を代表するものではないことを申し添える。

　本書には共著者の1人として参加させていただいたが，本書の発売を誰よりも待っていたのは，実は自分自身なのである。

土屋　剛俊

# 目　次

## 第Ⅰ部　基本的な商品性

### 第1章　信用リスクとは何か……………………………… 3
第1節　信用リスクの創出と移転……………………………… 3
第2節　信用リスク・プレミアム……………………………… 6

### 第2章　クレジット・デリバティブの基本………… 11
第1節　クレジット・デリバティブとは……………………… 11
第2節　クレジット・デリバティブ誕生の背景……………… 13
第3節　CDSの基本構造……………………………………… 15
　第1項　契約関係の概要…………………………………… 15
　第2項　コンファメーションの構成……………………… 17

### 第3章　CDSによるポジションの構築と解消…… 21
第1節　ポジションの構築…………………………………… 21
第2節　ポジションの解消方法……………………………… 21
　第1項　反対取引…………………………………………… 21
　第2項　早期解約…………………………………………… 23
　第3項　ノベーション……………………………………… 23

### 第4章　CDSの取引目的………………………………… 27
第1節　信用リスクのトレーディングやアービトラージ… 27
第2節　信用リスクのヘッジ………………………………… 28
第3節　信用リスクへの投資………………………………… 29
第4節　基本的なCDS取引…………………………………… 30
　第1項　ペア・トレード…………………………………… 30

第2項　カーブ・トレード………………………………………… 32
　第5節　CDS の機能…………………………………………………… 34
　　第1項　信用リスクの移転機能…………………………………… 34
　　第2項　信用リスクの価格発見機能……………………………… 35

# 第5章　CDS と関連の深い商品との比較………… 39

　第1節　CDS と保証…………………………………………………… 39
　第2節　CDS と社債…………………………………………………… 41
　　第1項　社債による信用リスク投資……………………………… 41
　　第2項　CDS による信用リスク投資……………………………… 42
　　第3項　CDS と社債の価格………………………………………… 43
　　第4項　ベーシスが発生する要因………………………………… 44
　第3節　CDS と株式…………………………………………………… 48
　第4節　会計上の取扱い……………………………………………… 50

# 第6章　カウンターパーティー・リスク…………… 53

　第1節　カウンターパーティー・リスクとは……………………… 53
　第2節　デリバティブ・カウンターパーティー・リスクの特徴… 54
　第3節　CDS におけるカウンターパーティー・リスクの特徴…… 57
　　第1項　主要な特徴………………………………………………… 57
　　第2項　カウンターパーティー・リスクに関連するシナリオの分類… 58
　　第3項　キャッシュフローの確認………………………………… 60
　第4節　取引相手と参照組織の相関リスク………………………… 66
　第5節　デリバティブ・カウンターパーティー・リスクへの
　　　　　対応（相対取引）………………………………………… 67
　　第1項　ネッティングによるカウンターパーティー・リスクの低減… 68
　　第2項　担保の受入れによるカウンターパーティー・リスクの低減… 69
　第6節　デリバティブ・カウンターパーティー・リスクへの
　　　　　対応（CCP）……………………………………………… 71
　　第1項　CCP 導入の経緯…………………………………………… 71

| 第2項 | CCPの基本的な枠組み | 72 |
| 第3項 | CCPの信用補完 | 73 |
| 第4項 | CCP参加者の破綻時の対応 | 74 |
| 第5項 | CCPの利点と限界 | 75 |

## 第7章　国家の信用リスクを参照するCDS（ソブリンCDS） ……79

## 第8章　クレジット・デリバティブを使った金融商品 ……89

| 第1節 | クレジット・デリバティブを使った金融商品の全体像 | 90 |
| 第2節 | クレジット・リンク債／クレジット・リンク・ローン | 91 |
| 第3節 | FTD型CLN/CLL | 92 |
| 第4節 | シンセティックCDO | 94 |
|  | 第1項　概　説 | 94 |
|  | 第2項　分　類 | 96 |
|  | 第3項　シンセティックCDOの特性 | 97 |
| 第5節 | CDSインデックス | 98 |
|  | 第1項　概　説 | 98 |
|  | 第2項　インデックスの作成ルール | 101 |
|  | 第3項　CDSインデックスのロール | 103 |
|  | 第4項　CDSインデックスと単一銘柄CDSの関係（理論値と市場実勢値） | 104 |
|  | 第5項　活用方法・領域 | 105 |

## 第9章　モデルを用いたCDS取引戦略 ……111

| 第1節 | 実務で使われる2つのモデル | 111 |
| 第2節 | ISDA標準モデル | 112 |
|  | 第1項　ISDA標準モデルの概要 | 112 |
|  | 第2項　カーブ・トレードへの応用 | 115 |

第3節　マートン・モデル ……………………………………………… 117
　第1項　マートン・モデルの概要 ………………………………… 117
　第2項　マートン・モデルの拡張 ………………………………… 120
　第3項　マートン・モデルの簡略化とペア・トレードへの応用 …… 121
第4節　株式との裁定取引 ……………………………………………… 125

# 第Ⅱ部　契約書詳述

## 第1章　CDSの契約構成 ……………………………………… 129

第1節　コンファメーションの変遷と用語定義集の刊行 …………… 129
　第1項　用語定義集刊行以前 ……………………………………… 129
　第2項　1999年版定義集と2003年版定義集の刊行 ……………… 130
　第3項　さらなる簡素化と標準化の動き ………………………… 131
第2節　サブプライム危機前後から現在までの動き ………………… 132
　第1項　コンファメーションの電子化 …………………………… 132
　第2項　ファンジビリティの向上（Big BangとSmall Bang）…… 134
　第3項　2014年版定義集の刊行 …………………………………… 136

## 第2章　プレミアムの支払い ………………………………… 141

第1節　プレミアムの支払い方法 …………………………………… 141
　第1項　従来の支払い方法 ………………………………………… 141
　第2項　現在の支払い方法 ………………………………………… 142
第2節　期中払いプレミアムの計算方法 …………………………… 144

## 第3章　取引の対象となる債務 ……………………………… 147

第1節　参照債務 ……………………………………………………… 147
第2節　イベント対象債務 …………………………………………… 149
　第1項　イベント対象債務の定義 ………………………………… 149
　第2項　イベント対象債務の種類と性質 ………………………… 149

第3項　イベント対象債務の性質（非劣後）……………………151
　第4項　保証債務の取扱い……………………………………155
第3節　引渡可能債務………………………………………………157
　第1項　引渡可能債務の定義…………………………………157
　第2項　引渡可能債務の種類と性質…………………………158
　第3項　引渡可能債務の性質（非劣後）………………………159
　第4項　引渡可能債務の性質（譲渡可能ローン・同意を要するローン）…160
　第5項　引渡可能債務の性質（非持参人払式）………………161
　第6項　引渡可能債務の性質（最長満期）……………………162
　第7項　リストラクチャリング対象引渡可能ソブリン債務……162
　第8項　資産パッケージ引渡……………………………………162
　第9項　除外引渡可能債務………………………………………166
　第10項　CTDオプションとM(M)Rリストラクチャリング………166

# 第4章　クレジットイベントの認定……………………169

第1節　クレジットイベントを認定する主体………………………169
　第1項　DCによるクレジットイベントの認定……………………169
　第2項　DCの構成………………………………………………170
　第3項　DCの開催………………………………………………173
　第4項　公開情報…………………………………………………173
　第5項　DCで決定される事項…………………………………176
第2節　クレジットイベントが認定され決済に移行する要件……177
第3節　クレジットイベントの通知が可能な期間…………………178
第4節　クレジットイベント認定の対象期間………………………179

# 第5章　クレジットイベント詳述……………………183

第1節　クレジットイベントの概要…………………………………183
第2節　バンクラプシー………………………………………………184
　第1項　バンクラプシーの概要…………………………………184
　第2項　バンクラプシーへの該当………………………………185

v

第3節　支払不履行……………………………………………………189
　　第1項　支払不履行の概要………………………………………189
　　第2項　最低支払不履行額………………………………………190
　　第3項　支払猶予期間……………………………………………192
　　第4項　支払猶予期間延長………………………………………193
　　第5項　通貨変更の取扱い………………………………………194
　第4節　リストラクチャリング……………………………………195
　　第1項　リストラクチャリングの概要…………………………195
　　第2項　リストラクチャリングの認定に必要な条件…………197
　　第3項　デット・エクイティ・スワップ（DES）……………200
　第5節　履行拒否／支払猶予………………………………………202
　　第1項　履行拒否／支払猶予の概要……………………………202
　　第2項　履行拒否／支払猶予延長条件…………………………204
　第6節　政府介入……………………………………………………206
　　第1項　政府介入クレジットイベント導入の背景……………206
　　第2項　政府介入の概要…………………………………………207
　　第3項　リストラクチャリングとの相違点……………………207
　　第4項　政府介入の事例…………………………………………208

# 第6章　クレジットイベント決済……………………211

　第1節　現金決済の概要……………………………………………212
　　第1項　現金決済（市場価格参照型）の仕組み………………212
　　第2項　現金決済（定額型）の仕組み…………………………212
　第2節　現物決済の概要……………………………………………216
　　第1項　現物決済の仕組み………………………………………216
　　第2項　現物決済の期間…………………………………………216
　第3節　決済方法の変遷……………………………………………218
　　第1項　現金決済と現物決済の比較……………………………218
　　第2項　決済方法の変遷…………………………………………219
　第4節　入札決済の詳細……………………………………………223

| 第1項 | 入札決済の骨子 | 223 |
| 第2項 | 入札決済の前段階 | 226 |
| 第3項 | 入札の手順 | 228 |
| 第4項 | 入札後の決済 | 236 |

## 第7章　承継者規定 …………………………………………… 237

### 第1節　承継者規定とは ……………………………………………… 237
### 第2節　数値基準による承継者の決定 ………………………………… 237
### 第3節　2014年版定義集において導入された項目 …………………… 238
第1項　承継事由基準日（Successor Backstop Date）……………… 238
第2項　ソブリン承継事由（Sovereign Succession Event）………… 239
第3項　承継比率算定に際する「シニア債務」と「劣後債務」の区分 … 239
第4項　包括承継者（Universal Successor）………………………… 240
第5項　段階的承継計画（Steps Plan）……………………………… 241

**コラム**

| プロテクションの「売り」と「買い」 | 13 |
| CDSにおける「決済」と「清算」 | 19 |
| ノベーションの実務 | 26 |
| クレジット・デリバティブの市場規模 | 36 |
| CDSと社債のベーシスの推移 | 47 |
| ノルウェーのCCPにおける巨額損失事件 | 78 |
| ネイキッドCDS | 82 |
| ソブリンと民間企業のスプレッドの関係 | 85 |
| CDSの取引通貨 | 86 |
| 2014年版定義集の導入がスプレッドに与えた影響 | 139 |
| ドイツの銀行銘柄の取り扱い | 154 |
| 残存元本金額の決定方法 | 159 |
| 引渡可能債務が存在しないとどうなるのか | 165 |
| 事業再生ADRと公開情報 | 175 |
| GSEの公的管理 | 188 |

「支払」不履行か「受取」不履行か……………………………………… 193
フランスのユーロ離脱（Frexit）と CDS …………………………… 196
シャープの事例………………………………………………………… 202
企業の破綻処理・再建時における社債と CDS の取扱い…… 203
ウクライナ共和国の事例……………………………………………… 205
リカバリー・ロック …………………………………………………… 215
CDS と引渡可能債務の残高（Delphi の事例）……………… 222
シニア債務と劣後債務の価格（GSE の事例）……………… 235

### 筆者雑感

時価の透明性……………………………………………………………… 51
AIG の経営危機と CCP ………………………………………………… 77
日本のソブリン CDS とメディア報道 ……………………………… 87
CDS インデックスを活用した戦略が失敗した事例
「ロンドンのクジラ」…………………………………………………… 108
「人工的な」支払不履行 ………………………………………………… 190

- ●参考文献 ……………………………………………………………………… 243
- ●あとがき ……………………………………………………………………… 245
- ●図表索引 ……………………………………………………………………… 247
- ●用語索引 ……………………………………………………………………… 251

# 第Ⅰ部
# 基本的な商品性

# 第1章 信用リスクとは何か

## 第1節 信用リスクの創出と移転

　本書の主題である**クレジット・デリバティブ**（Credit Derivatives）は，**信用リスク（クレジット・リスク）**に関連した取引である。信用リスクとは，契約の当事者がお金の支払いや物の引渡しなどの義務を契約通りに履行するかどうか，ということに関するリスクである[1]。義務の履行を受ける当事者は，義務を履行する当事者の信用リスクを負う。義務が履行される可能性が高ければ信用リスクは低く，可能性が低ければ信用リスクは高く，義務が履行されなければ信用リスクが顕在化する，ということになる。

　信用リスクはさまざまな金融取引に関連して生み出される（**信用リスクの創出**）。身近な例では，個人が銀行に預金すると銀行の信用リスクが発生して，預金者である個人が債権者として債務者である銀行の信用リスクを負うことになる。また，商取引において商品の売買契約が成立すると，商品を販売する側には商品を納入する債務が，商品を購入する側には代金を支払う債務がそれぞれ生じ，相互に信用リスクを負うことになる。

　金融市場では，社債の発行や融資の実行などによって，日々信用リスクが創出されている。社債の発行体や融資の借り手は，資金を調達することによって自分自身の信用リスクを生み出し，債務者として元本と金利を支払う義務を負う。社債を購入した投資家や貸出しを行なった銀行などは，債権者として債務者の信用リスクを負う代わりに，元本に加えて金利などを受け取る権利を取得する。このように新たに資金を調達する経済行為はプライマリー

---

1　ただし，事務手続の誤りなどの理由で義務が履行されないリスクは，オペレーショナルリスクと分類される。

市場における取引と分類され，資金調達行為が社債の発行である場合には**発行市場**または**起債市場**と呼ばれることも多い。

　プライマリー市場で発生した信用リスクは，契約が終了するまで元の債権者と債務者の間で動かないこともあれば，途中で債権者が交替することもある（**信用リスクの移転**）。例えば，社債について元の社債保有者が第三者に社債を売却する場合，融資について元の貸し手が第三者に融資を譲渡する場合が信用リスク移転の例となる。売却や譲渡によって，元の債権者は信用リスクから解放される代わりに，以降の元本や金利を受け取る権利などを放棄することになり，新しい債権者は信用リスクを負担し，以降の元本や金利を受け取る権利などを取得することになる。こうしたプライマリー市場で発生した信用リスクを移転する取引は**セカンダリー市場**における取引と分類され，社債の売買に関しては**流通市場**と呼ばれることも多い。信用リスクの移転によって債権者が変わっても，世の中に存在する債務者の信用リスク量に変化は生じない。

　銀行や保険会社などの主要業務のひとつである**保証**は，上記の分類上，信用リスクの移転と信用リスクの創出の両方の側面を持つ取引である[2]。社債や融資などの債権者は，元利払いに対して保証人から保証を受けることで，債務者の信用リスクを保証人に実質的に"移転"し，債務者の信用リスクから解放される（債務者信用リスクの移転）[3]。債務者が債務の履行を怠った場合には，これに代わって債務を履行する義務が保証人に発生する。つまり，債権者は債務者リスクを移転する一方，保証人の信用リスクを負うことになる（保証人信用リスクの創出）。"債務者の債務不履行"という事象の発生を条件として[4]生じる保証人の保証履行義務は，一般に偶発債務と呼ばれ，債権者に経済的な損失が発生するのは，債務者と保証人の両方が債務不履行と

---

[2] ここでは外形的な経済効果のみに注目し，準拠法によって異なり得る法的構成などについては考慮しない。
[3] 保証は，その性質上，債務者よりも信用力が高い主体から受けることが一般的と考えられるが（親会社や政府による保証など），ある債務者に対する集中リスクを減らしたい，異なる属性のリスクに置き換えたい，信用リスクをさらに軽減したい，などといった理由によって，債務者よりも信用力が低い主体から保証を受けるケースも珍しくない。
[4] 英語では"contingent on～（～を条件として）"，"contingency（条件）"と表現される。

図表 1 - 1　保証契約の例

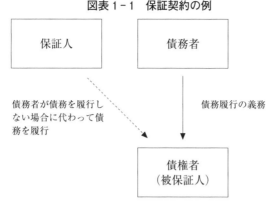

債務者が破綻しても，保証人から債務の履行を受けられる
保証人が破綻しても，債務者から債務の履行を受けられる
債務者と保証人の両方が破綻した場合，債務の履行を受けられない

なった場合に限定される（図表 1 - 1）。

　社債保有者が第三者にこれを売却した場合，売却時点で発行体の信用リスクが第三者に移転され，第三者に対する信用リスクも残存しないのに対して，社債を保有したまま第三者から保証を受ける場合には，発行体の信用リスクは第三者に移転されるが，第三者に対する信用リスクは保証契約の終期まで残存することになる。

　クレジット・デリバティブも保証と同様，信用リスクの創出と移転両方の経済効果を生む取引である。クレジット・デリバティブでは，初めに取引の対象とする信用リスク（例：A社の債務不履行リスク）を特定し，これを片方の当事者（B）からもう片方の当事者（C）へ移転する（対象信用リスクの移転）。信用リスクが顕在化した場合，片方の当事者（C）からもう片方の当事者（B）に，契約に従って支払いが行なわれる。片方の当事者（C）の支払い（損失）はもう片方の当事者（B）の受取り（利益）と一致することから，世の中全体で見れば，対象とする信用リスクが顕在化しても損益は生じない。言い換えれば，クレジット・デリバティブを取引しても，取引の対象となる信用リスクが世の中に新たに創出されるわけではない。一方，取引当事者は互いに相手に対して契約通りに支払いなどを行なう義務を負うこと

から，それぞれが相手の信用リスクを負担することになる（取引相手信用リスクの創出）。

## 第2節　信用リスク・プレミアム

　他人にお金を貸す場合，貸し手は主として「借り手がお金を返してくれない可能性」と「お金を貸している期間は自分のお金が使えない不自由さ」を考慮し，これらに見合う金利を設定する。前者のリスクが信用リスクであり，借り手の信用力（＝借金の返済能力）に応じて代償となる金利の水準が変化する。一般に，先進諸国が発行する自国通貨建ての債務[5]は信用リスクがない，すなわち**リスク・フリー（無リスク）**であると認識されるが，平時においてリスク・フリーの債務でも金利がゼロにはならない[6]のは，後者の「自分のお金が使えない不自由さ」が存在するからであると考えられる。こうしたリスク・フリーの債務に付与される金利はリスク・フリー金利と呼ばれる。

　一方，何らかの信用リスクを伴う債務には，信用リスクの度合いに応じた金利がリスク・フリー金利に上乗せされる。この"上乗せ金利"は**信用リスク・プレミアム**，または**クレジット・スプレッド**[7]と呼ばれ，パーセンテージまたはベーシス・ポイント（basis point: 1 basis point（1 bp）は0.01％）で表記される。図表1-2は調達金利が決定される過程を示した例である。

　図表1-2の例のように，リスク・フリー金利は調達の期間によって異なる。調達の期間が長いほど貸し手にとってお金が使えない不自由な期間が長くなることから，リスク・フリー金利は高くなると考えるのが自然のように思われるが，市場の需給，将来の政策金利やインフレ率の見通しなどによっては，短期金利が中期，長期金利よりも高くなることも珍しくない。

　一方，前述のように，信用リスク・プレミアムは借り手の信用力によって異なる。信用リスク・プレミアムは，期間が長いほど不確実性の高まりを反

---

[5] 円建ての日本国債や米ドル建ての米国債などがこれに該当する。
[6] 金融危機対応としての非伝統的な金融政策の下で，近年では利回りがゼロを下回る債券が珍しくなくなったことは周知の通りである。
[7] 単に"プレミアム"や"スプレッド"と呼ぶことも多い。

第1章 信用リスクとは何か

図表1-2 調達金利の決定

|  | 期間5年 | 期間10年 |
|---|---|---|
| リスク・フリー金利（x） | 1.20% | 1.80% |
| A社の信用リスク・プレミアム（a） | 0.50% | 0.75% |
| A社の調達金利（x）+（a） | 1.70% | 2.55% |

|  | 期間5年 | 期間10年 |
|---|---|---|
| リスク・フリー金利（x） | 1.20% | 1.80% |
| B社の信用リスク・プレミアム（b） | 2.00% | 3.00% |
| B社の調達金利（x）+（b） | 3.20% | 4.80% |

映して数字が大きくなることが多いが，市場の需給や将来の信用リスクの見通しなどによっては，短い期間の信用リスク・プレミアムが長い期間の信用リスク・プレミアムを上回ることもある[8]。

社債，融資といった信用リスクの取引においては，主要な資金仲介機関である銀行の視点に立って，銀行の資金調達金利を基準金利とみなすことも多い。例えば，期間5年の国債の金利が1.20%，銀行の調達金利が1.40%，A社の調達金利が1.70%である場合，A社の信用リスク・プレミアムは国債をベンチマーク（基準）にすると0.50%，銀行をベンチマークにすると0.30%となる。一般に，信用リスク・プレミアムは，米国債（Treasury[9]）および銀行の調達金利（LIBOR[10]）それぞれの頭文字をとって，「T＋0.50%」または「L＋0.30%（「Swap＋0.30%」）」と表現される[11]（図表1-3）。

クレジット・デリバティブにおいては，企業などの信用リスクを移転する対価として，信用リスク・プレミアムが受払いされるが，これは国債金利との差ではなく，銀行の調達金利との差に相当する水準となる。クレジット・

---

8 長短のプレミアム格差に着目した投資戦略に関しては第4章第4節第2項参照。
9 日本国債のように米国債以外の国債をベンチマークとする場合は，その国債の名称を用いて「JGB＋x%」，あるいは「G＋x%」などと表現することもある。
10 ロンドン銀行間貸出金利（London Interbank Offered Rate）。いわゆるサブプライム問題が顕在化した2007年以降，LIBORの妥当性が問われた結果，パネル行に対するLIBOR提示の要請が終了するとされる2021年に向けて，LIBORより安定的で透明性の高い変動金利の指標を新たに確立する動きが世界的に進んでいる。
11 債券の条件決定時には，その時点のスワップ金利の仲値を参照して「MS（Mid Swap）＋0.30%」と表現することも多い。

図表1-3 信用リスク・プレミアムの表現方法

|  | 期間5年 | 期間10年 |
|---|---|---|
| 基準金利（国債） | 1.20% | 1.80% |
| 基準金利（銀行） | 1.40% | 2.00% |
| A社の調達金利 | 1.70% | 2.55% |
| A社の信用リスク・プレミアム（対国債） | 0.50%（T+0.50%） | 0.75%（T+0.75%） |
| A社の信用リスク・プレミアム（対銀行） | 0.30%（L+0.30%） | 0.55%（L+0.55%） |

|  | 期間5年 | 期間10年 |
|---|---|---|
| 基準金利（国債） | 1.20% | 1.80% |
| 基準金利（銀行） | 1.40% | 2.00% |
| B社の調達金利 | 3.20% | 4.80% |
| B社の信用リスク・プレミアム（対国債） | 2.00%（T+2.00%） | 3.00%（T+3.00%） |
| B社の信用リスク・プレミアム（対銀行） | 1.80%（L+1.80%） | 2.80%（L+2.80%） |

デリバティブ市場ではその創成期から銀行が主要なプレーヤーであり，銀行自身の信用力を基準に取引の対象となる企業などの信用リスク・プレミアムを捉えることが自然であったものと考えられる[12]。

前述のように，信用リスク・プレミアムとクレジット・スプレッドは基本的に同じ意味を表す用語であるが，これを支払う／受け取るといった文脈では"信用リスク・プレミアム（あるいは単に"プレミアム"）"，この数字が増減するという文脈では"クレジット・スプレッド（あるいは単に"スプレッド"）"という用語を使うことが多い。また，クレジット・スプレッドが大きくなること（＝信用リスクが高まること）を"スプレッドがワイドニング（拡大，ワイド化）する"と表現し，小さくなること（＝信用リスクが低下すること）を"スプレッドがタイトニング（縮小，タイト化）する"と表現す

---

[12] CDSが後述（41ページ）のアセットスワップから派生したことを考えても，CDSのクレジット・スプレッドをLIBORに対する上乗せ金利と捉える方が自然であると考えられる。

る。

　概念的には，クレジット・スプレッドは貸したお金が返ってこない確率を表す。単純な例として，取引相手に1年間100円を貸し出し，1年後に100円が返済される可能性が95％，1円も返済されない可能性が5％とする。この場合，1年後に受け取る金額の期待値は95円となり，貸したお金全額の返済を確保するためには5円分（元本の5％相当）の金利，すなわち信用リスク・プレミアムを要求する必要がある。実際の取引では，借り手が破綻するタイミングや，破綻時の資金回収率の予測値，金利受取りのタイミング[13]などを勘案して，プレミアムの水準を決定する[14]。

---

13　金利を前払いで受け取る場合には，厳密にはその再運用利回りなども考慮する必要がある。
14　CDSのプライシングの詳細については，第9章参照。

# 第2章　クレジット・デリバティブの基本

## 第1節　クレジット・デリバティブとは

　クレジット・デリバティブは，信用リスクを取引するデリバティブの総称である。デリバティブは金融「派生」商品と邦訳され，何か元になる"原商品"が存在して，そこから派生して作られる商品を意味する。金利デリバティブが国債などの金利リスク商品を原商品とするように，クレジット・デリバティブは社債や融資などの信用リスクを含む商品を原商品とする。これらのデリバティブ取引は，原商品に含まれるリスクとリターンをある程度再現しつつも，取引元本の受払いが不要であったり，原商品より取引条件が画一化されているなど，異なる側面を持つことが多い。

　クレジット・デリバティブにはさまざまな類型が存在するが，最も代表的なものは，**クレジット・デフォルト・スワップ**（Credit Default Swap：以下「**CDS**」）と呼ばれる二者間で信用リスクを移転する取引である。信用リスクを移転すると，信用リスクから"保護される"（プロテクトされる）ことから，信用リスクを取引相手に移転することを「**プロテクションを買う**」，信用リスクを取引相手から引き受けることを「**プロテクションを売る**」と表現し，取引当事者はそれぞれ**プロテクションの買い手**（Protection Buyer），**プロテクションの売り手**（Protection Seller）と呼ばれる。

　CDSにおいては，**参照組織**（Reference Entity）と呼ばれる取引の対象となる主体が特定され，プロテクションの買い手はプロテクションの売り手に参照組織の信用リスクを移転し，この対価としてプレミアムを支払う。参照組織に**クレジットイベント**[1]（Credit Event）と呼ばれる倒産や債務不履行

---

1 「信用事由」と日本語表記されることもある。

第Ⅰ部　基本的な商品性

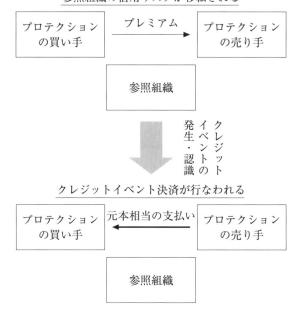

図表2-1　CDSの取引概要

などの事由が発生した場合，売り手は買い手に対して元本相当の金額を支払う[2]（**クレジットイベント決済**（Settlement））。クレジットイベントが発生しなければ，買い手から売り手へのプレミアムの支払いのみで契約は終了する（図表2-1）。

　社債を保有する当事者は，社債発行体を参照組織とするCDSをプロテクションの買い手として取引することによって，プロテクションの売り手に社債発行体の信用リスクを移転することができる。社債がデフォルトした場合には，CDSにおいてクレジットイベントが認定され，クレジットイベント決済によってプロテクションの売り手から支払いを受け，保有社債から生じる損失の全部または一部を回復することが期待される。

---

2　ここでは単純化のために，回収率（残余価値）を考慮に入れない。

第 2 章 クレジット・デリバティブの基本

> **コラム　プロテクションの「売り」と「買い」**
>
> 　CDS でプロテクションを買うと，参照組織の信用リスクを移転するという点で，保有する社債を売ることと類似した経済効果が生じる。反対に，プロテクションを売ると，参照組織の信用リスクを引き受け，その対価としてプレミアムを受け取ることになり，社債を買うことと同様の経済効果が生じる。
>
> 　社債と CDS は共に信用リスクを含む代表的な商品であるが，両者では「売り」と「買い」が正反対の経済効果を意味する。「CDS を売る」，「CDS を買う」という表現を耳にすることもあるが，「CDS を売る」ことが「プロテクションを売る」ことを意味するのか，「CDS で信用リスクを売る（＝プロテクションを買う）」ことを意味するのか明確ではないため，「プロテクションを売る」，「プロテクションを買う」と表現した方が取引の現場などにおいては誤解を避けることができて望ましい。
>
> 　また，新聞記事や書籍などにおいて，英語の原文を「CDS を販売する」と邦訳する表現を目にすることがある。これは「sell protection」を直訳したものと考えられ，原文では「プロテクションを売ってリスクを引き受ける」という意味であるところ，邦訳では「（投資家に）CDS という投資商品を販売する」という内容に変化していることがある。例えば，「保険会社 A 社は（投資家に）CDS を販売していた」という邦訳の原文が「保険会社 A 社は（自らが投資家として）CDS でプロテクションを売り，投資していた」という正反対の内容だった，ということもある。
>
> 　単純なことではあるが，売りと買いで意味合いが正反対となってしまうことから，注意が必要である。

## 第 2 節　クレジット・デリバティブ誕生の背景

　クレジット・デリバティブ市場は 21 世紀になって急拡大したが，これに近い経済効果を持つ取引は，1980 年代の後半頃から存在していた。

　当時の世界経済情勢を簡単に振り返ると，米国では不動産市場やハイイールド債[3] 市場で信用劣化が進んだことに加えて，中南米市場でも経済危機が

---

3　高利回り債。一般に，BBB－未満の格付けの債券を指す。

図表2-2 単純化した銀行のバランスシート

| 資産 | 負債＋資本 |
|---|---|
| ・企業向け融資<br>・個人向け融資<br>・社債（投資）<br>・株式（投資）<br>・不動産<br>・固定資産 | ・預金（個人から調達）<br>・社債（機関投資家から調達）<br>・借入金（他の金融機関などから調達）<br>・株式（機関投資家や個人から調達） |

発生し，これらの市場に多額の融資を供与していた大手米銀の資産が毀損した。その結果，大手米銀の格付けは低下し，資金調達コストは上昇した。米国外でも，1990年代の後半にはロシア危機やアジア通貨危機が発生した。また，日本においても，バブル経済の崩壊と共にいくつかの大手金融機関が破綻し，生き残った金融機関も自己資本比率の維持に苦戦していた。

　国内外で大きな経済・金融危機が頻発するなかで，信用リスクに対する関心が高まり，大手金融機関などは保有資産や取引相手の信用リスクを効率良く管理する方法を模索していた。このような環境下で，銀行をはじめとする金融機関の信用リスク・ポートフォリオ管理に資するツールとして，クレジット・デリバティブが開発された。クレジット・デリバティブを経済・金融危機から生まれた商品と位置付けることも可能であろう。

　図表2-2は銀行のバランスシートを単純化したものである。銀行は自身の信用力を基に資金を調達し（負債側），貸出しを行なうなどして資金を運用し（資産側），利鞘の確保に努めるため，そのバランスシートには信用リスクの大きな塊が生じる。

　銀行が収益を増やそうとすれば，資産の運用利回りを上げる，負債コストを下げる，自己資本に対する負債のレバレッジを上げるなどの選択肢があるが，いずれも経営の健全性を維持するための自己資本比率規制などとの兼合いを考慮する必要がある。適切な資本を維持しつつ，量的にも質的にも効率の良い信用リスク・ポートフォリオを構築することが収益性向上の鍵となるが，銀行のポートフォリオ運営において，クレジット・デリバティブは信用リスクを取引する手段のひとつを構成する。収益拡大のためにリスクをとることを考える場合，貸出しを行なう，社債を購入する，保証人として保証を

実行するなどの選択肢が従来から存在していたが，クレジット・デリバティブの誕生によって，"CDSでプロテクションを売る"という選択肢が加わった。また，自己資本比率を改善するために資産を減らすことを考える場合，融資を譲渡する，社債を売却する，保有資産について第三者から保証を受けるなどの選択肢が従来から存在していたが，ここでも"CDSでプロテクションを買う"という選択肢が加わることとなった。

## 第3節　CDSの基本構造

### 第1項　契約関係の概要

　金融取引は，店頭で取引されるものと取引所で取引されるものに大別される。店頭取引の代表的なものは，国債の売買や**OTCデリバティブ**（Over The Counter Derivatives：店頭デリバティブ）である。クレジット・デリバティブはOTCデリバティブの一種であり，取引当事者は相対で条件を交渉し，取引を締結する。金融危機以降，**セントラル・カウンターパーティー**[4]（Central Counterparty：以下「**CCP**」）の利用が進み，いったん相対で契約を締結した後に取引当事者がCCPに切り替わる慣行が増えているが，ここではまず，CCPを利用する前段階の当事者間の相対取引における契約関係の概要をまとめる（図表2-3）。

　CDSの契約は，**ISDA**[5]（国際スワップ・デリバティブズ協会）が雛型として刊行する**マスターアグリーメント**（ISDA Master Agreement）と呼ばれる「主契約」と，**コンファメーション**（Confirmation：取引確認書）と呼ばれる「個別契約」から構成される。

　マスターアグリーメントは，準拠法や当事者が破綻した場合の取扱いなど，個別取引の前提となる基本事項を定める契約書であり，原則として，これが締結されていることが取引を行なう前提となる。また，マスターアグリ

---

[4] 第6章第6節参照。
[5] ISDAはInternational Swaps and Derivatives Associationの略。本項に記した契約書を含めて，OTCデリバティブ取引で利用される契約書の多くは，ISDAが刊行したものを使う慣行となっている。

第Ⅰ部 基本的な商品性

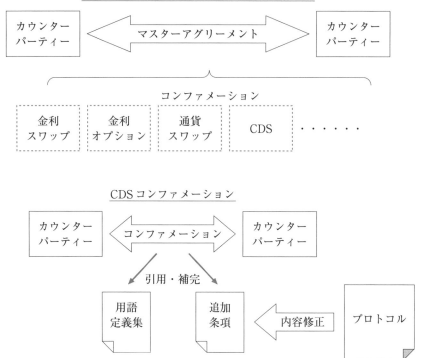

図表 2-3 契約書の構造

ーメントに付随して，**CSA**（Credit Support Annex）と呼ばれる担保契約が一般に締結される。

当事者間で合意された CDS の取引条件は，定型化されたコンファメーションに記載される。コンファメーションで使われる用語は**用語定義集**（Definitions）や，これを補完する**追加条項**（Supplement）などに定義される。

マスターアグリーメントやコンファメーションなどが調印された後，契約条項の一部に修正を加える必要が生じることがある。個別性の強い修正事項であれば，当事者間で個別に修正されるが，多くの市場参加者や取引に関連する修正事項の場合には，多数の当事者が個別に契約書を修正する手間を省くために，ISDA が**プロトコル**（Protocol）と呼ばれる修正内容を記したド

キュメントを作成することがある。プロトコルに定められた修正内容は，これを批准した当事者間のすべての取引について，自動的に適用されることになる（**プロトコル方式**による修正）。なお，プロトコル方式は，契約内容を事後的に修正する目的以外にも，今後の取引についての約束事を合意する目的で活用されることもある[6]。

## 第2項　コンファメーションの構成

契約条件の詳細は第Ⅱ部に譲るが，以下ではコンファメーションに記載される主な事項を簡単に整理する。

・取引の当事者

契約当事者として，プロテクションの売り手とプロテクションの買い手の名称が記載される。

・取引の開始日と終了日

契約を締結した日（**取引日**（Trade Date）），契約の開始時点（**開始日**（Effective Date））および終了時点（**予定終了日**（Scheduled Termination Date））が記載される。大まかには，開始日から予定終了日の間において，プロテクションの買い手から売り手に信用リスクが移転されることになるが，開始日の60暦日前までに発生した事由であればクレジットイベントとして認定され，また，一定の条件を満たした場合は，予定終了日後に発生した事由がクレジットイベントとして認定されることもある[7]。

クレジットイベントが発生しなければ，取引は予定終了日に終了し，途中でクレジットイベントが発生すれば，原則として取引はクレジットイベント決済が完了した日を以って終了する。

---

[6] ノベーション・プロトコル（26ページ参照）がこれに該当する。
[7] 予定終了日前に不払いを起こし，猶予期間を経て，予定終了日後に不払いが確定する場合などがこれに当たる（193ページ参照）。

第 I 部　基本的な商品性

- **取引の元本金額**

　取引の**元本金額**（Calculation Amount）が記載される。元本金額は，クレジットイベント決済やプレミアム支払額の計算の基準として用いられる。

- **プレミアム支払い**

　従前の市場慣行では，プレミアムは元本金額に対するパーセンテージ表記で記載され，プロテクションの買い手から売り手に対して，取引の期間中に3ヶ月ごとに支払われていた。2009年頃からは，3ヶ月ごとの支払いに加えて，一部を取引開始直後に受払いする方式が標準となっている。

- **決済のきっかけとなる事由**

　取引が決済されるきっかけとなる"由々しき事態"，すなわちクレジットイベントが記載される。金融機関以外の民間企業の信用リスクを取引対象とするCDSにおいては，**バンクラプシー**（Bankruptcy：法的倒産処理手続の開始など），**支払不履行**（Failure to Pay：元利金の不払い），**リストラクチャリング**（Restructuring：債務の条件変更）の3つ，金融機関の場合にはこれに**政府介入**（Governmental Intervention：政府当局による債務の強制的条件変更など）を加えた4つを適用することが一般的である[8]。国家の信用リスクを取引対象とするCDSにおいては，**履行拒否／支払猶予**（Repudiation／Moratorium：支払拒否・支払猶予宣言），支払不履行，リストラクチャリングの3つが適用される。

- **移転される信用リスクの範囲**

　参照組織とその**イベント対象債務**（Obligation）が記載され，参照組織自体もしくはイベント対象債務について発生する事由がクレジットイベントの対象となる。イベント対象債務としては参照組織の借入金債務（Borrowed Money）全般と指定されることが多いが，特定の社債や証券化商品を指定して，これにプロテクションの対象を限定することもできる。

---

[8] 北米市場では，一般にバンクラプシーと支払不履行の2つが適用される。

・取引の決済方法

　クレジットイベントの発生に伴う決済は，**クレジットイベント決済**と呼ばれる。クレジットイベント決済は，参照組織の債務（現物）と元本金額（現金）を交換する**現物決済**（Physical Settlement），元本と現物の価格の差額を現金で決済する**現金決済**（Cash Settlement），この2つを組み合わせた**入札決済**（Auction Settlement）の3種類に大別される。

　市場では，2000年前後から現物決済が標準的に用いられていたが，2010年前後からは，取引残高が大きい参照組織については，入札決済を実施することがグローバル・スタンダードとして定着している。

### コラム　CDSにおける「決済」と「清算」

　CDSに関連して「決済」というと，主として「プレミアム受払いの資金決済」と「クレジットイベント決済」を意味する。前者の決済は，取引期間中の決まった日に行なわれるのに対して，後者の決済はクレジットイベントが発生しない限り実現しない。この他，取引当事者の破綻などに起因して取引が早期に終了する場合には，清算金などが「決済」される。

　日本語で単に「決済」，もしくは英語で"settlement"と表現すると，前後の文脈が明確でない場合，正確な意味が伝わらない可能性がある。例えば，「CDSの取引残高が増加し，決済がスムーズに実行されない可能性が生じている」，といった文章では，プレミアムの決済，クレジットイベント決済，清算金の決済とさまざまな意味が考えられる。

　また，「清算（"clear"）」という用語も「決済」の類義語として使われることがあるが，こちらも曖昧に表現されることが多い。単に「CDSを清算する」と表現すると，クレジットイベント決済を意味するのか，早期終了時の決済を意味するのか，あるいは第6章で取り上げるCCPを利用するという意味なのか，わかりにくいことが多い。

　どちらも頻繁に使われる用語であるが，文意が曖昧になり得ることに留意する必要がある。

# 第3章　CDSによるポジションの構築と解消

## 第1節　ポジションの構築

　CDSにより，信用リスクを移転したいと考える当事者はプロテクションを買い，信用リスクを引き受けたいと考える当事者はプロテクションを売る（ポジションの構築）。一般に，プロテクションを買っている状態を「クレジットをショートしている」，プロテクションを売っている状態を「クレジットをロングしている」と表現する[1]。

　すでに存在するポジションを解消したいと考える場合は，大きく分けて，以下の3通りの方法がある。

## 第2節　ポジションの解消方法

### 第1項　反対取引

　CDSをマーケット・メイク[2]するディーラーは，元々プロテクションを売っていれば買い，買っていれば売り，という反対方向の新取引（反対取引）を行なうことによってポジションを解消することが多い（図表3-1）。反対取引は，既存の取引と参照組織や取引の終了日などの主要条件を合わせて，

---

[1] 「クレジット・ロング」のことを「プロテクション・ショート」，「クレジット・ショート」のことを「プロテクション・ロング」と表現することもある。また，「CDSロング」や「CDSショート」という表現もあるが，人によって逆の意味を示唆していることもあるので注意が必要である。
[2] 顧客のために常時売り買い両サイドの価格を提示すること。マーケット・メイク（market make）するディーラーはマーケット・メイカー（market maker）と称される。

第Ⅰ部　基本的な商品性

**図表3-1　反対取引によるポジションの解消**

★　当初取引

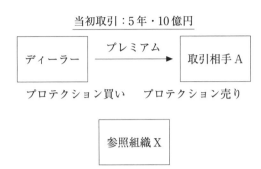

★　反対取引

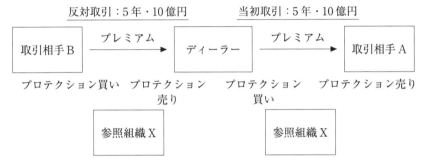

残余リスクが生じないように行なう[3]。

　反対取引による場合，参照組織の信用リスクは相殺されるが，売りと買いの取引が両建てで存続するため，期間5年の取引であれば5年後の取引終了日まで2つの取引を管理[4]する必要があり，また，その間の取引相手の信用リスク[5]もそれぞれに残ることになる。ポジションを作っては反対取引によって解消する，という動きを繰り返すと，実質的なリスク量の増加は限定的

---

3　ディーラーは必ずしも取引全額についてポジションを解消するわけではなく，相場観やリスク許容度，流動性などに応じて，元本金額の一部についてのみ反対取引することもある。また，例えば残存4年半の売りポジションが存在するところに5年の買い取引を行なうなど，異なる年限で売り買いすることもある。
4　リスク量や損益の計算，プレミアムの決済，取引の社内，社外向け報告，クレジットイベントが発生した場合の決済など，取引を管理する事務作業は多岐にわたる。
5　カウンターパーティー・リスクについては，第6章参照。

であっても，管理すべき取引が膨大な件数に上ることになる。

このため，CDS 市場では，事務管理面およびリスク管理面での対応として，売りと買いが両建でリスクが相殺されている取引の組合せを満期前に同時に解約して，グロスの元本金額を減らす作業が積極的に行なわれている。こうした取引残高の圧縮作業は，一般に**コンプレッション**（compression）や**ターミネーション**（termination），**テアアップ**（tear-up）と呼ばれている。

反対取引はその時点の市場実勢価格で行なわれ，既存の取引と反対取引のスプレッドの差の現在価値が，反対取引によって確定する既存取引の損益となる。反対取引による場合，市場で最も価格競争力のある当事者を相手にポジションを解消することができるというメリットがある。

### 第 2 項　早期解約

ディーラーと最終顧客（エンドユーザー）の取引においては，顧客がポジションの解消を希望する場合，早期解約清算金（Termination Fee）と呼ばれる現在価値の調整額の受払いを以って取引を早期終了させることがある（図表 3 - 2）。

この方法による場合，既存の取引は完全に消滅するため，早期解約清算金の決済後は取引を管理する必要がなくなり，また，取引相手の信用リスクからも完全に解放されるというメリットがある。

早期解約清算金は既存取引の現在価値に相当し，当事者にとってプラスの現在価値であれば受取り，マイナスであれば支払いとなる。早期解約は既存の取引相手との二者間での取決めであることから，既存の取引相手の価格競争力によっては，ベストの価格でポジションを解消できるとは限らない。

### 第 3 項　ノベーション

ディーラーと最終顧客の間では，**ノベーション**（Novation）[6] と呼ばれる方法でポジションが解消されることも多い。ノベーションはアサイメント（assignment）とも呼ばれ，既存の取引における自己の権利義務関係を，ノ

---

6　ノベーションは「当事者交替」と邦訳されることもある。

## 図表3-2 早期解約によるポジションの解消

★ 当初取引

当初取引：5年・10億円

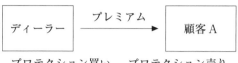

★ 早期解約

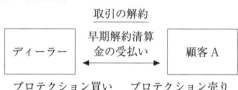

ベーション手数料と呼ばれる現在価値の調整額を受払いすることによって，第三者に譲渡する取引のことである（図表3-3）。ノベーションの結果，既存の取引を譲渡した者は契約関係から離脱し，ポジションを解消することになる。ノベーションは日本市場では数は少ないが，海外市場では，ファンドなどが日常的に既存の取引を第三者に譲渡してポジションを解消している。

前項の早期解約と同様に，ポジションの解消を希望する当事者は既存取引から完全に離脱するため，ノベーション手数料の決済後は取引を管理する必要がなくなり，また，取引相手の信用リスクからも完全に解放されるというメリットがある。

ノベーション手数料は既存取引の現在価値に相当し，当事者にとってプラスの現在価値であれば受取り，マイナスであれば支払いとなる。ノベーショ

**図表3-3 ノベーションによるポジションの解消**

★ 当初取引

★ ノベーション

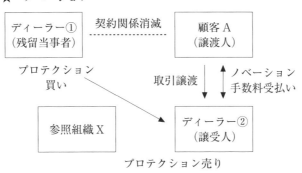

ンにおいては，第1項の反対取引によるポジション解消と同様に，既存の取引相手に限らず最も価格競争力のある取引相手と取引することが可能である。大手金融機関のように大規模な事務処理インフラを持たず，また，頻繁に売り買いを繰り返し，取引価格の競争力に対して敏感なファンドのようなプレーヤーにとって，ノベーションは非常に利便性が高いポジションの解消方法であると考えられる。

　ノベーションは反対取引と早期解約それぞれの特性を利用したポジションの解消方法であるが，三者間の契約となることから，過去においては合意の形成や契約書の作成，調印実務が複雑になることがあった。ノベーションが普及した当初は実務の現場で混乱も見られ，契約書の調印が遅れる**バックログ**（backlog）[7] の問題が顕在化した。この問題に対応するため，2005年に

ISDAは**ノベーション・プロトコル**（Novation Protocol）を発表して実務手続を明確化している。

> ### コラム　ノベーションの実務
>
> 　取引を譲渡（ノベート）しようとする当事者（譲渡人）は、譲渡先の当事者（譲受人）と価格などを交渉し、当初の取引相手（残留当事者）から事前に合意を得た上で、取引を譲受人に譲渡する（図表3－3）。残留当事者にとっては、取引相手が譲渡人から譲受人に変更になることから、ノベーションに合意する際には、譲受人に対して与信枠があることなどを確認する必要がある。譲受人は残留当事者を相手とする新規契約を締結することから、やはり与信枠の確認が必要となる。
>
> 　このように、当事者間の事前の合意を基に、譲渡の内容を記した契約書に調印することを以ってノベーションの手続が完了するが、過去においては、一部の市場参加者は取引相手の事前の合意なしに、さらには譲渡する取引の情報を正確に伝えずにノベーションを試み、実務の現場が混乱する場面も見られた。極端なケースでは、譲渡人が残留当事者の了承を得ることなく、また、当該取引がノベーションを意図したものであることを事前に伝えずに譲受人と条件交渉し、条件が合意された後に、電話などでノベーションとして手続するように依頼することもあったという。残留当事者が事後的にノベーションに了承したとしても、譲渡人が対象となる取引の情報を十分に伝達せず、契約書の調印に時間がかかるといったケースもあり、結果としてバックログの問題を深刻にする要因ともなった。
>
> 　ISDAのマスターアグリーメントでは、書面による事前の合意なしに取引を第三者に譲渡することは認められておらず、上記のような事例は現場に混乱をもたらすのみならず、法的にも無効と考えられる。市場参加者が突然破綻した場合、ノベーションとしての処理が完了していない取引の取扱いが不透明との指摘も聞かれ、2005年にはニューヨーク連銀などの規制当局が懸念を表明するに至った。本文中のノベーション・プロトコルは、こうした問題に対して民間の市場参加者が提示したソリューションであった。

---

7　ノベーションのみが原因ではないが、業界の平均で20日程度、契約書が未調印のままバックログとして残るという現実が2002年から2003年頃には存在していた。

# 第4章 CDSの取引目的

　CDSは多様な目的で活用されているが，本章では取引の目的を大きく3つに分けて整理した上で，第4節では基本的な取引戦略について，第5節では基本的な機能についてまとめる。

## 第1節　信用リスクのトレーディングや　　　　　アービトラージ

　CDS市場で最も件数が多いと考えられるのが，信用リスクのトレーディングを目的とした取引である。為替や株式などと同様に，"上がると思えば買い，下がると思えば売る"という発想で，相場の方向感に着目して利鞘の獲得を目指す取引である。
　現物の金融商品の場合，将来価格が上がると考えれば現物を購入してロング・ポジションを構築すれば事足りるが，将来価格が下がると考える場合には，現物を保有する第三者から現物を借りてきて売却する，いわゆる"空売り"によることになる。市場によっては貸借市場が未発達であり，空売りが困難な場合もある。これに対して，先物取引に代表されるデリバティブ取引では，ロング，ショートのいずれのポジションを作ることも容易である。
　クレジットの世界でも，社債や融資といった現物取引しか存在しなかった時代には，ショート・ポジションの構築は容易ではなかったが，クレジット・デリバティブが開発されたことによって，市場参加者はロングとショートいずれのポジションも自在に構築できるようになった。
　CDSのトレーディングでは，取引主体によって，短い期間でプロテクションの売り買いを繰り返すこともあれば，ポジションを比較的長い期間維持することもある。長期間ポジションをとらないことが原則であるディーラー

や，短期的な収益を目標とするファンドなどは，日中に何度も売り買いを繰り返して利鞘の獲得を目指す。こうした主体の取引量や取引残高は他の取引主体と比べて大きいと考えられるが，売り買い相殺後の実質的なポジションは必ずしも大きいとは限らない。

こうした相場の方向性に着目するトレーディングとやや趣を異にするのが**アービトラージ**（裁定）取引である。アービトラージとは，市場価格に歪みが生じていると判断される場合[1]に，売りと買いを組み合わせるなどして，限られたリスクでポジションを構築し，市場価格の歪みが解消された場合に収益を上げようとする戦略である。社債とCDSのクレジット・スプレッドは水準が異なることも多いが，互いに極めて類似したリスクを対象とすることから，価格が収斂することを狙って社債とCDSのポジションを組み合わせる，といった取引がアービトラージの典型例である[2]。

トレーディングにしてもアービトラージにしても，一定期間後に反対売買する前提で当初のポジションが構築されることが多く，取引の対象となる銘柄や年限には高い市場流動性が存在することが望ましい。過去データなどから経済合理性が高いと判断してポジションを構築しても，流動性が低ければ，取引コスト（ビッド・オファー・スプレッド）がかさんで機動的に反対売買ができず，利益の確定に苦慮するといったことにもなりかねない。

## 第2節　信用リスクのヘッジ

銀行が融資先企業やデリバティブの取引相手の信用力に問題があると判断する場合，または信用力に問題はないと考えるがポートフォリオにおける債務者の集中リスクを減らしたい，自己資本比率を改善したい，と考える場合などに，CDSでプロテクションを買うことが選択肢となる。また，証券会社が社債を引き受けたり投資家の売り注文を受けたりする際に，プロテクショ

---

[1] 市場価格に歪みがあるかどうかは，主観的な判断と考えられる。誰の目から見ても歪みがあることが明らかな場合には，皆が同じ裁定取引を行ない，歪みは短期間で解消されてしまうことが多い。また，理屈の上では価格に歪みが生じているように見えても，市場参加者の需給の偏りなどによって，歪みが恒常化する場合もある。
[2] アービトラージに基づく取引戦略については本章第4節参照。

ンを買うことによって，自己のポジションを機動的に調整することができる。債務者に通知せずに信用リスクを移転できる CDS の秘匿性によって，銀行や証券会社は取引先企業との関係を損ねることなく，リスクを軽減することが可能となる。

　また，実需に基づいて信用リスクをヘッジする場合，すでに保有するリスクに対応するプロテクションを買うことが多いと考えられるが，将来的にリスクが発生することを見越して，事前にプロテクションを買うといった行動も見られる。例えば，銀行の融資部門などにおいて，恒常的に大きなリスクが発生する取引先企業について，今後も融資を継続的に行なうビジネス上のニーズを念頭に，融資残高が与信枠を超える前にプロテクションを買うこともある。

## 第3節　信用リスクへの投資

　機関投資家やファンドなどのクレジット投資家は，投資の選択肢を広げる目的で，社債投資に加えて CDS による投資（プロテクションの売り）を行なっている。社債を購入する代わりにプロテクションを売る理由としては，以下のようなものが考えられる。

(a)　投資を希望する企業の社債が発行されていない
(b)　社債は存在するが，年限や金額などの条件が合わない
(c)　CDS の方が社債よりもスプレッドが大きい
(d)　資金を使わずに投資したい
(e)　将来社債に投資するまでの間，価格変動リスクをヘッジしたい

　(b)に関しては，社債の場合は希望する条件の銘柄が存在しなければ購入することがそもそも不可能であるのに対して，CDS の場合は，市場流動性の観点である程度の制約はあるものの，取引相手が合意すれば年限や金額などを自由に設定することができる。(d)に関しては，資金を節約したいという理由や，レバレッジのかかったリターンを獲得したいという理由に基づく場合が

考えられる。(e)は，具体的には現在の市場価格でプロテクションを売り，将来社債が発行された時にCDSを反対売買した上で社債を購入することによって，投資を決定してから実際に社債を購入するまでの価格変動リスクをある程度ヘッジするという行動である。

　トレーディング目的とは異なり，信用リスクのヘッジや投資目的でCDSを取引する場合，ある程度長期にわたってポジションを維持することが多い。このため，CDS市場全体に占めるヘッジや投資目的の取引の割合は，取引件数としては必ずしも大きくはないものの，実質的なポジション量としては相応に大きいと考えられる。

## 第4節　基本的なCDS取引

### 第1項　ペア・トレード

　**ペア・トレード**は「**ロング・ショート**」とも呼ばれ，常に2つの銘柄をセットで売買するマーケット・ニュートラル投資[3]の古典的手法である。本章第1節で述べた市場価値の歪みに着目するアービトラージの一形態と言える。

　ある銘柄のスプレッドがファンダメンタルズ対比でタイトな場合（＝割高銘柄），単にCDSのプロテクションを買い（ショート・ポジションの構築），スプレッド水準がファンダメンタルズに見合った水準に修正されたタイミングで，反対売買を行なって収益を確定することが一般的である。しかしながら，スプレッドの変動要因はファンダメンタルズ以外にも多岐にわたるため，プロテクションの買いポジションを保有するだけでは，想定外の市場変動により損失を被るリスクが大きい。また，想定通りにスプレッド水準が修正した場合でも，それまでに長い時間を要するケースも想定されるため，ショート・ポジションを維持するコスト（プレミアムの支払いによる支出。一般に「**ネガティブ・キャリー**」とも呼ばれる）は可能な限り軽減することが望ましい。

---

[3] 市場全体の変動による影響を極力排除して，銘柄固有の事情が価格に与える影響だけを考えて運用できるようにする投資方法。

第4章 CDSの取引目的

図表4-1 ペア・トレードの典型例

| ロング | ショート | ターゲット |
|---|---|---|
| iTraxx Japan | 日産自動車 | 個別の銘柄の信用力 |
| 本田技研工業 | 日産自動車 | 銘柄間格差 |
| みずほ銀行劣後 | みずほ銀行シニア | キャピタル・ストラクチャー |
| iTraxx Main | CDX.NA.IG | 欧米クレジットの相対価値[4] |
| iTraxx Main | iTraxx Xover | 信用力格差 |
| イタリア | スペイン | ソブリンの相対価値 |

　こうした観点から、プロテクションの売り・買いを組み合わせる「ペア・トレード」が有力な選択肢となる。例えば、現在のCDS市場で本田技研工業が割安/日産自動車が割高と判断される場合、本田技研工業のプロテクション売り（ロング）/日産自動車のプロテクション買い（ショート）というペア・トレードが考えられる。この場合、国および業種が同一であるため、取引において通貨と年限を一致させれば、リスク要因の大部分が中和され、スプレッド水準の修正に焦点を絞り込んだ取引となる。他にも、図表4-1で例示したように、国や信用力、資本構成（キャピタル・ストラクチャー）間のバランス修正を狙うペア・トレードも考えられる。

　ペア・トレードに株や債券ではなくCDSを利用するメリットとしては、以下の点が考えられる。一般に社債市場では（特に日本市場の場合）流動性などの問題からショートを構築することは容易ではなく、また、株式市場において個別株を空売りする場合にも保有者から株を借り入れるための費用（レポ・コスト）が発生するが、CDSでは現物を保有せずにプロテクションを購入できるため、ショートが容易である。また、個別株や社債の場合、ポジション構築後にレポ・コストが変化しやすいことがショートを維持する上でのハードルとなる一方で、CDSはショート・ポジションを維持するコストがポジション構築時点で確定しており、粘り強く割高/割安の修正を待つ

---

[4] 両指数の取引通貨は前者がユーロ、後者がドルと異なるため、クオントの手法を用いて、元本金額の実質的な価値を一致させて取引することが一般的である。

第Ⅰ部　基本的な商品性

ことができる。

　一方，CDSの利用にはデメリットも伴う。CDSスプレッドが想定外の方向に動きポジションの時価がマイナスとなれば，追加担保提供の負担[5]が発生する。逆に，CDSスプレッドが当初想定通りに動きポジションの時価がプラスに振れれば，単一銘柄取引などでCCPを利用していない場合には，カウンターパーティー・リスクをヘッジするためのCVA[6]負担が生じる場合がある[7]。狙い通りに修正が生じた場合も，オファー・ビッドが反対取引のネックとなる可能性[8]もある。実務では，このようなメリットとデメリットを勘案した上で，取引のツールを選択することになる。

　なお，第9章第3節第3項では，モデルを用いてペア・トレード戦略を実行するアプローチについて，詳細に議論する。

### 第2項　カーブ・トレード

　**CDSスプレッド・カーブ**とは，横軸にCDSの残存年数，縦軸にCDSスプレッドをとって，CDSの残存年数ごとの利回りを表示した点[9]を結んだ曲線である。スプレッド・カーブの形状は，当該銘柄の信用リスクの見通しや，経済情勢，市場の需給などによって変化する。通常は期間が長いほどデフォルトへの不確実性が高まるため，スプレッド・カーブは右肩上がりの曲線になるが，近い将来にデフォルトする可能性が高いもののその時期を乗り切れば存続が見込まれる場合などには，短い期間のスプレッドが長い期間のスプ

---

5　ISDA CSA契約に基づく担保差入れ。第6章第5節第2項参照。
6　Credit Valuation Adjustmentの略（信用評価調整と和訳することもある）で，デリバティブなどの取引の時価に反映させる取引相手の信用力の調整値を意味する。実務では，取引相手の信用力の悪化や市場金利・為替レートなどの変化によって被る損失の可能性を算出し，その分について時価を調整する。取引相手の信用力の悪化を表す倒産確率と回収率の推計値は，一般的にはCDSスプレッドを用いて計算されるため，CDSスプレッドの変動はCVAの変動につながり，その結果，デリバティブ取引の時価も変動する。欧米においては，CDSを用いてCVAの変動リスクをヘッジする慣行が定着しており，本邦においても，CVAリスクのヘッジとしてCDS取引が増加する可能性がある。
7　原則として，CSAを契約していれば現時点における時価のプラス部分に関してはカウンターパーティーから担保提供を受けられるものの，将来の変動に伴う時価のプラス部分についてはカバーされないため，CVA負担が生じる。
8　反対取引については第3章第2節第1項参照。
9　年限グリッドと呼ばれる。

第4章 CDSの取引目的

図表4-2 ノーショナル・マッチ,デュレーション・マッチ取引の具体例

|  | ノーショナル・マッチ | | デュレーション・マッチ | |
| --- | --- | --- | --- | --- |
|  | 元本金額 | DV01 | 元本金額 | DV01 |
| 2年 | 10億円 | 20万円 | 25億円 | 50万円 |
| 5年 | 10億円 | 50万円 | 10億円 | 50万円 |

図表4-3 東芝のCDSスプレッド(2018年7月31日と2018年11月30日の比較)

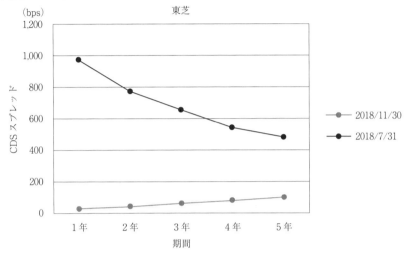

出所:IHS Markit

レッドを上回ることもある[10]。

　**カーブ・トレード**では,スプレッド・カーブの傾き・形状,各年限グリッドに含有されるインプライド・デフォルト率に注目する。その上でスプレッド・カーブ各年限の相対価値(割安・割高)を判断し,「売り・買い」を同時に行なう。その際,売り・買い両サイドの元本金額を一致させる手法(**ノーショナル・マッチ**)と,短期年限のCDSと長期年限のCDSのリスク量(ダラー・デュレーションもしくはDV01[11])が一致するよう元本金額に差をつ

---

10 CDSスプレッドの短い期間と長い期間の格差が縮小することを「フラットニング」,両者の通常の関係が逆転して長い期間の方が短い期間より小さくなることを「インバージョン」と呼ぶことが多い。
11 一般にデルタと呼ばれ,スプレッドが1bp変動した場合の時価の変動を意味する。

ける手法（デュレーション・マッチ）が一般的である[12]。

市場で観察される CDS スプレッド・カーブがファンダメンタルズと整合的ではないと判断される場合，前者の後者への収斂を見越したカーブ・トレードが検討対象となる。例えば「近い将来にクレジットイベントが発生する可能性は市場が織り込むほど高くないが，5年程度で見ればクレジットイベント発生の蓋然性は相応に高い」と見る場合には，割高な短期年限（例えば2年）のプロテクション売りと割安な中期年限（例えば5年）のプロテクション買いというポジションを構築し，カーブ形状の修正を待ってポジションを反対売買する。具体例として，図表4-3では東芝のスプレッド・カーブの変化を示した。2018年7月31日時点では，近い将来のクレジットイベント発生の可能性が相応に高いという市場の見方を反映する形で，短期年限のスプレッドが大幅に拡大していた。この見方はファンダメンタルズと整合的ではないとの判断に基づき，短期年限の売りと中期年限の買いというポジションを構築し，カーブの形状が正常化した時点（同年11月30日）で反対売買を行なえば，収益を上げることが可能だったと考えられる。

なお，第9章第3節第2項では，モデルを用いてカーブ・トレード戦略を実行するアプローチについて，詳細に議論する。

## 第5節　CDS の機能

### 第1項　信用リスクの移転機能

第1節から第4節で述べたように，CDS はさまざまな目的で利用されているが，信用リスクの移転が最も基本的な機能であると考えられる。企業や個人に対する貸出しに伴う信用リスクは，従来は銀行セクター内に留まることが多かったが，CDS などの技術を介して，近年では融資市場に参加できない市場参加者に移転されることも多い。同様に信用リスクを移転する経済効果を持つ取引として証券化をあげることができるが，CDS や証券化は，信用

---

[12] 近い将来のデフォルトが予見される銘柄においては，元本の期待損失に注目が集まるため，デュレーション・マッチよりもノーショナル・マッチが選好される。

リスクをヘッジする側のニーズと投資する側のニーズをつなぎ，社会全体における信用リスクの効率的な分配に寄与するツールであると言える。

一方，第三者への信用リスクの移転が容易となった結果，「Originate to Distribute」(OTD) と呼ばれる「移転することを前提として信用リスクを創出する行為」が増加した。OTD モデルは，金融セクターへのリスク集中を避けるという意味で必ずしも否定されるべきものではないと考えられるが，2007 年に問題となった米国のサブプライム層向け住宅ローンの貸出し慣行に象徴されるように，当初の貸し手が最終的に信用リスクを負担しないために貸出しの審査が甘くなり返済能力がない債務者への貸出しが認められる，といったモラルハザード的な事例も見られるようになった。

こうした貸出し規律の緩みは広く批判の対象となり，日欧米の証券化市場においては，オリジネーターなどにトランシェの一部の保有を義務付ける規制（**リスク・リテンション規制**）が導入されている[13]。

## 第2項　信用リスクの価格発見機能

CDS には，企業や国家の信用リスクに対するさまざまな市場参加者の評価を集約して数値化するという機能がある。

企業や国家の信用力は，銀行や保険会社といった融資の貸出し主体，社債の投資家，格付会社などによって評価される。これらは各主体単独の評価であり，評価する当事者が異なれば評価の結果が異なることもある。また，一度評価した後も信用力は継続的にモニタリングされるが，信用力の変化に合わせてリアルタイムで格付けの変更や引当金の積み増しが実行されるわけではない[14]。

CDS 市場では，社債投資家，銀行の融資部門，ファンド，ディーラーなど

---

13　規律の欠けた信用リスクの移転が大きな問題である一方，信用リスクの移転を全面的に否定した場合，貸し手において一部債務者のリスクが偏在化することが予想される。また，信用リスクを移転する手段を持たない場合，銀行は債務者の信用力審査をより厳格に行ない，結果的にクレジットの相対的に低い主体への貸出しの減少や貸出金利の上昇といった状況が生じる可能性がある。社会や時代の要請に合った規律を設けた上で，信用リスクを柔軟に移転する手段を確保することが望まれるのではないかと考えられる。
14　企業などの信用力の変化と信用格付けの変更の間には時間差が生じることも多い。

さまざまな取引動機を持つ当事者が，企業や国家に対する信用力評価を数値に換算して提示し合う。数値評価の水準が収斂すれば取引が成立し，取引の成立後も，格付けなどとは異なり，CDS の価格は刻々と変化する。また，CDS 市場の価格は，サービスプロバイダーなどを通して広く公開され，企業などの信用力評価の透明性を高めている。

また，信用力の評価を抽象化，一般化することも CDS の機能と言える。社債市場では，ある企業が発行する社債の銘柄ごとに価格が紐付けされ，残存年限やクーポンなどの個別の条件によって価格が異なる。一方，CDS の価格には参照組織の債務全般の履行能力が反映され，また，取引は 5 年や 10 年といった決まった年限に集中することから，異なる企業の信用力を横並びで比較することが容易となる[15]。

こうした利便性から，CDS の価格は参照組織の信用力を表す指標として，さまざまな目的で利用されている。代表的な例は，先進国政府が自国の銀行

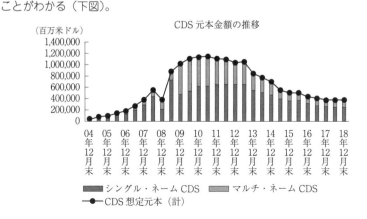

**コラム　クレジット・デリバティブの市場規模**

日本のクレジット・デリバティブ市場の規模に関しては，日本銀行金融市場局から「デリバティブ取引に関する定例市場報告」の調査結果が年 2 回公表されており，本邦の主要金融機関（16 社）による取引の実態について貴重な情報が提供されている。2018 年末時点のデータ（2019 年 3 月 8 日公表）からは，調査対象金融機関の取引残高の合計（元本金額）が 3,800 億米ドルだったことがわかる（下図）。

CDS 元本金額の推移

この統計には，日本のインターバンク市場において大きな割合を占める外資系金融機関同士の日本銘柄を参照する取引が含まれないため，実際の市場規模はさらに大きいとみられる（調査対象金融機関による海外銘柄を参照する取引は含まれる）。ただし，調査対象金融機関同士の取引が二重計上されていることには留意が必要である。
　本統計の中では，第6章で詳述したCCPにおいて清算された取引の残高も開示されている（下図）。

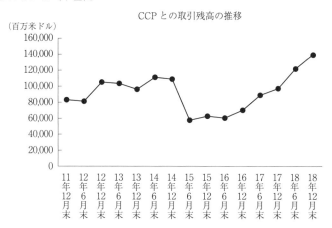

CCPとの取引残高の推移

　現状では，CCPで清算された取引は1,393億米ドルと全体の36％程度にとどまっており，引き続きCCPで清算されていない取引が過半を占める。もっとも，CCPの利用自体は増加傾向にあり，特に複数銘柄（マルチネームCDS，大半はインデックスCDS）に限定すれば，清算された取引は777億米ドルと全体（1,336億米ドル）の約58％を占める。CCPの利用が広がりつつある背景としては，2009年9月のG20ピッツバーグ・サミットで掲げられた，標準化されたOTCデリバティブ取引の中央清算機関を通じた清算の義務付けや，中央清算機関で清算されないCDS取引に対して，証拠金規制が強化されたことなどが影響していると考えられる。

---

15　例えば，A社の残存2年2ヶ月の社債の価格が99.5円で，B社の残存6年11ヶ月の社債の価格が101円である場合，単純な価格の横並び評価によって，この2社の信用力を比較することはできない。一方，CDS市場では，A社の5年，B社の5年の価格がそれぞれ提示され，数字（スプレッド）の大小で容易に市場の信用力評価を比較することができる。

の信用力を評価する際の利用である。2008年10月以降，金融危機対策として，多くの先進国政府は自国の銀行が発行する債券に保証を付与したが，保証する対価として銀行から保証料を徴収した。保証料は保証を受ける銀行それぞれの信用力を反映するべく，市場におけるCDSスプレッドを基準として決定されるケースが多く見られた[16]。

---

[16] 例えば，英国の政府保証プログラムにおいては，保証を受ける銀行は5年物CDSスプレッドの過去1年間の中央値に0.50％を上乗せした値に元本金額を乗じて求めた金額を，保証料として支払うことが要求された。

# 第5章 CDSと関連の深い商品との比較

本章では，CDSと関連の深い商品とを比較し，CDSの特性について議論する。第1節では信用リスクをヘッジする観点から保証と，第2節では信用リスクに投資する観点から社債と，それぞれCDSを比較し，第3節ではCDSと株式の価格の関係を概観する。

## 第1節　CDSと保証

図表5-1はCDSと保証契約の基本的な構成を比較したものであるが，プロテクションの買い手を債権者（被保証人），プロテクションの売り手を保証人，参照組織を債務者，と考えると，CDSの基本的な構成や経済効果には保証契約と類似点が見られる。一方，CDSには保証とは根本的に異なる点も存在する。

保証契約においては，原則として，契約を締結する時点で保証の対象となる債権が存在し，被保証人は対象債権の債権者である必要がある。対象債権が第三者に移転する場合には保証債権も同時に移転し，対象債権が消滅した場合には保証債権も同時に消滅する（附従性・随伴性）。

これに対して，CDSは参照組織の信用リスク全体を特定の債権に結び付けずに取引し，取引時点で参照組織とプロテクションの買い手の間に具体的な取引が存在しているかどうかは問われない。プロテクションの買い手が参照組織に対する債権者でない場合は参照組織の信用リスクをショートしていることになる[1]。また，CDSの対象となる債権が移転したり消滅しても，CDS契約が移転したり消滅することはない。このように，特定の債権と紐付

---

[1] 容易にショート・ポジションを構築できる特性は，クレジット・デリバティブに限らず，デリバティブ全般に共通した特徴と言える。

第Ⅰ部　基本的な商品性

**図表 5-1　CDS と保証契約**

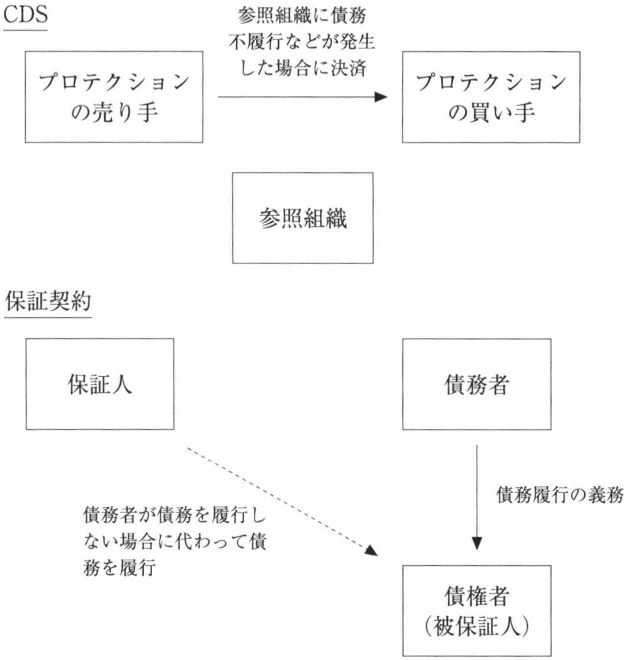

CDS

```
┌──────────┐  参照組織に債務         ┌──────────┐
│プロテクション│  不履行などが発生       │プロテクション│
│の売り手    │─ した場合に決済 ──────▶│の買い手    │
└──────────┘                        └──────────┘

              ┌──────────┐
              │参照組織    │
              └──────────┘
```

保証契約

```
┌──────────┐                        ┌──────────┐
│保証人      │                        │債務者      │
└──────────┘                        └──────────┘
      ╲                                    │
       ╲ 債務者が債務を履行し                │ 債務履行の義務
        ╲ ない場合に代わって債                │
         ╲ 務を履行                          ▼
          ╲                           ┌──────────┐
           ╲────────────────────────▶│債権者      │
                                      │(被保証人)  │
                                      └──────────┘
```

けせずに，信用リスクを抽象化して取引するという性質のために，CDS は保証と比べて流通の自由度があり，ヘッジや投資ツールとしての利便性が高いと考えられる。

さらには，保証契約における保証の履行と CDS におけるクレジットイベント決済の方法にも，相違点が見られる。保証では，保証人は債権者（被保証人）に債務者の不履行相当額を支払い，債務者への求償権を得る。CDS では，対象債権の不履行相当額ではなく，手続によって決められた債務の評価額と元本の差額が決済され（現金決済[2]），決済後も債務者への求償権は発生しない。言い換えれば，債権者が保有する債権について保証契約を結んだ場合には，発生した実損に相当する額の保証が受けられるのに対して，CDS でプロテクションを買った場合には，決済される金額は実損額以上にも以下に

---

[2] 第Ⅱ部第6章第1節参照。

もなり得る。

## 第2節　CDSと社債

### 第1項　社債による信用リスク投資

　社債の購入は、投資家にとっては、発行体の信用リスクや市場金利の変動リスクなどと引き換えにリターンを得る行為である。社債を購入する投資家は、「元本×購入価格（＋未払い経過利子）」を支払い、社債の保有者（社債権者）となる。社債権者は、発行体が債務不履行状態とならない限り、期間中にクーポンを受け取り、満期が来れば元本の償還を受ける。発行体の信用リスクや市場金利の変動によって社債の価格は変動するため、保有期間中に時価評価する場合や、満期前に売却する場合には、評価上または実現する損益を認識することになる。

　保有する社債から金利リスクの要素を取り除いて、ほぼ純粋な信用リスクのみに投資する手法もある。ひとつの方法は社債のクーポンと「変動金利指標＋スプレッド」（変動金利）を交換するスワップを締結するもので、このスワップを**アセットスワップ**（Asset Swap）と呼ぶ（図表5-2）。社債のクーポンを変動金利に変換すれば、市場金利の変動による社債価格の変動という影響は限定的となり、社債の保有者は発行体の破綻リスクやクレジット・スプレッドの変動リスク、つまりは信用リスクのみを実質的に取ることになる[3]。

　例えば、投資家が、①社債の購入資金を調達して、②社債を購入し、③アセットスワップを取引するという、組合せを考えてみる。「変動金利指標」で購入資金を調達すると仮定すれば、「変動金利指標」の支払い（＝資金調達コスト）と「変動金利指標＋スプレッド」の受取り（社債クーポンとアセットスワップの金利交換の差引額、すなわち社債投資の果実）の組合せとなり、受取りと支払いの差額で、「スプレッド」部分の受取りのみが残る。一連

---

[3] 社債のクーポンを条件決定時に「変動金利指標＋スプレッド」の形で表現することがあるが、アセットスワップで変換したスプレッドがこれに相当する。

第Ⅰ部　基本的な商品性

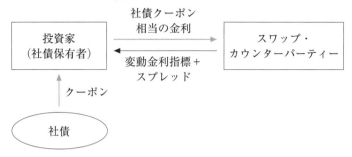

図表5-2　アセットスワップ

の取引の経済効果をまとめると，「社債の発行体の信用リスクを負担するリスク・プレミアム（対価）として，スプレッドを受け取る」ということになる。この経済効果は純粋な意味での信用リスク投資と言えるが，これを実現するために，「資金調達」，「社債購入」，「アセットスワップ締結」という3種類の異なる取引を行なう必要があり，取引執行のタイミングや資金決済，取引後の管理など，留意すべき点が多い。

### 第2項　CDSによる信用リスク投資

この組合せ取引の経済効果をひとつの取引で実現できるのがCDSである。CDSでプロテクションを売ると，参照組織にクレジットイベントが発生しない限りはプレミアムを受け取り続けることができる。参照組織にクレジットイベントが発生すれば，元本に相当する損失金額を負担することになる[4]。つまり，プロテクションの売り手は，参照組織の信用リスクと引き換えにリターンを獲得する経済効果を実現したことになる（図表5-3）。

CDSにより信用リスクに投資する場合は，社債やアセットスワップと異なり，取引開始時には元本相当分の資金を支払う必要がない（担保提供分を除く）。プロテクションの売り手は自己資金なしに信用リスクを取ることが可能であり，実質的にレバレッジを用いた投資となる[5]。

---

[4] ここでは単純化のために，回収率（残余価値）を考慮に入れない。
[5] この特性も，クレジット・デリバティブに限らず，デリバティブ全般に共通した特徴と言える。

第5章 CDSと関連の深い商品との比較

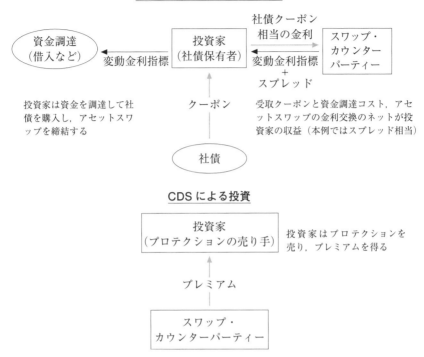

図表5-3 アセットスワップとCDSの比較

一方，クレジットイベントが発生した場合には元本相当の金額を支払う必要があることから，保証契約における保証人と同様に，プロテクションの売り手はある程度高い信用力を有している必要があり，また支払いを確実なものとする担保の差入れが一般に要求される。ディーラー間市場では，高い信用格付けを有する金融機関が，担保契約を締結した上で取引することが一般的である。

## 第3項 CDSと社債の価格

社債の信用リスク・プレミアムは，前述のアセットスワップの考え方を用いて，「変動金利指標に対する上乗せ金利」もしくは「国債金利に対する上乗せ金利」として算出される。CDSのスプレッドと比較する場合には，「変

動金利指標に対する上乗せ金利」が参照されることが多い。

　CDSのスプレッドは参照組織の信用リスクを，社債のスプレッドは発行体の信用リスクをそれぞれ表すことから，年限が同じであれば，両者のスプレッドは同じ水準となるはずだが，実際には諸々の理由によって両者の間には乖離（**ベーシス**（basis））が存在する。一般に，CDSのスプレッドが社債のスプレッドよりも大きいことを**ポジティブ・ベーシス**，その反対を**ネガティブ・ベーシス**と呼ぶ。

　裁定の原理を考えると，ポジティブ・ベーシスの時には，社債による投資よりもCDSによる投資が選好され，結果としてベーシスは縮小すると予想される。ネガティブ・ベーシスの時には，社債による投資が選好される，またはネガティブ・ベーシス取引（図表5-4）と呼ばれる社債投資とプロテクションの買いを組み合わせるアービトラージ取引によって，やはりベーシスは縮小に向かうことが予想される。

　もっとも，現実の市場では，さまざまな理由によって裁定が機能しないことが多い。ネガティブ・ベーシス取引の実行後にネガティブ・ベーシスが拡大すれば，時価損失が発生する。また，自社の資金調達コストが上昇し，社債保有の経済効果が悪化することもある。

### 第4項　ベーシスが発生する要因

　社債とCDSの比較に限らず，クレジット商品のスプレッド水準の関係は国や市場によっても異なる。

　以下に，同じ銘柄の信用リスクであっても，社債とCDSで体現されるクレジット・スプレッドにベーシスが発生する主な要因をあげる。

〈CDSのスプレッドが社債のスプレッドよりも大きくなる要因〉
(1)　デフォルト・リスクの違い（CDSの方がデフォルトの範囲が広い）
　　一般にCDSのクレジットイベント条項が社債のデフォルト条項よりも広い事象をカバーしており，また，イベント認定の対象となる債務[6]の範

---

[6]　契約書の項で詳述するイベント対象債務のこと（第Ⅱ部第3章第2節参照）。

第5章 CDSと関連の深い商品との比較

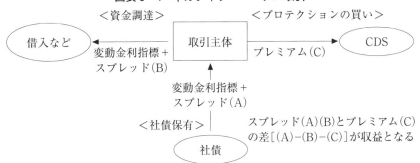

図表5-4 ネガティブ・ベーシス取引

囲も広い。
(2) デフォルト時の回収率の違い（CDSの方が回収率が低いことが多い）
CDSでクレジットイベントが発生した場合，参照組織の最も価値の低い債務を基に決済される可能性がある[7]。
(3) ショート・ポジションの作りやすさの違い（CDSの方が作りやすい）
スプレッドが将来拡大するという相場観をポジションに反映させたいと考える場合，「CDSのプロテクションの買い」が「社債の空売り」に比べて容易である[8]。

〈CDSのスプレッドが社債のスプレッドよりも小さくなる要因〉
(1) 投資商品への組み込みやすさの違い（CDSの方が組み込みやすい）
多数の銘柄の信用リスクから構成されるCDOのような仕組み商品を組成する場合，原資産として社債よりもCDSが用いられるケースが多い[9]。CDSを用いた仕組み商品の組成に際しては，需給要因からCDSのスプレッドが先行して縮小する傾向がある。

---

7 CTDオプションのこと（第Ⅱ部第3章第3節第10項参照）。標準的な契約に基づくCDSは，デフォルト時に社債に比べて回収率の点で不利益を被る可能性がある。ただし，投資家がCDSの決済後も社債を長期にわたって継続保有し，その間に社債価格がさらに値下がりするようなケースでは，最終的に両者の関係が逆転することもある。
8 特に本邦では，社債の貸借市場が未発達であり，空売りを行なうことは技術的に困難である。
9 仕組み商品の組成においては，多数の銘柄の信用リスクを年限を揃えて組み込むことが多いが，現物の供給に制約を受ける社債よりもCDSを利用した方が柔軟な組成が可能な場合が多い。

(2) 資金調達の必要性の違い（CDS は元本相当の資金が不要）

　CDS で投資する場合は社債と異なり購入資金を用意する必要がなく，資金調達コストの高い投資家にとっては投資効率が良いため，クレジット投資の手段として選好されることがある。また，市場全体の資金流動性が低下し，市場参加者の多くが資金繰りに神経質になるような局面では，資金を使わない CDS による投資が好まれることがある。

〈どちらともなり得る要因〉

(1) 取引の機動性の違い（CDS の方が取引の機動性が高い）

　社債を売買する場合，現物の需要と供給の制約を受ける。すなわち，売買を希望する社債が存在し，かつ当該社債を売買する意思のある相手の存在が取引の前提となる。CDS の場合は，現物の有無にかかわらず取引が可能であり，また，取引が集中している年限[10]であれば取引相手を見つけることは比較的容易である。このため，相場を動かすようなニュースが発表された場合，CDS 市場で先行して取引が執行されてスプレッドが動き，これに遅行して社債のスプレッドが動くことが多く，この間，両者の間には差異が生じる。

(2) 市場参加者の違い（本邦 CDS 市場では外国人のシェアが高い）

　日本の CDS 市場ではディーラーやファンドなど海外勢のシェアが高いが，日本の社債市場ではディーラーも最終投資家も本邦投資家のシェアが高い。このため，ある特定の銘柄の信用力について海外投資家と本邦投資家の見方が分かれる場合，CDS と社債のスプレッドに差が生じることがある。

(3) 取引相手の信用リスク[11]の存在（CDS にはカウンターパーティー・リスクが付随する）

　社債の場合は，決済後には取引相手の信用リスクから解放されるが，CDS の場合は，取引の満期まで取引相手の信用リスクが残存する。このため，プロテクションを売る立場では，途中で取引相手が破綻するリスクを

---

10　CDS の取引は多くの銘柄において 5 年に集中している。
11　カウンターパーティー・リスクについては，第 6 章参照。

第5章　CDSと関連の深い商品との比較

プレミアムに上乗せしたいという思惑が働き，プロテクションを買う立場では，途中で取引相手が破綻するリスクの分だけプレミアムの支払いを減らしたいという思惑が働く。その結果として社債よりもスプレッドが大きく／小さくなり得る[12]。

## コラム　CDSと社債のベーシスの推移

　本文中で，CDSと社債のベーシスが生じる要因を提示したが，その時々の市場の状況によって，それぞれの要因が与える影響の大きさは異なる。

　CDSの創生期においては，社債とのリスクの違いが強く意識され，CDSが社債よりもデフォルトする蓋然性が高いことや，デフォルト時の回収率が低くなり得るといった側面が注目された結果，ポジティブ・ベーシスであることが一般的であった。

　その後，CDSがクレジット市場に定着するようになると，社債とのリスクの違いに対する意識は徐々に低下し，その他の要因がベーシスにより大きく影響し始めた。2000年代の半ばにおいては，シンセティックCDOやファースト・トゥ・デフォルトといった仕組み商品が流行し，こうした商品の組成に伴うプロテクションの売りがCDSと社債のベーシスに大きな影響を与え，特に海外市場では恒常的にネガティブ・ベーシスが観測された。

　いわゆるサブプライム問題が市場のテーマとなった2007年夏以降は，金融市場全体に大きな影響を与えるニュースが相次いで報じられ，その都度市場は急激に変動したが，急激な動きに対しては取引の機動性が高いCDSが利用される場面が増えた。この結果，市場にとって悪材料（金融機関の巨額損失発表など）が報じられると，CDSのスプレッドが先行して拡大してベーシスはポジティブ・ベーシス方向に動き，市場にとって好材料（政府による市場支援発表など）が報じられると，CDSのスプレッドが先行して縮小してベーシスはネガティブ・ベーシス方向に動く，といった状況が見られた。

　また，市場の資金流動性が枯渇し，「Cash is King（現金が最もかけがえのない資産）」がキーワードとなった場面では，多くの市場参加者が手元流動性の確保に注力したが，そうした環境では当初に資金を用意する必要がある社債投資よりも，当初に元本相当の資金が不要であるCDSによる投資（プロテクションの売り）が優先され，ベーシスがネガティブ方向に動く一因になることもあった。

## 第3節　CDS と株式

　一般に，株式市場において評価が高い企業は資産価値が大きく，資金調達が容易であるため，倒産状態に陥りにくい。このため，同一の銘柄に関して，「CDS スプレッドの縮小と株価の上昇」，「CDS スプレッドの拡大と株価の下落」が同期化すると直観的には考えられるが，両者の過去の推移を見ると，このような関係は必ずしも明確ではない。株価の上昇時に CDS スプレッドが拡大することもあれば，株価の下落時に CDS スプレッドが縮小することもあり，リーマン・ショック時のように上記の関係が鮮明に観察される時期はむしろ例外的である。

　「CDS スプレッドの拡大と株価の上昇」が同期するケースとしては，①自社株買いや大規模な負債調達によって財務レバレッジが拡大するパターンや，②リスクの高い大規模な買収を実行するパターンなどが考えられる。一方，「CDS スプレッドの縮小と株価の下落」が同期するケースとしては，③公募増資によって株主価値が希薄化するパターン，④主力事業の外部売却によって手元資金が拡充するものの，将来の期待収益が低下するパターン，⑤政府が経営危機に陥った国策企業を支援するパターン[13] などが考えられる。株式が「資本の部＝アップサイドを享受する商品」，CDS が「負債の部＝ダウンサイドを甘受する商品」という商品特性の違いに照らせば，短期的に上記①～⑤のようなケースにおいて「CDS スプレッドの拡大と株価の上昇」や「CDS スプレッドの縮小と株価の下落」が同期することは自然である。

　もっとも，短期的に上記のような状況が正当化されることがあっても，基本的に株と CDS はいずれも「資産価値」を原資産とする金融商品であり，長期的に価格が「資産価値」と無関係に変動するとは到底考えられない。

　株式と CDS の価格の関係は単純な「線形関係」ではなく，一般にもう少

---

12　取引相手の信用リスクが相応に高い場合にはこうした傾向が見られるが，高格付けの当事者同士の担保付きの取引や，CCP を利用した取引では，あまり意識されないようである。
13　シニア債務が保護される一方で株式が無価値になる過去の事例が意識されやすい。

### 第5章 CDSと関連の深い商品との比較

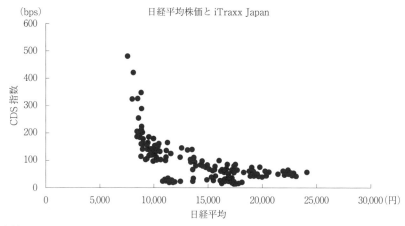

図表5-5 CDSスプレッドと株価の推移

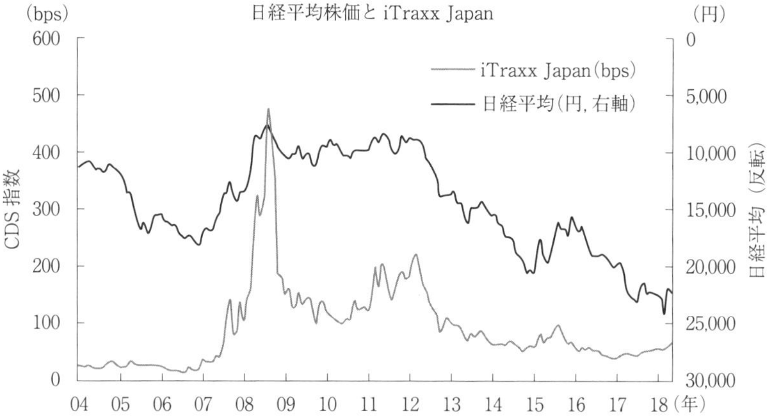

図表5-6 CDSスプレッドと株価の散布図

出所：Bloomberg

し複雑であるため，両者の価格推移を単純に比較するだけでは「真の関係性」が見えにくい。一方，縦軸にCDSスプレッド，横軸に株価を取った散布図を作成すると，隠れていた両者の連動性が浮かび上がる（図表5-6）。この株価とCDSの間に存在する真の関係性を喝破したのがRobert Merton氏が提唱したマートン・モデルである。マートン・モデルの概略および実践的

な活用方法については，第9章第3節で詳述する。

## 第4節　会計上の取扱い

　融資，社債，CDSはそれぞれ信用リスクを含む代表的な商品であるが，会計上の取扱いは大きく異なる。会計手法は，国や業態の違いや個社の方針の違いなどによっても異なり得るが，以下では最も一般的と思われる考え方を提示して比較する。

　融資は，一部の例外を除いて，簿価計上し，金利の発生分を損益に繰り入れる（アクルーアル）扱いとなる。債務者の信用力に懸念が生じ，引当てを積むべきであると判断されれば，懸念の大きさに応じて引当てを計上することになる。引当ての計上は，時価評価における含み損益の計上ほど機動的に行なわれず，また，参照すべき市場価格が存在するわけではないことから，貸し手が債務者の状況を総合的に判断して引当て額を決めるというように，主観の入る余地もある。

　社債の保有者は，保有する社債を時価評価した上で，時価の変動を貸借対照表の資本の部に反映させるという処理が一般的である。社債の価格が大きく下落して減損処理する段階になってはじめて，時価の変動が損益計算書に反映されることになる。

　CDSの取引当事者は，原則としてプロテクションの売り・買い両方のポジションを時価評価し，価格変動によって生じる損益を損益計算書に反映することが求められる。このため，融資や社債と比べてより早い段階で，株主などに，保有するポジションの市場価値が開示されることとなる。

　保険会社などが保証や保険を提供した場合，将来の支払いに備えて準備金を積むことが多いが，CDSでプロテクションを売った場合には，準備金を積む代わりに時価評価することで，将来支払いが発生する可能性を財務諸表に反映させることになる。

　また，CDSの担保実務においては，取引相手と定期的に双方の評価額を照合し，評価額の認識にずれが生じている場合はその原因を追究するという市場慣行が確立されている。

### 筆者雑感　時価の透明性

　2007年の夏にいわゆるサブプライム問題が顕在化した直後から，世界中の金融機関が保有資産の損失を計上したが，損失を計上するタイミングは商品や取引によって大きく異なった。

　原則として時価評価が要求されるCDSや証券化商品に関しては，金融機関は総じて早期に損失を計上した。一方，個人向け，企業向け，不動産向け融資については，多くの場合時価評価を求められないことから，損失の計上は，各金融機関の引当てや償却の判断に合わせて，緩やかになる例が多かった。

　一般的には，時価会計は企業の財務の透明性を高めるという点で望ましいとされるが，CDSや証券化商品を時価評価した結果，金融機関における損失の計上が急激なものとなり，市場や景気のネガティブ・スパイラルにつながったという評価も聞かれる。一方，融資においては，将来発生し得る追加損失が見えにくいものの，損失が計上されるスピードが相対的に緩やかであり，その分，前述のようなネガティブな波及効果もないとの見方もある。「時価評価」や「透明性」が常に好ましいものかどうか，賛否両論が存在するようだ。

# 第6章　カウンターパーティー・リスク

## 第1節　カウンターパーティー・リスクとは

　カウンターパーティー・リスクとは，広義には「取引相手が契約した通りに取引を実行しないために発生するリスク」のことであるが，実務的には履行が可能であるにもかかわらず，取引相手が意図的に契約を履行しないということは考えにくいため，取引相手が実行しようとしてもできない，つまり取引相手が債務履行能力を喪失することに起因するリスクを指す。その意味では，カウンターパーティー・リスクはカウンターパーティー・クレジット・リスクということもできる。カウンターパーティー・リスクは現物，デリバティブを問わず，ほぼすべての金融取引に付随するものであり，リスク・プロファイルもさまざまであるが，本章では，CDSを中心にデリバティブ取引全般に関連するリスクについて説明する。

　「取引相手が契約した通りに取引を実行しないために発生するリスク」を実務的に管理するには，リスクを数字に置き換える必要があるが，そのリスクは，「未収のキャッシュフローの価値」に置き換えて考えることができる。金銭消費貸借契約を例に考えてみると，「未収のキャッシュフローの価値」とは基本的に貸し付けた元本を意味する[1]。元本は基本的に変動しないため，リスク量を認識するのが容易である。

　一方，デリバティブ取引においては，「未収のキャッシュフローの価値」の変動に合わせて，リスク量も変動する。つまり，「まだ受け取ってない価

---

[1] それ以外には，未収の金利部分があるが，自己の資金調達コストに上乗せしている部分，つまり利鞘の部分も含めて考えるかどうかについては意見の分かれるところである。

第Ⅰ部 基本的な商品性

値」が高くなるとリスクは高くなり，低くなるとリスクも低くなるという関係にある。例えば金利スワップであれば，取引締結後の市場金利の変動に伴い，未収のキャッシュフローの価値が変動する結果，リスクが増減する[2]。また，通貨スワップであれば，為替レートの変動に伴い，未収のキャッシュフローの価値が変動する結果，リスクが増減する[3]。

なお，このような信用リスクの量のことを「**エクスポージャー**」と表現することも多い[4]。

また，リスク量の計算においては，取引相手の債務不履行時に時価で清算し，損失額を確定させる実務などを踏まえて，基本的に現在価値を用いる[5]。

## 第2節 デリバティブ・カウンターパーティー・リスクの特徴

CDSを含むデリバティブ取引のカウンターパーティー・リスク管理の難しいところは，時価の変動を予想しなければならない点である。デリバティブは基本的に，同価値のキャッシュフローを交換する取引である。したがって取引締結の段階では，基本的に契約当事者のどちらにとってもプラスもマイナスもない状態であるが，その後の時価の変動によって信用リスクが変動することになる。

取引締結後に一定の時間が経過し，時価が変化した状態では，その分については「既に発生した事実としての信用リスク」と位置付けられる。加え

---

2　受取キャッシュフローと支払キャッシュフローのネットでの価値である。
3　通貨スワップの場合，未収のキャッシュフローの中で，取引終了時の交換元本の為替変動による価値変化の比率が一般的には高い。しかしながら金利部分が固定か変動かによって，金利部分から発生するリスクが異なるため，リスクの合計金額が異なる。
4　この表現はデリバティブの世界で多く使われることが多く，融資の現場では，A社に10億円貸している時に，「A社に対するエクスポージャーは10億円である」とは言わないのが一般的である。
5　現在価値（PV: Present Value）とは将来のキャッシュフローを金利で割り引いて現在の価値に置き換えて考えるもので，「現在価値＜将来価値」という関係が常識的であったが，マイナス金利の環境においては，「現在価値＞将来価値」つまり，貯金をしたら満期日にお金が減って返ってくるという状況も考えられるようになった。これまで，現在価値を計算することを「割り引く」と表現していたが，最近では「現在価値に割り増して計算する」と言わなければならない状況も珍しくない。

て，その時点から契約終了までの間に変動する可能性から想定した時価変化の予想値（以下「**ポテンシャル・エクスポージャー**[6]」）を捉える必要がある。したがって，信用リスク量としては，各時点における「時価＋ポテンシャル・エクスポージャー[7]」と考えることができる。取引締結時では，原則として時価がゼロであるため，ポテンシャル・エクスポージャーだけがリスクを構成する要素となる。

いずれにしても取引締結時には，リスクがいくらになるのかも，契約当事者のどちら側がリスクを負うことになるのかも，リスクがいつ顕在化するのか（＝実損がいつ発生するか）も解らない。リスク量を正確に把握するには，取引相手が債務不履行を起こす確率およびタイミングとその時の時価を正確に予想しなければならないが，これは現実的ではない。正確な数字が予想できないとなると，「理論上の最大値」をリスク値として認識すれば安全であるようにも思えるが，その場合，理論的にはリスクが無限大になってしまうこともあり得るため，このアプローチも実務的ではない。つまり，確実に安全な前提に基づいてリスクを管理することはできないということになる。

OTC デリバティブ市場の創成期には，何らかの合理的な数字を把握する必要性から，非常に簡易的に，「金利スワップであれば元本金額の5％がリスク量」といった程度の前提が置かれ，取引相手ごとに設定された与信枠にリスク量が収まるように管理されていた。

その後，金融の世界で広く採用されるようになったのが，「発生の可能性を考えて，その97.5％くらいのレベルで自己にとってマイナスとなるような数字をリスクとして捉える」，という考え方である[8]。米銀によって開発されたこの手法は画期的であり，急速に普及が進んだものの，その「合理的」な予想を超えて相場が変動した例は過去にいくつもある。デリバティブ取引のカウンターパーティー・リスク管理の世界では，各社とも，相場変動に伴う

---

[6] 担保契約のうち，変動証拠金（後述）と呼ばれる部分は，このポテンシャル・エクスポージャーを極小化させる技術とも言える。
[7] 各社のリスク管理に対する考え方にもよるが，時価が大きなマイナスであってポテンシャル・エクスポージャーを上回るような場合は，「信用リスクがない」ということも起こり得る。
[8] いわゆる VaR（Value at Risk）の考え方である。

時価の変化を合理的に予想する取組みに全力を注いできた。しかしながら、大手の金融機関においては想定元本残高が数十～数百兆円単位となることが一般的であり、将来的な時価変動リスクの理論値を計算し始めると、その結果が自己資本をはるかに超えるサイズとなることも多い。CDSもデリバティブ取引として扱われるため、同様の手法が用いられるが、CDSの場合は金利や為替取引と違い、取引通貨と会計通貨が同じであれば、損失の上限は基本的に契約元本を超えない。しかしながら、会計通貨が円である当事者がドル建てのCDSを取引する場合、為替水準によっては、損失額が契約元本を大きく上回るという事態も起こり得る。このため現在では、「そういったリスクは最初から取らない」方針を掲げる金融機関も多い。

なお、前述のように、本章の主なテーマはデリバティブという商品に関連するカウンターパーティー・リスクであるが、通常はある取引相手との取引が特定のデリバティブ取引だけとは限らない。したがって、商品ごとにカウンターパーティー・リスクを把握することに加えて、取引相手が破綻した場合に生じ得る損失を、商品横断的に把握する必要がある。デリバティブ取引についてのみカウンターパーティー・リスクを厳格に管理していても、デリバティブ取引から潜在的に生じ得る損失額をはるかに超える無担保の与信を同じ取引相手に供与しているとすれば、リスク管理のバランスに再考の余地があり得るだろう。この場合は異なる商品ごとの市場価格変動の相関を考慮した上で、ポートフォリオ全体のリスク量を合理的に推計する作業が必要となるが、こうなってくると精度の高い予想はますます困難になる。筆者もデリバティブに起因するカウンターパーティー・リスク管理の実務に長年従事したが、この手の予想は、ほぼリスク管理部門の自己満足の域を出なくなってしまうという印象を持っている。

## 第3節　CDSにおけるカウンターパーティー・リスクの特徴

### 第1項　主要な特徴

　CDSのカウンターパーティー・リスク管理においては，一般的な金利スワップや通貨スワップとは異なり，契約から発生するキャッシュフローの額やタイミングが事前に解らない点が特徴的である（キャッシュフローの不確実性）。金利スワップや通貨スワップの場合，金利および元本を交換するタイミングが事前に決まっているほか，固定金利の支払いや当初元本交換および最終元本交換については原則として金額も確定している。一方，CDSの場合，プレミアムについては支払いの金額やタイミングが事前に決まっているものの，クレジットイベント発生時の支払い（クレジットイベント決済）に関しては，そもそも支払いが発生するかどうか，発生する場合にはいつ，どの程度の金額が決済されるのかが確定していない。

　また，カウンターパーティー・リスクが顕在化する可能性が取引相手の信用力に依存するという点は，あらゆるデリバティブ取引（あるいは金融取引）に共通する特徴であるものの，CDSに関しては，リスク量が参照組織の信用力に依存して変化するため，複数の主体の信用リスクが介在し，関係が複雑になる（複数の信用リスクの介在）。取引相手と参照組織の信用リスクの相関については，第4節で詳述する。

　さらに，取引相手がプロテクションの買い手であるか売り手であるかによって，カウンターパーティー・リスクのプロファイルが大きく異なる点も，CDSの特徴である（リスク・プロファイルの非対称性）。将来のキャッシュフローのみに注目すると，取引相手がプロテクションの買い手の場合，カウンターパーティー・リスクの顕在化によって失われ得るのは，プレミアムの受取りに限定される。クレジットイベントが発生した場合でも，実質的に取引相手からの受取りは発生しない[9]。他方，取引相手がプロテクションの売り手の場合，平時には取引相手から受け取るキャッシュフローは発生しない

ものの，クレジットイベントの発生時には，場合によって元本相当という多額のキャッシュフローを受けることになり，取引相手にその履行能力があるかどうかが問われる。

ディーラーが新設のヘッジファンドなどに対してデリバティブ取引のクレジットライン（与信枠）の設定を拒む場合でも，（ヘッジファンドの）プロテクションの買いサイドに限って取引を認めることが多いのも，以上のような理由による。極端な場合，プレミアムを全額前払いで受けてしまえば，取引相手であるプロテクションの買い手の信用リスクは実質的にゼロになるため，信用力の水準や担保契約の内容にかかわらず取引が可能になりやすい。プロテクションの買いサイド，つまり参照組織の信用力の悪化にかける取引に対してヘッジファンドの取引需要が高い背景には，こういったカウンターパーティー・リスクのプロファイルが影響していると考えられる。

### 第2項　カウンターパーティー・リスクに関連するシナリオの分類

このため，CDSのカウンターパーティー・リスク管理においては，最低限，取引相手と参照組織の信用力がそれぞれどのように変化するのか，その結果，潜在的な損失額と損失が顕在化する確率がどのように変化するのか，取引相手がプロテクションの売り手，買い手のいずれであるのかを，留意する必要がある。これらの留意点を整理すると，以下のようになる（図表6-1）。

A-Ⅰ-1からA-Ⅰ-4と，B-Ⅰ-1からB-Ⅰ-4は，取引相手が健全であり，参照組織の状況にかかわらず債務履行能力が維持されるため，カウンターパーティー・リスクが（存在はするものの）顕在化しないシナリオである。A-Ⅰ-4やB-Ⅰ-4のように，クレジットイベントの発生によって実現損益が生じる場合でも，カウンターパーティー・リスクは顕在化しない。

カウンターパーティー・リスクに注目するため，図表6-1から取引相手が債務不履行に陥るシナリオのみを抜き出すと，図表6-2のようになる。

このうち，取引相手の債務不履行に伴うカウンターパーティー・リスクの

---

9　現物決済型の場合は，元本相当の現金の支払いと引き替えに取引相手から現物を受けることになるが，通常は前者（現金）の方が後者（現物）よりも経済価値が大きいため，実質的には取引相手に対して支払うキャッシュフローとなる。

**図表 6-1　CDS のカウンターパーティー・リスクに関連するシナリオ**

| ケース | 取引相手の立場 | 取引相手の履行能力（信用力） | 参照組織の信用力 | 取引の時価（自分自身にとって） |
|---|---|---|---|---|
| A-Ⅰ-1 | 売り手 | あり | 取引時から向上 | マイナス |
| A-Ⅰ-2 | 売り手 | あり | 取引時から不変 | フラット |
| A-Ⅰ-3 | 売り手 | あり | 取引時から悪化 | プラス |
| A-Ⅰ-4 | 売り手 | あり | クレジットイベント発生 | プラス（元本相当になり得る） |
| A-Ⅱ-1 | 売り手 | なし | 取引時から向上 | マイナス |
| A-Ⅱ-2 | 売り手 | なし | 取引時から不変 | フラット |
| A-Ⅱ-3 | 売り手 | なし | 取引時から悪化 | プラス |
| A-Ⅱ-4 | 売り手 | なし | クレジットイベント発生 | プラス（元本相当になり得る） |
| B-Ⅰ-1 | 買い手 | あり | 取引時から向上 | プラス |
| B-Ⅰ-2 | 買い手 | あり | 取引時から不変 | フラット |
| B-Ⅰ-3 | 買い手 | あり | 取引時から悪化 | マイナス |
| B-Ⅰ-4 | 買い手 | あり | クレジットイベント発生 | マイナス（元本相当になりうる） |
| B-Ⅱ-1 | 買い手 | なし | 取引時から向上 | プラス |
| B-Ⅱ-2 | 買い手 | なし | 取引時から不変 | フラット |
| B-Ⅱ-3 | 買い手 | なし | 取引時から悪化 | マイナス |
| B-Ⅱ-4 | 買い手 | なし | クレジットイベント発生 | マイナス（元本相当になり得る） |

顕在化によって損失が発生するのは，図表6-3に示した3つのシナリオである。いずれの場合も，自分自身にとって時価がプラスの状況において取引相手が債務不履行に陥るため，実現損が発生する。

損失額に注目すると，一般的な状況においては，取引相手が売り手である取引（A-Ⅱ-3 および A-Ⅱ-4）の方が買い手である取引（B-Ⅱ-1）よりも損失額は大きい（＝リスク・プロファイルの非対称性）。また，取引相手が売り手の場合に取引相手の債務不履行と参照組織のクレジットイベントが同時に発生するシナリオ（A-Ⅱ-4）において，損失は最大となる。

さらに細かく言えば，プレミアムの支払いについても考慮する必要がある[10]。取引相手が債務不履行に陥る前に授受したプレミアムについては，厳

第Ⅰ部　基本的な商品性

図表6-2　取引相手が債務不履行に陥るシナリオ

| ケース | 取引相手の立場 | 取引相手の履行能力（信用力） | 参照組織の信用力 | 取引の時価（自分自身にとって） |
|---|---|---|---|---|
| A-Ⅱ-1 | 売り手 | なし | 取引時から向上 | マイナス |
| A-Ⅱ-2 | 売り手 | なし | 取引時から不変 | フラット |
| A-Ⅱ-3 | 売り手 | なし | 取引時から悪化 | プラス |
| A-Ⅱ-4 | 売り手 | なし | クレジットイベント発生 | プラス（元本相当になり得る） |
| B-Ⅱ-1 | 買い手 | なし | 取引時から向上 | プラス |
| B-Ⅱ-2 | 買い手 | なし | 取引時から不変 | フラット |
| B-Ⅱ-3 | 買い手 | なし | 取引時から悪化 | マイナス |
| B-Ⅱ-4 | 買い手 | なし | クレジットイベント発生 | マイナス（元本相当になり得る） |

図表6-3　カウンターパーティー・リスクが顕在化するシナリオ

| ケース | 取引相手の立場 | 取引相手の履行能力（信用力） | 参照組織の信用力 | 取引の時価（自分自身にとって） |
|---|---|---|---|---|
| A-Ⅱ-3 | 売り手 | なし | 取引時から悪化 | プラス |
| A-Ⅱ-4 | 売り手 | なし | クレジットイベント発生 | プラス（元本相当になり得る） |
| B-Ⅱ-1 | 買い手 | なし | 取引時から向上 | プラス |

密に言うとその再運用利回りを含めて，カウンターパーティー・リスクの顕在化時の損益を算出する際に加味すべきである。単純化した例をあげると，取引相手の債務不履行と参照組織のクレジットイベントの同時発生によって元本の70%の損失を被った場合でも，その時点までに元本の80%に相当するプレミアムを受領しているのであれば，取引期間中に発生したキャッシュフローは「受取り超過」ということになる。

## 第3項　キャッシュフローの確認

以下では，代表的なシナリオについて，具体的なキャッシュフローを確認

---

10　第Ⅱ部第2章参照。

する。便宜上，プレミアムは取引開始時点で1年分について前払いされるものとし（ただし，その分は損益計算において考慮しない），クレジットイベント発生時の決済方法は現物決済型[11]とする。また，担保やCCPなどの信用補完は考慮しない。さらに，リスクを中立化するため，取引相手Aと取引すると同時に，市場において取引相手Bと反対サイドの取引を締結するものと仮定する。

用意したシナリオは以下の4通りである。

【シナリオ1】カウンターパーティー・リスクが顕在化しない例として，取引相手に履行能力がある状態において参照組織にクレジットイベントが発生した場合。前述のA-Ⅰ-4のケース。具体的なキャッシュフローは図表6-4の通り。

【シナリオ2】カウンターパーティー・リスクが顕在化する例その1として，参照組織の信用力が悪化している状態（クレジットイベントは未発生）において，プロテクションの売り手である取引相手が破綻する場合。前述のA-Ⅱ-3のケース。具体的なキャッシュフローは図表6-5の通り。

【シナリオ3】カウンターパーティー・リスクが顕在化する例その2として，参照組織のクレジットイベントとプロテクションの売り手である取引相手の債務不履行が同時に発生する場合。前述のA-Ⅱ-4のケース。具体的なキャッシュフローは図表6-6の通り。

【シナリオ4】カウンターパーティー・リスクが顕在化する例その3として，参照組織の信用力が向上している状態において，プロテクションの買い手である取引相手Aが債務不履行に陥る場合。前述のB-Ⅱ-1のケース。具体的なキャッシュフローは図表6-7の通り。

A-Ⅱ-3およびA-Ⅱ-4のシナリオとB-Ⅱ-1のシナリオを比べると，CDSのカウンターパーティー・リスクはプロテクションの買いと売りの場合で非対称的であり，一般的には損失額が大きく異なることが確認される。

---

[11] 第Ⅱ部第6章第2節参照。

第Ⅰ部 基本的な商品性

**図表6-4 取引相手（売り手）が健全な状態でクレジットイベント発生（A-Ⅰ-4）**

（取引の概要）
取引相手Aとの取引：元本 1億円，プレミアム5％，期間 5年，参照組織 X社
取引相手Bとの取引：元本 1億円，プレミアム5％，期間 5年，参照組織 X社

（取引締結時）

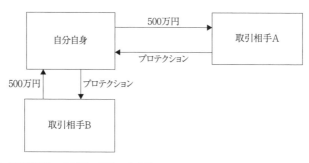

プレミアム（500万円）＝1億円×5％×1年分

（取引1年後：X社にクレジットイベント発生）

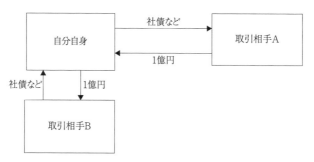

クレジットイベント決済として，取引相手Aとの取引では，社債などの現物を引き渡して1億円の現金を受け取る。取引相手Bとの取引では，1億円の現金を支払って社債などの現物を受け取る。

### 図表6-5 クレジットイベントが未発生の状況で取引相手（売り手）に債務不履行発生（A-Ⅱ-3）

（取引の概要）
取引相手Aとの取引：元本 1億円，プレミアム 5％，期間 5年，参照組織 X社
取引相手Bとの取引：元本 1億円，プレミアム 5％，期間 5年，参照組織 X社

（取引締結時）

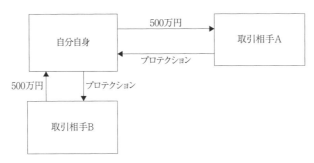

プレミアム（500万円）＝1億円×5％×1年分

（取引1年後：取引相手Aに債務不履行発生）

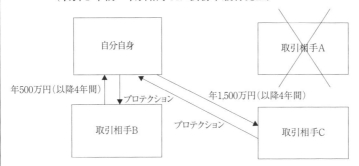

取引相手Aの破綻時にX社の信用力が悪化しており，プレミアムは15％に上昇する。その時点で，残存4年間のリスクを再び中立化するため，市場において取引相手Cと再構築取引を実行する。取引相手Bから受け取るプレミアム（5％）と取引相手Cに支払うプレミアム（15％）の差である10％の4年分に相当する4,000万円（将来のキャッシュフロー）が損失となる。

第Ⅰ部　基本的な商品性

### 図表6-6　参照組織のクレジットイベントと取引相手の債務不履行の同時発生（A-Ⅱ-4）

（取引の概要）
取引相手Aとの取引：元本　1億円，プレミアム5％，期間　5年，参照組織　X社
取引相手Bとの取引：元本　1億円，プレミアム5％，期間　5年，参照組織　X社

（取引締結時）

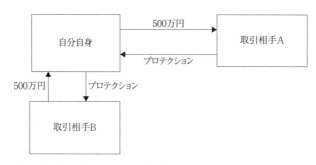

プレミアム（500万円）＝1億円×5％×1年分

（取引1年後：X社のクレジットイベントと取引相手Aの債務不履行が同時に発生）

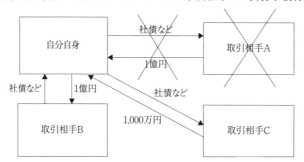

取引相手Aとのクレジットイベント決済が実行不能であるのに対して，取引相手Bとの決済は契約通り実行。手元に残ったX社発行の社債額面1億円は取引相手Cに売却。その際の売却価格によって損益が異なるが，クレジットイベントが発生している場合の売却価格は額面比で非常に低いことが多い[12]。これを額面の10％と想定すると，9,000万円（売却損＝1億円－1,000万円）の損失が発生する。

---

[12] 日本の場合，弁済率が20％を超えることは少ない。また会社更生などによる弁済率が15％程度だとしても実際に市場で即時換金できるのは10％以下であることが多い。一方，2008年9月のFannie MaeとFreddie Mac（米国・政府系機関）のケースでは，公的管理適用という外形上の理由でクレジットイベントが認定されたものの，両者の債務に関しては米国政府による信用補完が期待されたため，CDSにおける決済価格は100円近い水準となった。ただし，これは非常に珍しい例と言える。

# 第6章 カウンターパーティー・リスク

**図表 6-7　クレジットイベントが未発生の状況で取引相手（買い手）に債務不履行発生（B-Ⅱ-1）**

(取引の概要)
取引相手Aとの取引：元本　1億円，プレミアム 5 %，期間　5 年，参照組織　X 社
取引相手Bとの取引：元本　1億円，プレミアム 5 %，期間　5 年，参照組織　X 社

（取引締結時）

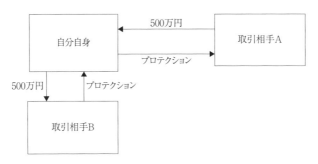

プレミアム（500万円）＝ 1 億円 × 5 % × 1 年分

（取引の 1 年後：取引相手Aに債務不履行発生）

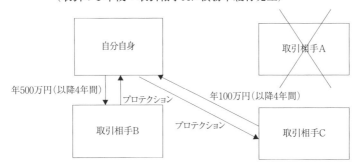

取引相手Aの破綻時にX社の信用力が向上しており，プレミアムは 1 %に低下する。その時点で，残存 4 年間のリスクを再び中立化するため，市場において取引相手Cと再構築取引を実行する。取引相手Bに支払うプレミアム（5 %）と取引相手Cから受け取るプレミアム（1 %）の差である 4 %の 4 年分に相当する 1,600 万円（将来のキャッシュフロー）が損失となる。この場合に損失が最大となるのは，参照組織のスプレッドのタイトニングが進んでゼロに限りなく近づく場合である。

## 第4節　取引相手と参照組織の相関リスク

　CDSのカウンターパーティー・リスクを管理する上で，やっかいなテーマが相関の問題である。金利や通貨などの市場リスクを対象としたスワップやオプション取引の場合には，時価の変動要因は対象資産の値動きやボラティリティであり，取引相手の信用リスクは基本的に時価に影響を与えない[13]。ところが，CDSの場合には，取引の対象が（参照組織の）信用リスクであり，カウンターパーティー・リスクの基となる（取引相手の）信用リスクと同種であることから，取引の価格変動リスクと取引相手の信用リスクの間に相関が発生することは十分考えられる。代表的な例は，親会社のプロテクションをその子会社から買うような場合である。

　親会社の破綻リスクをヘッジする目的でプロテクションを買う場合，その親会社の破綻時に取引相手に支払い能力がなければ，ヘッジの意味がない。一般に，親会社が破綻する場合には子会社も連鎖破綻する可能性が高いことから，同じプロテクションであっても，子会社から買う場合と親会社の信用リスクと関連の薄い主体から買う場合では，実効性が明確に異なる。また，仮に資本関係がなくても，参照組織の信用力に深い関係があると考えられるような共通の属性（企業グループ，業種，国籍など）を持つ取引相手からプロテクションを買う場合にも，同様の注意が必要である。このように，デリバティブ取引におけるエクスポージャーの増加と，カウンターパーティーの信用リスクの低下が同時に生じる結果，評価損が拡大するリスクは一般に**誤方向リスク**（wrong way risk）と呼ばれる[14]。

　一方，親会社と子会社という組合せのように明示的ではないものの，参照組織とプロテクションの売り手の信用力に高い相関が存在し，プロテクションの買い手が損失を被った事例は存在する。いわゆるサブプライム問題が顕

---

13　厳密には，例えば日本の輸出企業と通貨スワップを取引する場合，円高になると企業収益の悪化から信用リスクが増大する，といった相関が見受けられる場合もある。
14　安達哲也・末重拓己・吉羽要直「CVAにおける誤方向リスク・モデルの潮流」日本銀行金融研究所　金融研究　2016年7月。

在化した2007年以前，世界の大手金融機関の多くはモノライン保険会社と呼ばれる高格付けの保険会社（＝プロテクションの売り手）から，住宅ローン関連の証券化商品など（＝参照組織に相当）のプロテクションを積極的に買っていた。当時は，モノライン保険会社はAAA格であり，さらには，証券化商品のスーパーシニア・トランシェ（一般的なAAA格よりもさらに支払順位が高くリスクが低いトランシェ）が取引の対象であり，AAA格の相手からAAA格の資産に保証を受ける"リスクの極めて低い取引"という位置付けだったと思われる。

その後，当初の想定をはるかに超える住宅ローン市場の悪化によって，証券化商品の価格が急落すると同時に，住宅ローンへのエクスポージャーを多く有していたモノライン保険会社の経営も大きく傾いた。大手金融機関の立場では，証券化商品の価格下落によってCDSの時価評価額は大きくプラスとなったが，モノライン保険会社の信用力が低下するにつれて，プラスの時価が消滅するリスクも増大し，その分だけ損失引当てを積む必要性が生じた。ここでは，「モノライン保険会社」と「住宅ローン関連の証券化商品」の間に存在した高い相関が損失発生の要因となった。

実際にCDSのカウンターパーティー・リスクを管理する場合には，「相関がある」とか「相関が高い」というだけでは管理にならず，数値化する必要が生じる。相関が全くないか，100％（親会社が破綻すると子会社も確実に破綻する状況）であれば管理は楽であるが，実際には相関は「－1から＋1」のどこかに位置するため，複雑な計算が求められる。

## 第5節　デリバティブ・カウンターパーティー・リスクへの対応（相対取引）

第1～4節において概観したデリバティブのカウンターパーティー・リスクに対して，市場ではさまざまな対策が講じられてきた。その中核となるのが，ネッティングによる方法（第1項）と，担保の授受による方法（第2項）である。

第Ⅰ部　基本的な商品性

**図表 6 - 8　一括清算**

---
① ネッティングが有効な場合
　　　⇒すべての取引の時価を合算することが可能

　金利スワップ：　＋100
　通貨スワップ：　▲80
　CDS：　　　　　＋120
　―――――――――――
　合算値：　　　　＋140　⇒　140を債権額として回収する

② ネッティングが無効な場合
　　　⇒すべての取引を独立したものとして取り扱う

　金利スワップ：　＋100
　通貨スワップ：　▲80
　CDS：　　　　　＋120
　―――――――――――
　　　⇒　通貨スワップの含み損80を支払う
　　　⇒　金利スワップとCDSの含み益（合計220）を債権額として回収する

　　　　　（①，②いずれも単純化のために担保契約を考慮しない）
---

## 第 1 項　ネッティングによるカウンターパーティー・リスクの低減

　ISDAのマスターアグリーメントでは，片方の当事者が債務不履行となって取引を終了する際に，個々の取引の清算金（終了時の時価に相当）をすべて合算（ネッティング）して決済すると規定されている（**一括清算**（Close Out Netting））。ネッティングが認められない場合，個々の取引は独立したものとして取り扱われ，破綻していない側の当事者は，時価がマイナスの取引については清算金を支払い，プラスの取引については無担保（一般）債権者と同じ立場で回収を図ることになる（図表 6 - 8）。すべての取引の時価の符号が同じであればネッティングによるリスク削減効果はないが，ディーラー同士のように取引量が多い当事者間では，時価がプラスの取引とマイナスの取引が混在し，ネッティングによるリスク削減効果は相応に大きいと思われる。また，ネッティングは取引の種類に関係なく行なわれ[15]，破綻当事者

---

15　例えば，金利スワップの清算金とCDSの清算金が合算される。

第6章 カウンターパーティー・リスク

**図表6-9 CSAの実務**

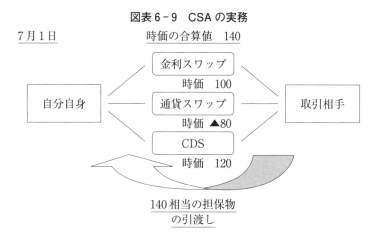

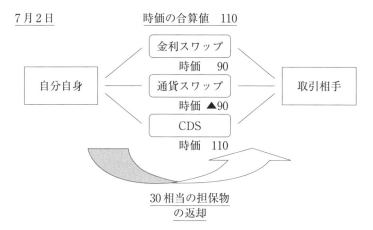

に対する債権額や債務額を最小限にする役割を果たしている[16]。

## 第2項 担保の受入れによるカウンターパーティー・リスクの低減

OTCデリバティブの世界でも、取引相手の信用リスクを低減するために担保の授受を行なう慣行が従来から定着している。その場合、ISDAのマスターアグリーメントに付随する担保契約（CSA）を利用することが一般的で

---

[16] 他方で、即座に一括清算することによって金融市場全体に混乱が生じるリスクを指摘する声も聞かれる。

ある。

　CSAを締結する二当事者は，対象となるすべての取引の時価を定期的に算出し，その合算値がマイナスの当事者はプラスの当事者に担保物を提供する。担保物は現金や国債が多く，ISDAの調査[17]によると，CCPを利用しない取引では，担保物全体のうち，現金が76.3％程度，国債が20.0％程度を占めている。取引当事者は日次や週次といった頻度で取引を値洗いし，その都度担保の過不足分を受け渡し，取引相手がいつ債務不履行となっても含み益に相当する担保が確保されるように試みる（図表6-9）。

　一方，CSAを締結しても，カウンターパーティー・リスクは完全にはなくならない。取引の時価を算出して担保を受け取るまでの間に取引相手が破綻する場合や，取引相手の破綻後，担保を現金化するまでの間に担保物の市場価格が下落する場合のように，時間差によって損失が生じる可能性がある。また，市場での流動性が低い取引の場合，そもそも時価について取引当事者双方が合意するまでに，相応の時間がかかることも考えられる。

　さらには，CSAの運用面の問題として，担保額の算定において免責額[18]の設定があると，その分は担保物によって損失がカバーされないことになる。また，必要額（＝自身にとっての含み損）以上の担保物が拠出されている場合，破綻手続において取引相手の別の資産と当該担保物が同じ扱いを受け，必要額を超えた分の担保を取り戻すことが困難になる，といった事態も考えられる[19]。

　とはいえ，保守的に運用されている限りにおいては，CSAはカウンターパーティー・リスクの大部分に対する信用補完として機能する。2008年9月にLehman Brothers（米国・金融）が破綻した際にも，CSAの存在によって多くの取引当事者が大きな損失の発生を食い止めることに成功したと報告されている。

---

17　ISDA Margin Survey 2017。
18　含み益が一定金額（Threshold）を超えるまでは担保の提供が免責されることがある。また，事務負担を軽減するために，時価の変動が一定金額（Minimum Transfer Amount）を超えるまでは追加担保の提供が免責されることもある。
19　Lehman Brothersに対して含み益の有無とは別に当初担保として差し出していた担保物（Independent Amountと呼ばれる）が，同社の破綻に際して破綻債権扱いとなり，その大半が返却されないといった事例が報告されている。

従来は，取引当事者は取引相手の信用力などに照らして任意でCSAを締結していたが，近年では，CCPを利用する取引では担保契約が組み込まれているほか，CCPを利用しない取引についても，グローバルな規制当局であるバーゼル銀行監督委員会（BCBS: Basel Committee on Banking Supervision）と証券監督者国際機構（IOSCO: International Organization of Securities Commissions）が確立した枠組みに基づき，**当初証拠金**（IM: Initial Margin）と**変動証拠金**（VM: Valuation Margin）の拠出の義務付けが段階的に進められている。

## 第6節　デリバティブ・カウンターパーティー・リスクへの対応（CCP）

### 第1項　CCP導入の経緯

従来，CDSは前節で述べたような相対取引の形をとっていたが，近年では，**セントラル・カウンターパーティー**（Central Counterparty：以下「**CCP**」）と呼ばれるクリアリング（清算機関）を利用することによって，カウンターパーティー・リスクの低減を図る取組みが，グローバルに進んでいる。

CCPとは取引当事者の中間に入る取引主体を意味するが，OTCデリバティブの分野では，1999年からLCH. Clearnet Group[20]が単一通貨建ての金利スワップのCCP業務を開始し，同社のCCPサービスであるSwapClearにおける元本残高は，2018年9月末時点で約350兆米ドルとなっている[21]。

CDS市場では，取引量の急激な増加とこれに伴う事務負担の増加に対する懸念を背景に，2006年頃から海外の金融機関を中心にCCP導入について

---

20　2003年のLondon Clearing House（LCH）とClearnet SAの合併によりLCH. Clearnet Groupが設立された。金利スワップのクリアリングは，合併前のLCHにおいて始められている。

21　同社のホームページ参照（http://www.lchclearnet.com/）。なお，当初は残高が大きい程，「利用率の高い良いCCP」とみる傾向があったが，最近はバーゼル規制の影響でグロスの残高が小さいことが重要となっていることから，コンプレッション（23ページ参照）などを通じて残高を小さくすることに強いインセンティブが働いている。その結果「残高が小さい方が，圧縮の進んでいる良いCCP」と評価される面もあるため，CCPを比較する際に残高を利用するには注意が必要である。

の検討が始まった。その後，大手のOTCデリバティブ・ディーラーであるBear Stearns（米国・金融）の経営危機やLehman Brothersの破綻，政府によるAIG（米国・保険）の救済，といった出来事を契機にカウンターパーティー・リスクへの注目が高まり，規制当局がOTCデリバティブ業界に対してCCPの利用を積極的に促す形で，CCPの利用が始まった。

2009年9月に開催されたG20金融サミットにおいては，すべての標準形の（standardised）OTCデリバティブ取引にCCPの利用を義務付ける，という方向性が打ち出された。各国の対応は区々であるが，日本においては，CDSなど，一部のOTCデリバティブ取引にCCPの利用を義務付ける内容の法律案が，2010年3月に通常国会（第174回）に提出され，同年5月12日に成立した。当該規制は，2012年11月に施行され，金利スワップについては，その後，清算対象範囲を拡大する内閣府令の改正が行なわれている。

### 第2項　CCPの基本的な枠組み

取引当事者の中間に入る取引主体であるCCPは，取引所取引モデルと店頭取引モデルに大別される。取引所取引モデルでは，市場参加者は取引所を通じて取引する。「いくらで売りたい／買いたい」といった取引の希望はすべて取引所に集約され，売り手と買い手の間で価格や金額などが折り合うとまずは市場参加者同士で取引が成立し，成立と同時に，清算機関が債務引受けを行なう。

これに対して店頭取引モデルでは，市場参加者は二者間で価格や金額などの取引条件を交渉する。その後成立した「二者間における1件の取引」は「CCPを中間に挟んだ2件の取引」に分解され，「市場参加者A」と「CCP」，「CCP」と「市場参加者B」をそれぞれ取引当事者として，ブッキングされる（図表6-10）。

CDSでは，店頭取引モデルとしてCCPの利用が進んでいる。いずれのモデルにおいても，取引当事者の中間に入るCCPには，ある取引当事者の破綻が別の取引当事者に連鎖することを防ぐ"防波堤"としての役割が期待されている。

第6章　カウンターパーティー・リスク

**図表6-10　CCPの基本的な枠組み**

ステップ1：相対で価格交渉・合意

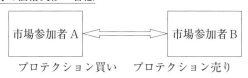

ステップ2：CCP経由の取引にブッキングし直す

### 第3項　CCPの信用補完

　防波堤自体が破綻しないように，CCPには高い信用力を維持するためのさまざまな仕組みが備えられている。その詳細はCCPによっても異なるが，ここでは一般的と考えられる内容をまとめる。

　まず，財政基盤を確実なものとするために，CCPは参加者などから出資や担保の拠出を受ける。市場の変動に伴うリスク量の変化に対応するために，担保は当初証拠金と日々の時価変動に合わせて要求される変動証拠金から構成される。またCCPの取引相手となるCCP参加者の破綻リスクを最小限に抑えるために，CCP参加者には厳しい参加資格が要求され，一般的には，一定以上の格付けなどの信用力[22]や資本基盤を有し，十分に当該商品に関するノウハウを持った当事者のみがCCPへの参加を認められる。こうした参加資格を満たせるのは通常は大手のディーラーに限られるが，ファンドや機関投資家などのエンド・ユーザー（間接参加者）がディーラー（直接参加者）を介してCCPに参加する仕組み（**クライアント・クリアリング**（client

---

[22] 格付け基準の存在によって，CCP参加者の信用力が一定以上に維持されることが期待される一方，格下げによって既存のCCP参加者が参加資格を失った場合には，当該当事者の取引をCCPの枠外に出す処理が必要となる。

clearing))も導入されている。エンド・ユーザーがディーラーと締結した取引や拠出した担保は分別管理され，当該ディーラーが破綻した場合には，他の資産や取引などと混在することなく，そのまま別のディーラーに引き継がれる仕組みとなっている。

さらには，CCP の対象となる取引にも一定の基準を満たすことが要求される。事務的な観点からは，売りと買いが両建てとなっている取引を CCP 内部で円滑に相殺するために，取引は十分に標準化されている必要がある。また，リスク管理上の観点からは，日々正確な時価に基づいて必要担保額を決定するために，また，参加者の破綻に際して円滑に取引の再構築を行なうために，CCP の対象となる取引には高い市場流動性が求められる[23]。

### 第 4 項　CCP 参加者の破綻時の対応

CCP 参加者が破綻した場合，CCP と当該参加者の間の取引は早期に解約される。CCP の役割は取引当事者間の取引を"右から左へ"とつなぐだけで，自身はポジションをとらないことが原則であることから，解約となった取引のポジションを新たに再構築する必要に迫られる。再構築に当たっては，CCP が自ら市場において取引する場合や，他の CCP 参加者が新規取引の相手となることをコミットし，価格の入札に基づいて参加者間で取引を割り振る場合などがある。

ポジションの再構築に際して CCP に損失が発生した場合，まずは破綻した参加者が拠出した担保を用いて損失をカバーし，それでも不足する場合には CCP の資本，次に他の参加者が拠出した相互補償のための担保を用い，最終的には他の参加者からの追加拠出で充当する，という建付けが一般的と考えられる。

LCH. Clearnet 社によると，Lehman Brothers を当事者とする金利スワップは，2008 年 9 月に破綻した時点で，SwapClear に 66,000 件以上，総額で 9 兆米ドル程度存在していたが，破綻後 1 週間以内に Lehman に関連するポ

---

[23] CDS の CCP 業務で先行する欧米の CCP では，こうした事務管理上，リスク管理上の要請を考慮し，管理が困難なリスクをとらないように，当初は流動性が高いインデックス取引のみを対象とするなど慎重な姿勢を取っていたが，現在は単一銘柄取引についてもクリアリング対象を大幅に拡大している。

ジションの9割程度のヘッジが完了し，3週間以内には Lehman が拠出していた担保の範囲内で，他の参加者に損失を及ぼすことなく，ポジションの解消が完了している。

CCP を利用しない相対取引のモデルにおいては，リスク管理の巧拙によって，取引相手の破綻に伴う損失額が当事者ごとに異なったが，CCP モデルにおいては，CCP 参加者間で損失が"護送船団式"にシェアされることになる。

### 第5項　CCP の利点と限界

CCP の最大の利点は，カウンターパーティー・リスクの低減が期待できるところにある。OTC デリバティブ市場では，市場参加者は「民間の一企業」を取引相手とし，その破綻リスクにさらされるが，「業界のサポートに裏打ちされた主体」である CCP が介在することによって，取引相手の破綻リスクが相当程度低減されることが期待される。リスクの低減を反映して，CCP を取引相手とした場合に，主要国においてはバーゼル規制における必要規制資本を減らすことが認められている。

この他にも，CCP を取引相手とした取引は CVA[24] リスク相当額を信用リスク・アセットに加算不要であることや，証拠金規制対比で担保負担が少ない傾向があることも，メリットとしてあげられる。また，規制当局が市場参加者のポジションや取引動向を把握する上で，CCP を経由する取引の情報を得ることが重要な役割を果たす可能性もある。

一方，CCP が万能というわけではない。前述のように，CCP はリスク管理上の理由で参加者や対象取引を限定することから，世の中に存在する OTC デリバティブ取引のうち CCP の対象となるのは一部に限られる。

市場参加者にとっては，一部の取引は CCP 経由で，残りの取引は相対でそれぞれブッキングされることになるが，この場合，担保実務が二本立てとなり，ネッティングによるリスク削減効果[25] も低下することになる。地域ごと，商品ごとに複数の CCP を利用することになれば，この傾向はさらに強

---

24　脚注6（32ページ）参照。

まる。

　また，CCPモデルにおいても，取引当事者が破綻した場合にはポジションを再構築する必要は存在する。再構築時に市場価格が急激に変動したり，市場流動性が大きく低下すれば，CCPに想定以上の損失が発生し，これをCCP参加者で負担することにもなり得る。

　さらには，カウンターパーティー・リスクをCCPに集中させる結果，システミック・リスクを防止する観点からCCP自体が「破綻が許されない存在」となり，不測の事態の場合には何らかの救済措置が必要となることが考えられる[26]。また，カウンターパーティー・リスクがCCPに集中することに関しては，近年，CCPのRecovery（再建計画）& Resolution（破綻処理計画）の議論が進んでいる。

---

25　従来は，あらゆる種類のOTCデリバティブ取引がネッティングの対象であったが，ここからCDSだけを切り離してCCPの対象とすると，その分だけネッティングのメリットが減ずることが予想される。さらには，米国銘柄取引ではこのCCP，欧州銘柄では別のCCP，というように，CDSだけでも複数のCCPを利用する場合には，ネッティングの効果はさらに低下する。一方，多数の取引相手との取引をCCPに移すことで，従来，三者以上の当事者間でネッティングできなかったものができるようになり，ネッティング効果は高まるという側面もある。日本でも，金利スワップの清算はかなり効率的になっている。

26　この点に関しては，普段から十分な強靱性（resilience）を確保させるべく，2012年には金融システム・インフラが遵守すべき国際基準であるFMI原則，2017年にはその追加ガイダンスが公表され，各CCPはこれらの国際基準の遵守が求められるようになっている。

### 筆者雑感　AIG の経営危機と CCP

　OTC デリバティブ取引に CCP の利用を求める声が特に強まったのは，米国の大手保険会社 AIG の資金繰りの問題が深刻化し，当局による救済が実施された 2008 年 9 月以降と思われる。同社の経営が悪化した背景にはさまざまな要因があると思われるが(注)，資金繰りに行き詰まることになったきっかけのひとつが，デリバティブ取引における担保拠出の必要性であったことから，デリバティブ取引の実務に対する注目が高まったものと考えられる。将来において，公的資金を用いて民間の金融機関を救済するという事態を繰り返さないために，OTC デリバティブ取引を CCP 経由でブッキングし，市場全体の透明性を高め，担保実務をより堅固なものにする必要があると指摘された。

　一方，AIG の決算資料によると，同社の子会社が取引していた CDS の大半は CCP の対象となり得る標準形の取引ではなく，住宅ローンや企業の信用リスクを束ねたテーラーメイドなポートフォリオに基づく個別性の高い取引であり，CCP が 2008 年以前から導入されていたとしても，その対象とはならなかったと考えられる。

　AIG の問題を繰り返さないために CCP の利用が必要であるという議論は，実際の問題を基に考えると，ややミスリーディングな印象を受ける。

　（注）ISDA によると（"AIG and Credit Default Swap"（2009 年 11 月））, AIG の損失は証券貸借取引など CDS 以外の業務からも発生したとされる。

## コラム　ノルウェーのCCPにおける巨額損失事件

　本稿執筆中の2018年9月，折しもリーマン・ショックからちょうど10年目に，コモディティ・デリバティブの清算を取り扱うノルウェーのオスローのCCPにおいて，巨額の損失が発生するという事件が起きた。

　当該CCPの清算会員であるエリナー・アスという裕福な個人(注)がノルウェーとドイツの電力価格差が縮小する方向に賭けていたところ，ノルウェーの降水量増大による水力発電価格の下落と同時に石炭価格の高騰によりドイツの電力価格が上昇し，価格差が通常の17倍にまで膨れ上がってしまったことが巨額損失の原因となった。

　アス氏はマージンコール（追証）に耐えられなくなり，個人破産に至った。取引所は残った取引を反対売買してポジションを解消したが，その結果114百万ユーロの損失が発生した。

　この損失に対してまず取引所が7百万ユーロを負担，その後メンバーから預託を受けていたファンドの中からファンド総額の6割以上に上る107百万ユーロを負担させることとなった。

　今回は損失がセーフティーネットの範囲内に収まったことから，とりあえずセーフティーネットが機能していることが証明されたとも言える。しかしながら安全の仕組みが機能したとは言え，一会員との取引でここまでバッファーが毀損してしまったことは，CCPにおけるセーフティーネットのあり方について一石を投じることになったのも事実である。

　今回の事件はセーフティーネットの制度設計の問題ではなく，CCPにおけるリスク管理の問題であるという面も否めないが，これを機に一会員との取引量の適正性や予想外の市場変動に対する対応の仕方，CCPにおけるセーフティーネットのあり方やその絶対額などについて，業界や規制当局を交えて改めて議論が行なわれることが予想される。

　　（注）2016年の課税対象収入は110億円を超えており，資産は300億円近いと報道されている。CDSや金利スワップを清算対象とするCCPでは，清算会員は大手の金融機関に限定されている。

# 第7章　国家の信用リスクを参照するCDS（ソブリンCDS）

　国家の信用リスクを参照するCDS（以下「**ソブリンCDS**」）は，企業を参照するCDSと同様に，1990年代から活発に取引されている。一般に，デフォルトの可能性がほとんどないと認識される場合は，保証料を支払ってまでリスクを外そうというインセンティブが働きにくいことから，取引は成立しにくい。したがって，かつては先進国国家を参照するCDSは少なく，新興国国家を参照する取引がソブリンCDSの中心であった。1998年のインドネシア，2001年および2014年のアルゼンチン，2008年のエクアドルなど，新興国についてはクレジットイベントも少なからず発生している。

　先進国の中では，相対的に格付けの低い国を参照する取引が多く，2007年にサブプライム問題が顕在化する以前は，日本やイタリアのようにAAA格を下回る格付けの国を参照する取引が多く見られた。

　日本国を参照するCDSは，格付けがAAA格で安定的に推移していた時期にはほとんど取引されなかったが，1990年代後半になって，金融システム不安の台頭に合わせて市場で価格が提示されるようになった。1998年にはMoody'sが日本国の自国通貨建て格付けをAaaからAa1へと格下げし，その後も追加的な格下げの可能性が注目されるようになると，取引は活発になった（図表7-1）。2003年以降は，海外の格付会社による格下げに一巡感が出たこともあり，低いスプレッドで動意なく推移していたが，2008年以降，財政赤字に対する懸念が再台頭する中で，相応の取引量を伴いながらスプレッドが拡大した（図表7-2）。

　近年では，世界的な金利低下と金融緩和による運用難から，少しでも利回りを上げようと，本邦投資家にとって実質的に無リスクな日本ソブリンCDSを組み込んだクレジット・リンク債投資に絡む取引も行なわれている[1]。また，トランプ氏が米国大統領に就任して以来，高まりつつある北朝鮮

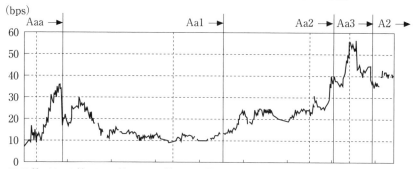

図表7-1 日本ソブリン CDS スプレッドと格付けの関係

格付けはすべて Moody's による。グラフ中，縦実線は格付け変更の日，縦点線は格付け見直し（表中の期間はいずれも格下げ方向）を表す。
出所：RP テック㈱

　リスクをヘッジするために，日本ソブリンのプロテクションを購入するという動きも見られた。北朝鮮のリスク・ヘッジとしては日本以外のソブリン，例えば韓国やアジア諸外国の CDS プロテクションを購入する方法もあるが，プレミアムの絶対値が相対的に低い（ヘッジ・コストが安い）日本を参照組織として用いるケースが多い。

　また，日本に関しては，その巨額の公的債務から財政破綻方向に賭ける投資がかねてより行なわれており，世界中のヘッジファンドが何度もそのようなポジションを構築しては打ち返される[2]，という展開を続けてきたが，本稿の執筆時点（2019 年 3 月）でもそういった動きは繰り返されている。ここでも，プレミアムの絶対水準の低さ（ヘッジ・コストの安さ）が取引動機を後押ししている。また，絶対水準の低さは，テイル・リスク・ヘッジとしての利便性にも結び付いている。その意味では，プレミアムの絶対水準や相対的な位置関係が，日本のソブリン CDS の使用目的や取引量に大きく影響していると言える。

---

1 87 ページの筆者雑感で述べるように，日本ソブリン CDS の取引主体は大部分が海外の市場参加者であるが，スプレッドが大幅に拡大する局面では本邦投資家の動きも散見される。
2 日本の財政破綻懸念が顕在化せずにスプレッドが縮小し，含み損の発生したポジションの損切りを余儀なくされること。

第 7 章　国家の信用リスクを参照する CDS（ソブリン CDS）

**図表 7 - 2　日本ソブリンのスプレッド推移（2003～2018 年）**

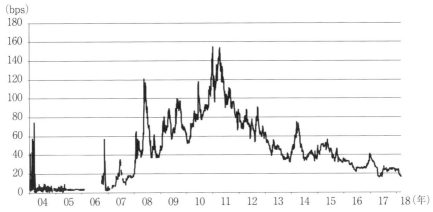

出所：Bloomberg

　米国，英国，ドイツ，フランスといった欧米の AAA 格の国家は，信用リスクがほとんど意識されなかったことから，2000 年代を通じて一桁前半のスプレッドで推移し，市場での取引も多くは見られなかった。2007 年のサブプライム・ショック以降，公的部門による民間部門に対するサポートが積み重なる過程でこうした国々の国家財政も急速に悪化し，AAA 格から格下げされたことなどを背景にスプレッドが拡大し，CDS も相応に取引されている。

　ソブリン CDS のプロテクションを買う背景としては，保有する国債のデフォルト・リスクや価格変動リスクのヘッジ，国家に対するカウンターパーティー・リスク[3]ヘッジといった目的から，当該国家に属する金融機関や事業法人向けのエクスポージャーに対する代替的なヘッジ，ポートフォリオのカントリー・リミットの管理[4]やマクロヘッジ[5]という取引動機が考えられ

---

[3] 国家や国家機関は，民間企業とデリバティブを取引する場合には，担保を提供しないケースが多い（IMF"Global Financial Stability Report April 2010"参照）。この場合，民間企業はソブリンに対して無担保のエクスポージャーを有することになる。

[4] 例えば，ポートフォリオに占める米国の主体（国家や企業）向けの与信の割合が内部ルール上の制限を超えた場合，保有する米国債や社債などを売却する代わりに，米国を参照する CDS でプロテクションを買う，といった選択肢が考えられる。

[5] 株式や社債のポートフォリオの価格は，ネガティブな経済指標の発表などによって下落する場合が多いと考えられるが，ソブリン CDS のスプレッドも悪材料に連動して拡大すると考えれば，経済指標が発表される前にプロテクションを買うことによって，株式や社債のポートフォリオ全体から生じる損失をソブリン CDS から計上される含み益と部分的に相殺する，といった行動が考えられる。

る。プロテクションの売り手にとっては，リスク対比でスプレッドに割安感がある[6]場合の投資手段となり得る。

こうした実需とは別に，スプレッドの方向性に着目した取引や，国債のスプレッド（対スワップ金利，対ベンチマーク国債金利など）とソブリンCDSのスプレッドの差，異なる国のソブリンCDSのスプレッドの差，ソブリンCDSと民間企業のCDSの差，ソブリンCDSと株価などの差に着目したアービトラージも行なわれている。

第6章第4節で述べたように，CDS取引においては，プロテクションの買

### コラム　ネイキッドCDS

債券や融資などの現物を裏付けとしないCDSをネイキッドCDS（Naked CDS）と呼ぶことがある。2010年初頭にギリシャを参照するソブリンCDSのスプレッドが拡大した局面では，ギリシャ国債を保有しない市場参加者によるネイキッドCDS取引がスプレッド拡大の一因となったとして，これを規制しようという声が欧州の政治家などから聞かれた。2010年5月には，ドイツの金融規制当局BaFinが，ドイツ国内において，ヘッジ対象のリスクを保有せずにEU圏内の国家を参照するCDSのプロテクションを買う行為を一時的に禁止すると表明した。

ネイキッドCDSという言葉には決まったひとつの定義があるわけではないが，プロテクションを買う立場の取引動機に注目し，保有する信用リスクのヘッジ目的以外でプロテクションを買う取引を指すことが多い。ソブリンCDSに関しては，広義には，保有国債のリスクをヘッジする目的以外での取引を指し，狭義には，当該国家に対する直接的なエクスポージャー全般（国債やカウンターパーティー・リスクなど）や，間接的なエクスポージャー全般（当該国家に属する金融機関などに対するエクスポージャーなど）のヘッジ目的以外での取引を指すものと思われる。

ネイキッドCDSを規制する場合，規制する取引の範囲によっては，基本的な市場機能が損なわれる可能性がある。上で述べた広義の定義において規制が課された場合は，最終顧客の売りニーズと買いニーズをつなぐディーラーのマーケット・メイク行為が不可能となり，最終顧客には自分自身で取引相

---

6　リスク対比で適正と思われる水準よりも，市場で取引されるスプレッドが大きい状態。

手を探す必要が生じる可能性がある。また，マーケット・メイクが認められても，国債を保有せずにプロテクションを買うことが規制されれば，カウンターパーティー・リスクなどを管理する市場参加者のリスク管理上の制約となる可能性がある。

　最も狭義な定義によれば，当該国家に対して一切のエクスポージャーを持たずに，純粋に投機的な目的においてプロテクションを買うことのみが規制の対象となるが，こうした投機的目的による売り買いの需要が市場に厚みをもたらし，実需に基づく取引を円滑なものにする（取引需要がある時にすぐに取引相手が見つかる）という見方も存在する。これは，CDS市場に限らずあらゆる金融市場について当てはまるものと考えられる。

　規制の効果や実現可能性，副作用などを考慮して，ネイキッドCDSを規制するのではなく，市場の透明性を高めることや，OTCデリバティブにおける担保実務をより厳格なものとして，そもそもヘッジを必要とするエクスポージャー自体を減らすことなどが有効であるという提言も見られる。IMFは，2010年4月に公表した"Global Financial Stability Report"の中で，ネイキッドCDSを定義することは困難であり，仮にその利用を制限すれば，ソブリンに対するリスク・ヘッジ需要が国債や株式，為替市場に流れる可能性を指摘している。

い手は参照組織と信用力の相関が高い当事者からプロテクションを買うことを回避することが多いが，ソブリンCDSの場合はこの相関が特に意識される。一般に，民間企業の信用力は当該企業が属する国家の信用力に大きな影響を受けると考えられ，信用格付けにおいても，政府には徴税権があることなどを根拠に，国家の格付けが民間企業の格付けの上限と位置付けられる場合もある[7]。また，金融システムの根幹を成す銀行の格付けには，銀行単独の信用力評価に加えて，国によるサポートが織り込まれることも多い。

　このため，「フランスのプロテクションをフランスの銀行から買う」というように，ある国を参照するCDSのプロテクションをその国に属する民間企業から買うといった取引は，一般的には回避される[8]。もっとも，参照組織

---

[7] 国が供給量をコントロールできる自国通貨建て債務の格付けにおいて，特にこのような傾向が見られるが，格付会社の考え方によっては例外も見られる。また，外貨建て債務の格付けにおいては，外貨の調達能力次第では，民間企業の格付けが国家の格付けを上回るケースもあり得る。

やプロテクションの売り手の信用力が相応に高く,いずれのデフォルトも可能性としては十分に小さいと考えられ,かつ担保契約を締結しているような場合には,こうした取引が行なわれることもある。

　また,ソブリン CDS では,取引通貨の選択も大きなポイントとなる。国家の信用リスクと通貨の価値には高い相関があり,国家財政が破綻する際には当該国家の通貨の価値も大きく下落することが予想される。このため,一般的には,ソブリン CDS は参照組織である国の通貨以外の通貨で取引されている。本稿の執筆時点（2019 年 3 月）の市場慣行では,米国以外のソブリン CDS は米ドル建て,米国のソブリン CDS はユーロ建てで取引されることが多い。

---

8　相関の問題によって自国のプロテクションを売ることが困難である一方,自国のプロテクションを買う場合には相関の問題は小さく,こうした取引に応じる当事者も多く存在すると思われるが,ディーラーのように売り買い両方向の取引を繰り返してリスクを中立的に保つ当事者にとっては,プロテクションの売りが困難な参照組織のプロテクションを買うという判断は取り難いものと考えられる。

第 7 章　国家の信用リスクを参照する CDS（ソブリン CDS）

## コラム　ソブリンと民間企業のスプレッドの関係

　第 1 章（6 ページ）で述べたように，先進諸国において国が発行する自国通貨建ての債務を"リスク・フリー"と考えれば，民間企業のスプレッドは国家のスプレッドを下回ることはない。実際，平時においては，ほとんどの場合この関係が成り立つと思われるが，何らかの理由によってクレジット・スプレッドの"官民逆転"が生じることもある。過去においては，米国籍の食品メーカーの CDS スプレッドが米国ソブリンの CDS スプレッドを下回る，日本の電力会社の CDS スプレッドが日本ソブリンの CDS スプレッドを下回る，といった事例が見られた。

　官民逆転が生じる背景としては，ファンダメンタルズに関する理由とテクニカルに関する理由の双方が考えられる。前者の例としては，当該民間企業が相応の規模で国際事業を展開し，自国政府の信用力の変化に影響を受ける度合いが小さい，という例があげられる。もっとも，このような場合でも，政府が国外への資産の移転を禁止するといった非常手段をとる可能性などを考慮すれば，完全に国家のスプレッドから切り離された信用力評価が可能かどうかは議論の余地がある。

　後者の例としては，市場において国の財政リスクが強く意識され，ソブリン CDS のスプレッドが急激に拡大する一方で，民間企業を参照する CDS のスプレッドの動きがこれに遅行し，一時的に逆転現象が生じるといったケースが考えられる。当該民間企業を参照する CDS の市場流動性が相応に高い場合には，ソブリンのプロテクション売りと民間企業のプロテクション買いを組み合わせるアービトラージによって，早期に逆転が解消されることが予想されるが，市場流動性が低い場合には，逆転現象が長期にわたって継続することもある。

第 I 部　基本的な商品性

## コラム　CDS の取引通貨

　日本の CDS 市場では，非日系の参加者が市場の大半を占めていた 2001 年頃までは米ドル建ての取引が主流であったが，ディーラーや最終投資家として日系の参加者の市場参入が進むにつれて徐々に円建ての取引が増加し，現在では円建ての取引がディーラー間市場の大半を占めるようになった。転換社債を使ったアービトラージを行なうヘッジファンドが，円建て転換社債の信用リスク・ヘッジを行なう上で，円建ての CDS 取引を好んだことも，円建て取引への移行を後押ししたひとつの要因であったと思われる。

　そのようななかで，現在でも米ドル建てで取引されることが多いのが，日本ソブリンと主要銀行銘柄である。日系のディーラーは信用力の相関の問題（66 ページ参照）によってこうした銘柄を取引することが少なく，外資系ディーラー同士の取引がほとんどであるという背景もあるが，それ以上に取引通貨と参照組織の間の相関の問題が大きいようである。

　現物決済型の CDS では，クレジットイベントが発生すると，プロテクションの買い手は引渡可能債務と引換えに取引の元本金額分の現金を受け取る。日本国を参照組織として，円建てで 10 億円分のプロテクションを買うケースを考えると，日本国にクレジットイベントが発生した場合，プロテクションの買い手は引渡可能債務の引渡しと交換に 10 億円を受け取る。日本国が破綻している時には円安が大幅に進行して，10 億円の価値は取引当初の 10 億円の価値と比べて著しく下落していると考えられる。このため，日本国のプロテクションを日本リスクと相関の高い通貨である円建てで買おうというインセンティブは働きにくい。同じ理屈が銀行の場合にも当てはまる。"too big to fail" と呼ばれるような大手銀行が破綻する状況では，円の価値が下落している可能性は高いであろう。

　もっとも，日本ソブリンや邦銀銘柄が円建てで一切取引されないわけではない。日本の投資家が購入する FTD 型商品やシンセティック CDO といった複数の銘柄を参照する仕組み商品は円建てのものが圧倒的に多く，銀行銘柄が参照バスケットの一部を構成することもある。このような商品を組成するディーラーは，ヘッジ取引として円建てで銀行銘柄の CDS を行なうインセンティブを持つ。また，国のデフォルト・リスクが高いと考えているわけではないが，保有する国債の限界的な価格下落リスクをヘッジしたいと企図する場合などにおいては，円の急落リスクを強く意識する必要性は必ずしも高くないであろう。ヘッジ対象リスクが円建てであれば，為替レートの変動による時価のぶれを回避するために，円建てのヘッジ取引が合理的と考えられるケースもあり得る。

第 7 章　国家の信用リスクを参照する CDS（ソブリン CDS）

### 筆者雑感　日本のソブリン CDS とメディア報道

　ソブリン CDS の登場は，クレジット市場参加者にとって画期的な出来事であった。国家の信用リスクをストレートに表す方法が初めて出現したからである。

　対象となる発行体が事業会社であれば，信用リスクの計算方法は従来から存在していた。簡単に言うと，その発行する債券の利回りとその国の政府の発行する国債との利回りの差を計算することである。債券の利回りはその通貨を発行する国のインフレ率や金融政策を当然反映するため，利回りの絶対値を見てもその発行体の信用リスクがどの程度含まれているかは特定できない。そのような場合にはリスク・フリー（つまりデフォルトしない）である国債の利回りと対象発行体の利回りの差が，基本的に信用リスクであると考えられる(注)。

　例えば，インフレ率が 10％で国債の利回りも 10％である国の民間企業の債券の利回りが 11％の場合と，インフレ率が 1％で国債の利回りも 1％である国の民間企業の債券の利回りが 5％の場合とでは，前者の信用リスクは 11 - 10 = 1％，後者は 5 - 1 = 4％となり，後者の信用リスクの方が高いと市場が認識していることになる。

　このように市場にリスク・フリーの発行体が存在すれば，これをベンチマークとして，その他の発行体の信用リスクを計算することは可能であるが，その場合，リスク・フリー債券（＝国債）そのものの信用リスクに対する市場の評価は計算できない。ユーロのように共通の通貨で複数の政府が国債を発行していれば，最も信用力の高い国債（歴史的にはドイツ国債）との利回りの差を計算することによって，国の信用リスクを数値化できないこともないが，共通の座標軸が存在しない状況においては，その国の信用リスクを客観的に計測することは難しい。

　しかしクレジット・デリバティブの場合は，信用リスクそのものが単独で取引されるために，CDS のプレミアムに注目することによって，その国の信用リスクの水準を確認したり，他の国との比較を行なうことも可能になる。

　これは確かに画期的なことであったが，その結果として相応の誤解が生まれたことも事実である。ソブリン CDS のスプレッドは，さまざまな要因によって参照組織である国の信用リスクを正確に反映しているとは限らないにもかかわらず，当該国の破綻確率を表す指標として，一部の投資家やメディアが受け止めた可能性がある。

　本文中で述べたように，日本政府を参照するソブリン CDS（以下「日本のソブリン CDS」）の取引には，相関の関係から日本の金融機関や企業が参加す

ることは容易ではない。主な市場参加者は、日本政府と相関が低い、もしくは相関がない海外の金融機関や企業であり、取引通貨も円以外の通貨である。つまり、日本のソブリンCDSの市場は、海外の市場参加者が（基本的に）米ドル建てで取引する市場ということになり、日本の市場参加者の自国政府の信用リスクに対する見解はほとんど反映されていないと考えられる。

　筆者が実務において日本のソブリンCDSの取引に関わった時も、取引当事者にとっては、日本国の信用リスクをヘッジする目的というよりも、スプレッドの方向性を予想することによってトレーディング収益を稼ぐ目的が主であったという印象がある。海外投資家が日本ソブリン向けのエクスポージャーを有しているとすれば、多くの場合は日本国債の保有を通じてであろう。エクスポージャーを削減したければ、流動性が高く取引コストが低い日本国債市場で売却すれば事足りる。つまり、海外投資家がプロテクションを買う場合、実需のヘッジ・ニーズというよりも、投機目的に基づくケースが多いと考えられる。日本のメガバンクが、実務的に譲渡が難しい企業向け融資を継続保有しつつ、信用リスクのヘッジのためにプロテクションを買う状況とは大きく異なる。

　日本のソブリンCDSのスプレッドが大きく動いた2008～2009年の事例を振り返っても、日本国固有の要因があったわけではなく、背景には海外の市場参加者の全体的なポジション調整の動きがあったと考えられる。

　また、一般にソブリンCDSの市場規模は国債の市場規模を大幅に下回るため、状況によっては、相対的に少額の取引によって相場に影響を与えることも可能と考えられる。そのため、ヘッジファンドによる短期的な投機的取引の対象になることもあり、そのような動きが活発になれば、ソブリンCDSのリスク指標としての信憑性が低下することにもなりかねない。

　このように日本のソブリンリスクに対する唯一の市場評価とも言えるCDSのスプレッドには、真の信用リスクが反映されているとは言えないため、参考にするときは相当の注意を払う必要がある。

　このように留意点は多いものの、新聞などのメディアでは、ソブリンCDSのスプレッド水準が記事になる機会が多い。「日本のソブリンCDSのスプレッドがついに中国を上回った。」「アベノミクスを受けてソブリンCDSのスプレッドが縮小、クレジット市場もアベノミクスを評価」、といった趣旨の記事も散見される。前述のように、本質的な信用リスクとは無関係な要因によって市場価格が変動することが少なくないにもかかわらず、あたかも国のデフォルト・リスクに対する市場の見方が変化しているかのごとく報道することは、ミスリーディングであると言わざるを得ない。

　（注）厳密には流動性リスク・プレミアムも含まれるため、それほど単純ではない。

# 第8章 クレジット・デリバティブを使った金融商品

　本章では，クレジット・デリバティブを使った基本的な金融商品を概略する。本邦投資家を対象とする場合，クレジット・デリバティブを使った金融商品の大半は，いわゆる「社債代替投資」であり，CDSのプロテクション売りを内包した金融商品である。一方，アイデア次第では，プロテクションの買いを絡めた投資戦略も有効である（詳細は第4章第4節参照）。

**図表8-1　クレジット商品の全体像**

| | | | 取引形態 | | | | |
|---|---|---|---|---|---|---|---|
| | | | 資金調達不要（unfunded） | 資金調達必要（funded） | | | |
| | | | | 債券 | ローン | ファンド | その他 |
| 信用リスクの種類 | シンセティック型 | 単一銘柄 | | CLN* | CLL | | |
| | | FTD等 | | FTD型CLN | FTD型CLL | | |
| | | 複数銘柄 CDO | | シンセティックCDO | | | |
| | | その他 | CDSインデックス | | | | |
| | キャッシュ型 | 単一銘柄 | | | | | |
| | | 複数銘柄 CLO | | CLO | | | |
| | | CBO | | CBO | | | |
| | | その他 | | | | | |

*厳密には取引形態（横軸）の「債券」の縦列全体が「クレジットにリンクした債券」，すなわち「クレジット・リンク債（CLN）」に該当するとの考え方もある。しかし，実務の現場での一般的な解釈として，単にCLNと言えば，単一銘柄を参照するCLNを指すことが多いようだ。

第I部 基本的な商品性

# 第1節 クレジット・デリバティブを使った金融商品の全体像

クレジット・デリバティブを使った金融商品（図表8-1）は、信用リスクの種類、および取引形態の2軸で大分類できる。信用リスクの種類は、**シンセティック型**（原資産が現物ではなくデリバティブのもの）、および**キャッシュ型**（原資産が現物のもの）に分類され、それぞれ、単一銘柄と複数銘柄に分類される。取引形態は、投資に際して資金調達が不要なもの（**unfunded**）と資金調達が必要なもの（**funded**）に分類され、funded についてはさらに債券、ローン、ファンド、およびその他に分類される。

クレジット・デリバティブを使った金融商品で最も一般的なものの大半は、シンセティック型の資金調達が必要なものに分類される。代表例として、**クレジット・リンク債**（CLN）や**クレジット・リンク・ローン**（CLL）があるが、多くの場合、これらはシンセティック型の単一銘柄で、資金調達が必要な商品に分類される。複数銘柄を参照する**ファースト・トゥ・デフォルト**（First To Default（**FTD**））型の商品も、債券もしくはローン形態で商品化されているものが多い。また、リーマン・ショック時に注目された**シンセティックCDO**（Collateralized Debt Obligation, 資産担保証券）は、シンセティック型の複数銘柄を参照する債券形態のものが多い。

なお、資金調達が必要な形態の金融商品は、必ずしも欧米市場では一般的ではなく、資金調達不要（unfunded）なデリバティブ契約形態での取引も多い。資金調達が必要な商品群は、資金調達コストや商品組成コストなどの取引コストが発生するが、unfunded 形態ならそれらのコストを圧縮することができる。一方、unfunded 形態の場合は、損益計算書を通じた時価評価が必須となるが、funded 形態ならば会計処理に選択の余地があると言われている。また、unfunded の場合は一般に十分な信用力が必要となるが、funded の形態では、自身の信用力と基本的に関係なく取引が行なえる。

以下では、クレジット・デリバティブを使った金融商品のうち、リーマン・ショック以降も活発に取引されているものをいくつか抽出し、詳説したい。

## 第2節 クレジット・リンク債／クレジット・リンク・ローン

　改めて図表8-1を確認すると，一般にクレジット・リンク債やクレジット・リンク・ローンと呼ばれる商品は，いずれもシンセティック型の単一銘柄を参照する資金調達が必要な形態の商品に分類されることが多い。なお，参照組織が複数銘柄で構成され優先劣後構造が施されているものは，ファースト・トゥ・デフォルト型CLN/CLL（第3節）およびシンセティックCDO（第4節）などと呼ばれている。

　クレジット・リンク商品は，一般的には**SPV**（Special Purpose Vehicle：信託，会社法に基づき設立された合同会社，もしくは日本国外に設立された特別目的会社など）を用い，日本では社債（クレジット・リンク債）や信託受益権など金融商品取引法上の有価証券（みなし有価証券を含む）または金銭の貸付け（クレジット・リンク・ローン）などの形態で投資家に販売される[1]。SPVが発行体となって社債を発行する形態を例にすると，SPVは，クレジット・リンク債の発行代わり金を用いて，一般的に日本国債や信用力の高い社債（発行体＝Y社とする）などを購入し，それを担保資産として保有する。同時に，X社を参照するCDSを証券会社などのカウンターパーティーと締結する（ここでは，当該CDSを原資産と呼び，前述の担保資産と区別する）。参照組織であるX社にクレジットイベントが発生すると，X社の債務の時価，担保資産の時価など，当初の約定に沿った形での処分（解約）方法に基づく価額にて償還される（元本割れの可能性が極めて高い）。

　このような仕組みのため，一般的なクレジット・リンク商品に内包される信用リスクは，プロテクションの売りポジション（X社，原資産），担保資産，およびカウンターパーティーの3つになる[2]。クレジット・リンク商品は，社債代替投資（ここでは実質的にはX社の発行する社債に対する代替投

---

1　SPV発行以外にも，実体のある企業（例えば証券会社など）が発行体になるケースもある。
2　SPVではない実体のある企業が発行体になるケースでは，発行体および参照組織の2つになる。

第Ⅰ部　基本的な商品性

**図表 8 - 2　典型的なクレジット・リンク商品のスキーム図**

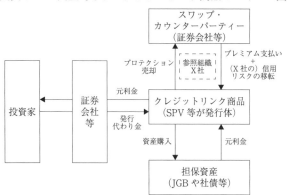

資）との位置付けではあるが，実際はX社のリスク以上の信用リスクを負っていることを意識する必要があろう。実際，格付会社がクレジット・リンク商品を格付けする際には，当該3社の格付けを付与し，一定の仮定を考慮に入れてから評価することが一般的である。

## 第3節　FTD 型 CLN/CLL

次にCDSの参照組織が複数で，証券化商品において活用される優先劣後構造の概念を取り入れたFTD型を取り上げる。基本的なスキームとしては，図表8-2において，CDSの参照組織X社が例えばA社を含む複数社となっており，クレジット・リンク商品が優先部分と劣後部分に分かれていると考えればよい（図表8-3）[3]。FTDは，参照組織のいずれかにクレジットイベントが発生した時点で，クレジットイベントが発生した参照組織の債務の時価など，当初の約定に沿った形での処分（解約）方法による価額にて償還される（元本割れの可能性が極めて高い）。

参照組織がA社とB社の2銘柄から構成される仕組みを例にとると，当該

---

[3] FTD型の商品を組成する場合，優先部分のリスク（セカンド・トゥ・デフォルト（STD），サード・トゥ・デフォルト（TTD）など）は外部に直接移転せず，アレンジャーが保有することが一般的である。

第8章　クレジット・デリバティブを使った金融商品

**図表8-3　FTDの仕組み**

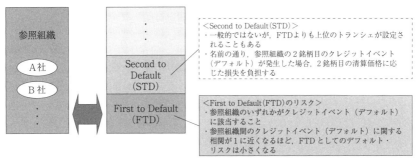

商品の信用リスクは，前述の通り，担保資産，カウンターパーティーの双方に加え，「A社またはB社の片方がクレジットイベントに該当するリスク」となる。このうち，参照組織の信用リスクは，両社のクレジットイベントに該当するリスクの相関関係によって説明できる。A社のクレジットイベント発生確率が1.5％，B社が同1.0％と仮定すると，両社のデフォルト相関の変化に伴う「どちらか1社がクレジットイベントに該当する確率」は，相関係数が高まるにつれ減少する（図表8-4）。つまり，FTDの仕組みでは，参照組織のデフォルトに関する相関係数が大きい（小さい）ほどリスクが小さく（大きく）なり，要求スプレッドも小さく（大きく）なる。

したがって，商品組成に際しては，信用力の評価に加えて，銘柄間の相関関係を考慮することが重要になる。ワイドなスプレッドを確保したければ，クレジットイベント（デフォルト）に関する相関が低いと思われるような銘柄（例えば業種や国籍などが異なる銘柄）を選べばよい。一方，このような銘柄選別は，FTDの信用リスクを増大させることに留意する必要がある。

なお，格付けの観点からは，主に2つの手法が採用されている[4]。ひとつは，上記のようなクレジットイベント（デフォルト）に関する相関を考慮し，一定のモデル（コピュラ関数やモンテカルロ・シミュレーションなど）に基づき評価するもので，複数の参照組織を含むFTDやCDOなどのストラクチャード・クレジット商品の格付け手法として一般的なものである。も

---

[4] 格付けクライテリアの詳細は各格付会社のウェブサイトを参照されたい。

## 図表8-4 どちらか1社がデフォルトする確率

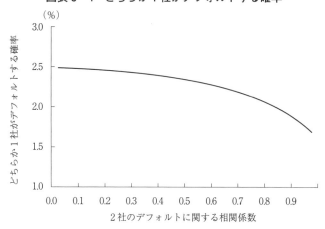

うひとつは、限定的な条件のもとで活用される簡易的な格付け手法であり、FTDが参照する銘柄のクレジットイベント（デフォルト）に関する相関関係は考慮されず、参照組織、担保資産の発行体およびカウンターパーティーのうち最も格付けの低いものの格付けをFTDの格付けが上回らないとするものである（ウィーケスト・リンクと呼ばれ、一般的には最も格付けの低い銘柄の格付けがFTDの格付けとなる）[5]。

## 第4節　シンセティックCDO

### 第1項　概　説

CDOは、一般的には分散された多数の原資産を裏付けとし、複数の負債トランシェから構成される証券化商品の一種である。第3節で取り上げたFTD型の仕組みと同様に優先劣後構造をとるが、重要な違いとして、FTD型では規定の銘柄数（FTDなら1銘柄、STDなら2銘柄）のデフォルト発

---

[5] R&Iが条件付き（信用リスクの主体（参照組織およびCLNなどの場合は担保資産やカウンターパーティー、SPVを用いないCLNの場合は発行体など）が9以下など）で採用しているほか、S&Pも条件付きで採用している。

第 8 章　クレジット・デリバティブを使った金融商品

**図表 8 - 5　CDO および CLO の組成額の推移**

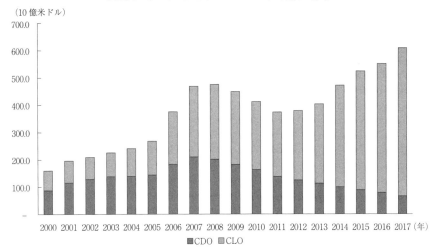

出所：SIFMA

生によって当該トランシェが自動的に清算されるのに対して，CDO では構成銘柄がデフォルトする度に損失を累積し，累積の損失率が各トランシェの上限に達するまでは当該トランシェは存続することがあげられる[6]。

　このような多数分散プールに対する証券化商品は，90 年代以降，現物資産（債券やローン）を原資産として組成されるようになった（図表 8 - 1 参照：キャッシュ型）。特に人気化したのが **CLO**（Collateralized Loan Obligation：原資産がローンのもの）や **CBO**（Collateralized Bond Obligation：原資産が債券のもの）であり，90 年代を通じて CDO の発行額増加に寄与した。その後，機動性や流動性の観点から，単一銘柄の CDS を束ねたいわゆる「シンセティック型」商品が登場するようになった（90 年代後半以降）。シンセティック CDO の組成額は，リーマン・ショック直前までは順調に増加し続けたが，リーマン・ショック後は大幅に減少した。2011 年頃からは，CLO を中心にキャッシュ型商品の組成額が増加しており，その一方で，2013 年にはシンセティック型の組成も再開されている。

---

[6] 損失率がトランシェの下限を超えた場合には，超えた分だけ損失が確定するものの，トランシェの上限に達して全損するまでは，取引は終了しない。

第Ⅰ部　基本的な商品性

一般的にCDOと言えば，シンセティックCDOを指すことが多いが，全米証券業金融市場協会（SIFMA）の統計資料では，CDOにはシンセティック型に加え，キャッシュ型（最近ではCLOの組成が多い）も含まれることに留意したい。

### 第2項　分　類

　CDOはさらに，①発行目的（**バランスシート型**と**アービトラージ型**），②キャッシュフローの管理方法（**キャッシュフロー型**と**マーケット・バリュー型**），および③原資産の種類（**シンセティック型**と**キャッシュ型**）に分類される。③は図表8-1で示した通りである。

　発行目的による分類としては，まず，**オリジネーター**（原資産を保有する主体（基本的には金融機関が多い））が保有する資産を原資産にしたものをバランスシート型と呼ぶ。主に，オリジネーターの資金調達や，バランスシートの圧縮による資本効率改善（BIS規制上のリスク・アセットの削減など）を目的として組成される。一方，アービトラージ型は，オリジネーターが実際に保有する資産を基に組成するのではなく，アレンジャー（CDOを組成する金融機関）などが，原資産となる現物資産もしくはデリバティブ取引を市場から調達することによって組成される。アービトラージ型の名前の由来は，原資産ポートフォリオの期待利回りと資金調達コスト（SPVが投資家に向けて発行するデットやエクイティ）の差に着目することにある。当然に，原資産ポートフォリオの期待利回りが資金調達コストを上回る場合にアービトラージが効きやすくなり，組成が活発になる。

　次に，キャッシュフローの管理方法による分類として，原資産ポートフォリオからのキャッシュフローの創出に主眼を置く「キャッシュフロー型」（SPVのコラテラル・マネージャー（アセット・マネージャーやCDOマネージャーと呼ぶことが多い）が原資産ポートフォリオの中でデフォルトの可能性が高くなった銘柄を売却するなど，一定のルールに基づいて管理を行なう）と，コラテラル・マネージャーが裁量により積極的に原資産の入れ替えなどを行ないCDOのリターンの最大化を目指す「マーケット・バリュー型」（ポートフォリオの時価を定期的に算出し，その水準によって運用に制約が

かかる）がある。後者の場合，CDOの各トランシェは満期一括とは限らず，あらかじめ決められた償還方法に基づいて原資産の売却代金などから返済されていく仕組みも多い。コラテラル・マネージャーは，原資産のクーポン収入よりもキャピタル・ゲイン（値上り益）を確保するため，頻繁に売買を行なうことが多い。

### 第3項　シンセティックCDOの特性

特にリーマン・ショック前にシンセティックCDOが注目された理由のひとつが，同格付けクラスの事業債やローン対比でスプレッドが厚いことであった。なぜ格付けが同等でありながらシンセティックCDOのスプレッドが社債対比でワイドなのかを理解するためには，シンセティックCDOが持つリスクを理解する必要がある。

信用リスクを内包する商品のスプレッドには，①当該商品が持つ信用リスクに対するリスク・プレミアムに加え，②流動性リスクや，③スプレッド変動に対するリスク・プレミアムなどが内包されている。AAA格の社債とAAA格のシンセティックCDOは，格付会社による①の評価がほぼ同じということを意味しているが，格付けは②や③の差を反映していない。シンセティックCDOは社債と比べて②や③のリスクが大きく，その分のリスク・プレミアムが乗っているため，一般的に同格付けの社債対比でスプレッドがワイドである[7]。

やや専門的になるが，シンセティックCDOのような多数の参照組織を持つ商品の価格評価を考える際，主要な変数は大まかに，①トランシェの幅と劣後比率，②参照組織のクレジットイベント発生リスク，③参照組織のスプレッド変動リスク，および④参照組織のクレジットイベントに関する相関係数の4つになる。①は，劣後比率が小さくなるほど格付けは低下し，参照組織のクレジットイベント発生リスクに大きく依存するのは直観的に理解できる。一方，参照組織のクレジットイベント発生リスクは，格付会社が保有・公表している格付別累積デフォルト率もしくはそれに類する統計や規準を用

---

[7] 詳細は，大橋英敏『クレジット投資のすべて』（第二版）金融財政事情研究会 2013年参照。

いて計算される（残存期間に依存する）。当然，参照組織の一部に格下げなどのイベントが生じた場合，当該トランシェが格下げされる可能性も高まることになる。ただし，参照組織の元本毀損リスクは，単に個別の銘柄のデフォルト率のみで決定されるわけではない。複数銘柄を参照しているため，銘柄間のクレジットイベント発生に関する相関係数が影響するからである。

以上の議論をシンセティックCDOの「元本毀損リスク」の配分に置き換えると，

- 相対的に下位のトランシェ（特にエクイティ・トランシェ）については，相関係数が低下（上昇）すると，スプレッドがワイド化（タイト化）する。
- 相対的に上位のトランシェについては，相関係数が低下（上昇）すると，スプレッドがタイト化（ワイド化）する。

以上のように，CDOのプライシングは複雑で，また，商品が持つリスクを理解するために相応の専門性（特に数学・統計のセンス）が求められる。投資に際しては，商品特性を十分に理解する必要がある。

## 第5節 CDSインデックス

### 第1項 概 説

**CDSインデックス**とは，多数の単一銘柄を参照するCDSの市場価格（プレミアム）を指数としたものである。図表8-1を用いるならば，シンセティック型の複数銘柄参照の「その他」に属し，取引形態は資金調達不要（unfunded）に分類される。開発された2000年代前半は市場価格の水準や動向を示す指標としての役割のみを果たしていたが，現在ではインデックスを参照した取引が活発に行なわれるようになっている。

従来，CDSインデックスは単一銘柄CDS市場の拡大を契機に，CDS市場の代表指標の必要性が高まったことにより開発されたが，インデックス取引

第 8 章　クレジット・デリバティブを使った金融商品

図表 8-6　世界の CDS インデックス

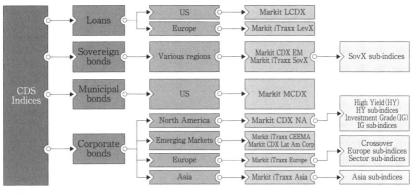

出所：IHS Markit

自体が活発に行なわれるようになると，裁定取引などを通じて，構成要素である単一銘柄 CDS の取引量も増加するようになった。また，市場参加者の多様なニーズを満たすべく，地域や業種などといった参照組織の属性別にさまざまなインデックスやサブ・インデックスが開発されるようになった（図表 8-6 および 8-7）。

　2006 年になると，証券化商品（ABS）やレバレッジド・ローンといった資産を参照する CDS の市場が拡大するなか，これらをインデックス化する動きも活発化した。代表的なものが 2006 年 1 月にスタートした北米のホームエクイティ ABS から構成される ABX インデックスや，2006 年 10 月にスタートした欧州のレバレッジド・ローンから構成される iTraxx LevX インデックス，2007 年 5 月にスタートした北米のレバレッジド・ローンから構成される LCDX である。

　また，2009 年 7 月には，前章で取り上げたソブリン CDS の取引量の増加に後押しされる形で，複数の欧州ソブリンを参照する CDS を束ねたソブリン・インデックス（Markit iTraxx SovX Western Europe）が作成され，その後は中・東欧，中東，およびアフリカ地域のソブリンの CDS を束ねたインデックス（Markit iTraxx SovX CEEMEA など）や，複数のアジア地域のソブリン（日本を含む）の CDS を束ねたインデックス（Markit iTraxx SovX Asia Pacific）も開発された。

第Ⅰ部 基本的な商品性

## 図表 8-7 主な CDS インデックス
（カレント・シリーズがリリースされているもので取引可能なもの）

| インデックスの名称 | 参照組織 | 含まれる銘柄数 | シリーズ数（2018年10月末時点） | 標準年限 | 建て通貨 |
|---|---|---|---|---|---|
| 【北米企業】 | | | | | |
| Markit CDX.NA.HY | 北米ハイイールド企業 | 100 | 31 | 5年 | USD |
| Markit CDX.NA.HY.B | Markit CDX.NA.HYに含まれるB格クラスの銘柄 | 可変 | 31 | 5年 | USD |
| Markit CDX.NA.HY.BB | Markit CDX.NA.HYに含まれるBB格クラスの銘柄 | 可変 | 31 | 5年 | USD |
| Markit CDX.NA.IG | 北米投資適格企業（メイン・インデックス） | 125 | 31 | 5年 | USD |
| Markit CDX.NA.IG.HVOL | Markit CDX.NA.IGに含まれるプレミアムの変動幅が大きい銘柄 (Markit CDX.NA.IGのサブインデックス) | 30 | 31 | 5年 | USD |
| Markit CDX.NA.IG.CONS | Markit CDX.NA.IGに含まれるConsumer Cyclicalセクターに属する銘柄 (Markit CDX.NA.HYのサブインデックス) | 可変 | 31 | 5年 | USD |
| Markit CDX.NA.IG.ENRG | Markit CDX.NA.IGに含まれるEnergyセクターに属する銘柄 (Markit CDX.NA.IGのサブインデックス) | 可変 | 31 | 5年 | USD |
| Markit CDX.NA.IG.FIN | Markit CDX.NA.IGに含まれるFinancialsセクターに属する銘柄 (Markit CDX.NA.IGのサブインデックス) | 可変 | 31 | 5年 | USD |
| Markit CDX.NA.IG.INDU | Markit CDX.NA.IGに含まれるIndustrialセクターに属する銘柄 (Markit CDX.NA.IGのサブインデックス) | 可変 | 31 | 5年 | USD |
| Markit CDX.NA.IG.TMT | Markit CDX.NA.IGに含まれるTMTセクターに属する銘柄 (Markit CDX.NA.IGのサブインデックス) | 可変 | 31 | 5年 | USD |
| Markit MCDX.NA | 北米地方公共団体 | 20 | 31 | 5年 | USD |
| 【欧州企業】 | | | | | |
| Markit iTraxx Europe | 欧州投資適格企業（メイン・インデックス） | 125 | 30 | 5年 | EUR |
| Markit iTraxx Non-Financials | Markit iTraxx Europeに含まれるNon-Financialsセクターに属する銘柄 (Markit iTraxx Europeのサブインデックス) | 95 | 30 | 5年 | EUR |
| Markit iTraxx Senior Financials | Markit iTraxx EuropeのFinancialsセクターに属する銘柄でシニア参照のもの (Markit iTraxx Europeのサブインデックス) | 30 | 30 | 5年 | EUR |
| Markit iTraxx Subordinated Financials | Markit iTraxx EuropeのFinancialsセクターに属する銘柄で劣後参照のもの (Markit iTraxx Europeのサブインデックス) | 30 | 30 | 5年 | EUR |
| Markit iTraxx Europe Crossover | 欧州の投資適格クラスを下回る企業 | 75 | 30 | 5年 | EUR |
| 【アジア企業】 | | | | | |
| Markit iTraxx Japan | 日本の投資適格企業（メイン・インデックス） | 40 | 30 | 5年 | JPY |
| Markit iTraxx Australia | 豪州の投資適格企業（メイン・インデックス） | 25 | 30 | 5年 | USD |
| Markit iTraxx Asia ex-Japan IG | アジア（日本を除く）の投資適格企業（メイン・インデックス） | 40 | 30 | 5年 | USD |
| 【ソブリン】 | | | | | |
| Markit CDX.EM | 世界のエマージング・ソブリン (Latin America, Eastern Europe, the Middle East, Africa およびAsia) | 15 | 30 | 5年 | USD |

出所：IHS Markit

しかしながら，現物取引を参照するデリバティブの宿命として，現物のクレジット市場が縮小すると，これを参照するCDSインデックスの取引ニーズも必然的に低下し，取引流動性の低下やインデックスのロール（後述）の停止につながることも珍しくない。典型的な例として，サブプライム危機の前後には活発に取引されていたABXインデックスなどは，サブプライム危機の余波を受けて現物資産（サブプライム住宅ローンのABS）の組成が事実上停止すると，取引流動性が次第に低下し，現在では新シリーズの作成が停止状態にある。

これに対して，巨大な規模を誇り，取引流動性も基本的に高い社債市場を参照するCDSインデックスは，従来から今日に至るまで継続的に取引されている。欧米市場における代表的なインデックスとして，投資適格クラスの企業を参照するMarkit iTraxx EuropeおよびMarkit CDX. NA. IG，そして投資適格級を下回る格付けの付与された銘柄から構成されるMarkit iTraxx CrossoverおよびMarkit CDX. NA. HYなどがあげられる。

本節では，このように広がりを見せるインデックスのうち，単一銘柄を参照するCDSを束ねたインデックスについてさまざまな側面から考察する。

### 第2項　インデックスの作成ルール

インデックスの作成ルールは，インデックスごとに詳細が決められている。ここでは，主なインデックスとして，日米欧の投資適格銘柄参照のインデックス（北米：Markit CDX. NA. IG，欧州：Markit iTraxx Europe，日本：Markit iTraxx Japan）を用いて，本稿の執筆時点（2019年3月）で適用されているインデックス作成ルールを説明する[8]。

インデックスは，毎年2回，3月20日と9月20日のインデックス開始日の直前に新しいシリーズが作成され，3月20日に開始するインデックスの予定終了日は6月20日，9月20日開始分については12月20日に設定される。例えば，2019年3月20日に開始する5年のシリーズの予定終了日は，2024年6月20日となる。このシリーズは，2019年9月20日に次のシリー

---

[8] IHS Markitのルールブックを参照した。

ズが作成されるまでの 6 ヶ月間,"5 年のインデックス"として市場で取引されるが,実態は常に期間が 5 年というわけではなく,2019 年 3 月 20 日時点の"5 年 3 ヶ月"から 2019 年 9 月 19 日時点の"4 年 9 ヶ月"まで日々 1 日ずつ期間が短くなる(現物債券と同様)。

　日本のメイン・インデックスである Markit iTraxx Japan の構成銘柄は,日本の企業が主体であり,Moody's,S&P,Fitch,R&I,JCR の 5 社の格付けのうち最も高い格付けが投資適格級であることが要求される。インデックス組成に参加するディーラーは直近 6 ヶ月の取引量を報告し,この結果に基づいて流動性ランキングが作成され,この中から流動性が高いものがインデックス構成銘柄として選定される。選定に当たっては,業種の偏りを軽減するために,一業種の銘柄が 12 社を超えないという制約が課される。

　欧州のメイン・インデックスである Markit iTraxx Europe の構成銘柄は,欧州の企業が主体であり,Moody's,S&P,Fitch の 3 社の格付けのうち最も低い格付けが投資適格級であることが要求される。産業セクターごとにディーラーが報告する直近 6 ヶ月の取引量に基づいて流動性ランキングが作成され,このランキングが銘柄の選定に用いられる。また,インデックスの構成銘柄の産業セクターの分散を確保するために,自動車 & 一般産業 30 銘柄,テレコム 20 銘柄といったように産業セクターごとに銘柄数が割り当てられ,合計で 5 産業セクター・125 銘柄となる。

　日本と欧州のメイン・インデックスは,シリーズを組成するたびに銘柄をゼロから選ぶのではなく,直近のシリーズの構成銘柄を見直すことによって作成される。クレジット・イベントの発生した銘柄や,格下げによって格付け基準を満たさなくなった銘柄,さらに流動性が規定以下となった銘柄などが除外され,前述の流動性ランキングの順に代替の銘柄が追加される。また,直近のインデックスにおいては採用されていないが流動性が規定以上である銘柄は,自動的にインデックスに追加される。

　北米のメイン・インデックスである Markit CDX.NA.IG の構成銘柄は,北米の企業が主体であり,Moody's,S&P,Fitch の 3 社から格付けが付与されている場合はこのうち 2 つが投資適格級であることが要求される。流動性は,ディーラーによる投票に基づいて判断される。インデックスは 5 つの産

業セクターの銘柄から構成されるが，各産業セクターのインデックスにおける構成比率は Markit iTraxx Europe のようには決められておらず，シリーズごとに構成比率が変化する。

　新しいシリーズの作成に当たり，直近のシリーズの構成銘柄を見直すという点は日本と欧州のメイン・インデックスと同様であるが，見直しの手続が異なる。まず，クレジットイベントの発生した銘柄や格付け基準を満たさなくなった銘柄など，除外されるべき銘柄が確定される。その上で，ディーラーは除外される銘柄数の2倍の数の新規追加候補銘柄を投票し，最も得票の多い銘柄から順に新しいシリーズに加えられる。

　このように，日米欧でインデックスの作成ルールの詳細こそ異なるが，いずれのインデックスも半年ごとの新シリーズ作成時点においては，流動性が相対的に高い投資適格級銘柄から構成されることを目的とするルールが設定されている。

### 第3項　CDS インデックスのロール

　前述のように，インデックスの新しいシリーズは年に2回作成され，新しいシリーズのインデックス開始日以降，市場における取引の中心は直前のシリーズから新シリーズへと移行する（**インデックスのロール**）。新シリーズは「**オン・ザ・ラン**」または「**カレント**」，旧シリーズは「**オフ・ザ・ラン**」と呼ばれることが多い。新シリーズを参照する取引が始まっても旧シリーズを参照する取引も行なわれるが，その流動性は低下する。

　したがって，トレーディング目的で売買する場合など，旧シリーズの CDS を反対売買によって手仕舞い，新たに新シリーズを参照する CDS を取引することも多い。そのまま旧シリーズの CDS を最後まで持ち切ることも可能である。金利や国債の先物取引が，限月の期日に反対売買や現引きによって必ず決済を行なうのに対して，CDS インデックスは次のシリーズの取引が開始しても決済を強制されることがない。

　一般に，プロテクションの売り手（例：満期保有型のクレジット投資を目的とする取引当事者）よりも，プロテクションの買い手（例：クレジットのマクロヘッジを目的とする取引当事者）の方が旧シリーズの取引から新シリ

ーズの取引に乗り換えることが多いとされる。信用リスクをヘッジする必要性がなくなった場合に反対売買を行なうことを想定して，常に流動性の高いシリーズでプロテクションを買うインセンティブが存在するものと考えられる。このため，インデックスのロールが近づくとプロテクションの売りが優勢となりやすく，需給面からはインデックスのスプレッドはタイトニングしやすい傾向が見られる。インデックスのロール後は，旧シリーズのポジションを手仕舞ったプロテクションの買い手が新シリーズで新たにプロテクションを買うことによって，インデックスのスプレッドに拡大圧力がかかることがある。

この他にも，ロールによって年限が6ヶ月延びることや，構成銘柄の信用力に変化が生じることも，CDSインデックスの価格形成に影響を与える要因と考えられる。年限の延長は，クレジット・スプレッド・カーブの形状が右肩上がりである限り，一般的には新インデックスのクレジット・スプレッドを（旧シリーズに対して）拡大させる要因になる。構成銘柄の変化は，変化する内容によっては新インデックスのクレジット・スプレッドの拡大要因にも縮小要因にもなり得る。

## 第4項　CDSインデックスと単一銘柄CDSの関係（理論値と市場実勢値）

CDSインデックスは単一銘柄のCDSを単純に積み重ねて作成されていることから，CDSインデックスの価格と単一銘柄CDSの価格の間には密接な関係がある。理論的には，CDSインデックスの価格は，インデックスを構成する単一銘柄CDSの価格を基準に計算した理論値（インデックス理論値。構成銘柄の価格の単純平均値）と等しくなるが，実際にはCDSインデックスの価格とインデックス理論値の間には乖離があることが多い。この乖離は**スキュー**（skew）（または**ベーシス**（basis））と呼ばれる。CDSインデックスの価格がインデックス理論値よりもワイドであることを**ポジティブ・スキュー**，逆にタイトであることを**ネガティブ・スキュー**と表現する。このスキューに注目してアービトラージの機会を窺う市場参加者も多い。

スキューは，CDSインデックス，単一銘柄CDSそれぞれの取引動機の違

いを背景に，発生することが多い。CDS インデックスは，クレジット市場の全体的な方向性に見通しをもって取引する場合に便利な手段である。例えば，マクロ的な要因でクレジット・スプレッドのタイトニングが進むことが予想される場合，多くの参加者はインデックス CDS のプロテクションを売ってロング・ポジションをとる。この場合，市場はインデックス主導でタイトニングし，単一銘柄のタイトニングが遅行するケースがある。また，シンセティック CDO の組成で CDS ポジションをランプ・アップ（ramp up：積み上げ）するディーラーは，ランプ・アップ期間中の市場スプレッド縮小に対するヘッジとして，インデックスをロング（インデックス CDS のプロテクションの売り）することがある。この場合も，インデックス CDS のタイトニングが先行することが多い。

　また，従来は，CDS インデックスのロールが年2回（3月および9月）であるのに対して，単一銘柄 CDS のロールは年4回（3月，6月，9月，および12月）であり，タイミングによって両者の年限に若干の違いが存在したことも，スキューの一因とされた。その後，2015年12月になって，市場の流動性向上などを目的に単一銘柄 CDS のロールもインデックス同様に年2回（3月および9月）に切り替わったため，両者のカレント取引の年限は完全に一致するようになった。

### 第5項　活用方法・領域

　CDS インデックスの具体的な活用方法を列挙すると以下のようになる。

① 擬似クレジット市場ポートフォリオの作成

　CDS インデックスは，通常，CDS 市場で流動性のある代表的銘柄で構成されている。CDS 市場における代表銘柄を中心に投資ポートフォリオを構築するには，多大な時間とコストを要し，かつ執行リスクを負わなければならない。CDS インデックスは，比較的社債市場との相関性が高く，擬似的な社債（クレジット）ポートフォリオと考えることも可能である。投資家は1回の取引により（割安なコストにより），当該市場ポートフォリオを構築することができる。

② ファンド運用者にとっての活用

　資金委託を受けてある特定のインデックスをベンチマークにした運用をする投資家（具体的には，投資信託，年金基金，およびヘッジファンドなどの運用者など）は，資金の移動頻度が高いため，わが国の社債市場のような流動性に乏しい市場で勝負する際，銘柄入れ替えに伴う非効率性が生じがちである。流動性を確保しつつ，簡易に分散ポートフォリオを形成できる点で，CDSインデックスの活用範囲は広い。また，わが国市場において，主要市場インデックスに連動する商品が不足してきたことから，CDSインデックスをベンチマークとすることで，擬似的なパッシブ運用が可能になる。具体的には，以下のような場面での活用が考えられる。

- 運用開始以降の資産積み上げ（ランプ・アップ）期間に伴う，資産積み上げまでの時間を大幅に短縮することができる。
- まず，CDSインデックスを購入（プロテクションの売り側）し，キャリー（プレミアムからの収益）を確保しつつ，十分な時間を活用しながら個別の銘柄選別を行ない，徐々に目標ポートフォリオへ近づけていくことができる。
- ファンド委託者の突然の換金ニーズや，急な運用資産増加に際し，ポートフォリオの分散度を失うことなく，運用資産の規模を増減させることが可能になる。
- 魅力的な投資対象が無い場合，または銘柄選別までの時間を要する場合，一時的なキャリー確保の手段として運用することができる。
- 運用実績を評価するベンチマークとして，また，パッシブ・マネージャーにとっては，CDSインデックスへの投資により，市場全般の動きに沿った運用手段を確保することが可能になる。

③ リアル・マネー投資家にとっての活用

　インデックスに対するパフォーマンス（相対パフォーマンス）よりも絶対リターンを重視し，比較的中長期的な運用戦略に基づき運用する投資家（保険会社，銀行など）は，一般的に年度始にアセット・クラスごとに資金配分

を行ない，その計画に基づき四半期もしくは半期程度の時間軸でゆるやかなアロケーション修正をしつつ投資を行なっている。

この場合，実際の投資実行はどうしても年度を通じて平準的なものになりがちである。とりわけクレジット商品は，すぐに大量に投資できるわけではなく，どちらかと言えば，償還や新発債の発行に合わせて購入することになる。

したがって，年度始の資金計画通りに投資を実行することが困難になる場面が想定される。CDSインデックスはこのような投資家の悩みを解消する手段のひとつとなり得る。

具体的には，以下のような活用が想定される。

- 年度始などの資金配分直後から，実際の投資までのタイム・ラグを埋め合わせすることが可能になる（キャッシュや国債で運用することに比べ高いキャリーを確保）。
- 年度末においても，予算達成のために無理なく資産を積み上げることが可能になる。

④　すべての市場参加者に共通な活用領域

CDSインデックスは，ひとつの投資商品である前にCDS市場を代表するインデックスであり，CDSスプレッドの特徴を捉えた活用に加え，インデックスとしての指標性を踏まえた活用も考えられる。

- 社債ポートフォリオのイールド向上を目指す場合，CDSインデックスと社債の入れ替えによって，容易に目標を達成することが可能になる。
- CDSインデックスと同一銘柄で構成される社債インデックスとスプレッドを比較することにより，スプレッド・トレンドの把握や，投資タイミングを判断することが容易になる。
- 自らのマクロ・ビューに基づき，ポートフォリオ内のクレジット投資ウェイトを上下させることが可能になる。

- 保有する社債やCDSポートフォリオに対するヘッジとしての活用が考えられる。
- とりわけCDOのようなレバレッジのかかった商品を保有する投資家にとって、自らのポジションに対してCDSインデックスをショートすることにより、アップサイドの可能性を維持したまま、全般的なワイドニング・リスクを部分的にヘッジすることが可能になる。

> **筆者雑感　CDSインデックスを活用した戦略が失敗した事例「ロンドンのクジラ」**
>
> CDSインデックスを活用した戦略が失敗した事例として、2012年にJP MorganのCIO（Chief Investment Office）部門がロンドンにおいて大規模な損失を計上した事例があげられる。本件はメディアでも大々的に報じられ、そのポジションの大きさから、俗に「ロンドンのクジラ（London Whale）」と呼ばれることとなった。ここでは、同社の開示資料を基に、本件をやや詳細に振り返りたい。
>
> CIO部門の主な役割は、①余剰資金の運用と、②ALMであった。後者では、金利リスクや為替リスクに加えてシステミック・リスクの管理が目標とされ、「平時には小幅な収益、危機時には多額の収益」を実現するポジションが期待されていた。システミック・リスクの管理はシンセティック・クレジット・ポートフォリオ（SCP）グループによって担当され、主にCDSのインデックス取引（含むトランシェ型取引）が利用された。
>
> 2011年後半にかけて、システミック・リスクのヘッジとして北米のハイイールド・インデックス（Markit CDX.NA.HY、本コラムでは「HYインデックス」または単に「HY」と呼ぶ）のプロテクションを買い持ち（ショート）していたSCPグループは、「大規模な量的緩和政策を背景とする市場環境の好転」と「バーゼル新規制導入に伴うリスク・アセットの削減要請」を背景に、HYのショート・ポジションを削減する必要に迫られた。ここで、単にHYインデックスのポジションを解約する場合には多額の解約コストが発生するという理由で、北米の投資適格インデックス（Markit CDX.NA.IG、本コラムでは「IGインデックス」または単に「IG」と呼ぶ）のプロテクションを売り（ロング）、「HYショートとIGロング」の組合せとして全体のポジション削減

に努めた。

　2012 年に入ると，Eastman Kodak（米国・製造業）が破綻するなど，ハイイールド市場において個別性のリスクが高まったことを受けて，同グループは再び HY ショートを積み増す方針に転換した。その一方で，前述のリスク・アセットの削減要請を踏まえて IG ロングも積み増したため，HY ショートと IG ロングのポジションは両建てで膨らむこととなった。

　他方，市場ではこの時期に IG インデックスと HY インデックスの相関が低下したため（HY の方が IG よりも速いペースでタイトニング），HY の含み損を IG の含み益によって相殺できない状況が継続した。含み損は 1〜2 月は比較的軽微にとどまったものの，3 月に入って拡大し，3 月 23 日には CIO 部門のヘッドから取引停止命令が発せられた。

　この時点では，同社経営陣に対して「ポジションはバランスがとれており，潜在的損失額も小さく，現在の含み損は市場の一時的な歪みによるものであり，いずれ平均回帰するはずである」という趣旨の説明がなされており，実際，CEO のジェイミー・ダイモン氏も 4 月の記者会見において，「ささいなこと（tempest in a teacup）」と発言している。

　ところがその後も環境は好転せず，4 月に入って日次で数億ドル規模の損失が発生したため，同社は 5 月 10 日には「4 月以降の損失が 20 億ドルに達し，さらに膨らむ可能性がある」と発表．7 月 13 日には「ロスカットの過程で 1〜6 月の損失が 58 億ドルに達した」と発表した。

　本件の問題点として，ひとつにはベーシス・リスクを軽視する姿勢があげられる。経営陣からリスク・アセットの削減が要請されたものの，損益を重視する観点から HY ショートを解約せずに IG ロングの構築によって対応したことや，市場環境の好転（＝ IG ロングを後押し）とハイイールド企業の突然死（＝ HY ショートを後押し）を背景に「HY ショート・IG ロング」の両建てポジションをさらに積み増したことがこれに当たる。同社では，会社全体としてはベーシス・リスクを含む各種リスクに対して細かいリミットが設定されていたものの，CIO 部門には部門全体としてのリミットしか設定されていなかったため，ベーシス・リスクを膨らませることが可能だったとされる。

　この間，VaR が膨らんだことには，内部モデルの修正によって対応したとされる。2012 年 1 月に導入された新モデルには，バックテストに用いる過去データの不足や作業の自動化などの問題があったものの，旧モデルを用いるとリミットに抵触する機会が増えていたため，モデルが拙速に切り替えられたとされる。

　また，市場の流動性を読み誤ったことも指摘される。市場で「ロンドンのクジラ」とささやかれるほど両建てのポジションが膨れ上がったため，市場価格

を動かさずにポジションを解約することが困難になった。また，取引を中断した場合には，市場の憶測を呼んでポジションを逆手にとられるという懸念もあったと思われる。つまり，「出口戦略を持たずにポジションを構築し，今さら後へ引けない状況となり，ポジション積み増しを停止するタイミングを見失った」，と言えるだろう。

　社内で発覚が遅れた一因としては，ポジションの規模と市場流動性を踏まえた「解約可能価格」ではなく，仲値に近い「市場気配価格」で時価評価を行なっていたことがあげられる。時価評価が適正であれば，ポジション解約に際して「含み損」が「実現損」に置き換わり，会計上はニュートラルとなるはずである。また，2012年1月の段階から，部門内部では保有ポジションの大きさを懸念する声が上がっていたものの，「3月21日の部門長ミーティングには（2週間も古い）3月7日のデータが提出された」，「3月中旬以降は内部ルール上ギリギリ許容される範囲でポジションが時価評価されていた」，「第1四半期最終営業日には，担当者はニューヨーク時間まで残って市場の好転を期待していた」といったエピソードに象徴されるように，問題の表面化を回避したい現場の姿勢が垣間見られる。

　その他の論点として，十分な情報がありながら問題を事前に察知できなかった，米国の金融規制当局のモニタリング体制についても再考の余地があろう。2008年にAIGが破綻寸前に追い込まれた際には，米国の規制当局は，CDS市場は透明性が欠如しているためAIGのポジションを把握できなかったと釈明していた。その後，取引データベースの整備が進み，規制当局はほぼリアルタイムですべてのポジションを把握できる状態になった。本件が早い段階で発覚しなかったのは，当局が情報取得を怠ったためであるか，あるいは情報分析能力が不足していたためであるかは不明だが，今後のためにも効果的なモニタリング体制の構築が望まれる。

　自己ポジションにおける「想定外の」巨額損失の事例は，昔から事欠かない（Baring Brothers，大和銀行，住友商事，Societe Generale，UBSなど）。どんなに高度なリスク管理モデルを導入しても，どんなにリスク管理をマニュアル化しても，どんなに人員を充実させても，どんなにガバナンスを強化しても，"unknown unknown（未知の不確定要素）"が存在する以上，すべての事態を事前に想定することは不可能である。少なくとも，人間は必ず想定外のミスを犯すという前提で，最悪のシナリオにおける最大の損失額だけは正確に把握することが不可欠と思われる。これはデリバティブに限った話ではなく，どの分野においても，スケープゴートを探すだけでは解決しない問題である。

# 第9章　モデルを用いたCDS取引戦略

　CDSの理論については学術的に広く研究されている一方，モデルを活用する実務上の手引きはほとんど存在しない。そこで本章では，理論家と実務家の橋渡しの一助となることを念頭に，（基本的な金融向けの数学を除けば）一切の高等数学を排除し，モデルを用いたCDS取引のアプローチを紹介した上で，モデルがどのように市場で使われるのかを見ていく。

## 第1節　実務で使われる2つのモデル

　信用リスクのモデル化には，大別して「**誘導型アプローチ**（Reduced Form Approach）」と「**構造型アプローチ**（Structural Approach）」がある。「誘導型アプローチ」の代表格がISDA Standard Model$^{SM}$（以下「**ISDA標準モデル**」）[1]であり，同モデルで計算したキャッシュフローの相互確認は市場の取引慣習となっている。また，1997年にノーベル経済学賞を受賞したRobert Merton氏とMyron Sholes氏が中心となって開発したBlack-Sholes-Mertonモデル（以下「**マートン・モデル**」）は「構造型アプローチ」の代表格であり，企業債務の信用リスク・プレミアムを算出する最良の方法として広く活用されている。両モデルに関する数理的，理論的詳細は概ね研究し尽くされているためそちらに譲るとして，本書では実務的な観点から，これらのモデルを概観する。

---

[1] ソースコードはHPから無料で取得可能。2018年12月現在の最新版はVersion1.8.2（http://www.cdsmodel.com/cdsmodel/index.html）。

第Ⅰ部　基本的な商品性

### 図表9-1　プロテクションの買い手と売り手の経済効果
（デフォルトLegとプレミアムLeg）

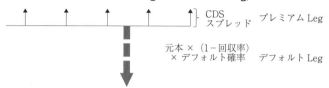

プロテクションの買い手が受け取るクレジットイベント発生時のキャッシュフローを「デフォルトLeg」と呼び，プロテクションの売り手が受け取るプレミアムのキャッシュフローを「プレミアムLeg」と呼ぶ

## 第2節　ISDA標準モデル

### 第1項　ISDA標準モデルの概要

誘導型アプローチはデフォルト確率（デフォルト強度と呼ばれる）を外生的[2]に与え，デフォルト発生のメカニズムをブラック・ボックスとして扱う。誘導型アプローチの代表的モデルであるISDA標準モデルでは，デリバティブのプライシングにおいて一般的な「無裁定理論」を用いて取引時点におけるプロテクションの買い手と売り手の経済効果（デフォルトLegとプレミアムLeg（図表9-1参照））がリスク中立確率[3]のもとで同一との前提を置き，現在観測可能な市場価格と整合性が保たれるようにモデルのパラメータを決定する。

通常，理論上の前提と現実との間には埋めがたいギャップが存在するが，ISDA標準モデルは前提を工夫（単純化）することで実務に耐え得る利便性を獲得している。その「前提」とは，①CDSスプレッドの期間構造はフラット（インプライド・デフォルト率＝デフォルト強度は期間を通じて一定）[4]，

---

[2] 外生的に与えるとは，あるシステムを数理モデルとして表現する方程式体系において，その体系内で決定されずに外部から値を与えることを意味する。
[3] リスクのない安全な資産に投資してもリスクのある資産に投資しても，収益率の期待値が同一となるように人工的に算出される確率を意味する。裁定機会が存在しない場合，適切なリスク中立確率が算出される。
[4] デフォルト強度に何らかの期間構造モデルを取り入れる取組みも盛んであるが，市場スタンダードの誕生には至っていない。

第9章 モデルを用いたCDS取引戦略

### 図表9-2　CDS取引の計算ツール

ブルームバーグの「CDSWコマンド」

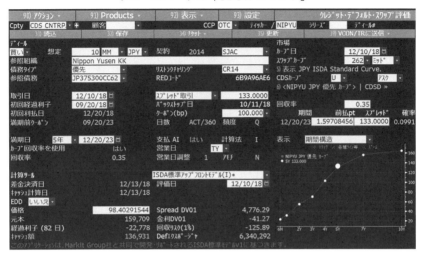

IHS Markitの計算ツール

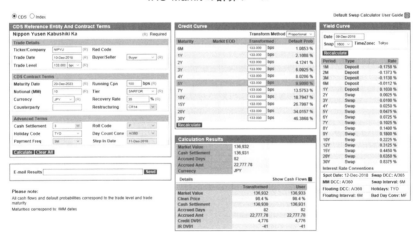

第Ⅰ部　基本的な商品性

### 図表 9-3　ISDA 標準モデルの概念図

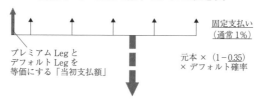

② (仮置きの) 回収率は所与の固定値[5], ③ プレミアムは所与の固定値[6], ④ 割引率は前営業日の ISDA スタンダードカーブ, の 4 点である[7]。こうした前提条件を置くことで未知のパラメータが減り, ISDA 標準モデルの下でスプレッドとインプライド・デフォルト率は 1 対 1 で対応するため, 元本金額, 年限, スプレッドを同モデルに投入すれば, カウンターパーティーと授受すべき当初支払額が計算される[8]。この計算に際しては, Bloomberg の「CDSW」コマンドもしくは IHS Markit 社のホームページにおいて公開される無料計算ツール[9]を使用して, そのスクリーン・ショットを証拠として相手方に送付, もしくは保存することが多い。

もちろん, ISDA 標準モデルにおける前述の前提が現実と一致するわけではない。同モデルではフラットな CDS スプレッドが前提とされるが, 実際には年限が長くなるにつれて不確実性が高まるため, 期間が長いほどスプレッドは大きな値となることが一般的である。また, 将来時点の回収率はクレジットイベント発生前には予測不可能であるうえ, 割引率であるスワップ金利も日中刻々と変動する。

そうは言っても, 取引相手と「カーブの形状全体」について合意することを前提条件とすれば, 「5 年」という 1 年限グリッドに関して合意に達して

---

[5] 参照組織が日本の事業法人の場合, 優先債務で 35%, 劣後債務で 15%が用いられる。
[6] 参照組織が日本の事業法人の場合, 0.25%, 1.00%, 5.00%のいずれかが用いられる (通常は 1.00%)。
[7] ISDA 標準モデルの数理計算上のあらゆる前提に関する詳細な考察については, 以下のリンクなどを参照。
http://www.fincad.com/resources/resource-library/article/modeling-assumptions-behind-isda-cds-standard-model
[8] このため, 同モデルを実装した計算機は ISDA 標準 CDS 変換機 (ISDA Standard CDS Converter) とも呼ばれる。
[9] https://www.markit.com/markit.jsp?jsppage=pv.jsp

第9章　モデルを用いたCDS取引戦略

も，他の4つの年限グリッドでスプレッドの認識が相違する可能性がある。さらに回収率やスワップ金利にもリアルタイムかつ正確な情報を要求すれば，取引執行のスピードが失われ，取引が不成立となるおそれもある。この点，予測が難しい回収率については，過去の実績を参考とした固定値を仮置きし[10]，日中変動するスワップ金利（割引率を算出するための主要なパラメータ）についてはISDAが認定する前日引け値を使用すると事前に決めておくことで，市場参加者は（当初支払額を決定する最後の条件となる）元本金額，年限，スプレッドの交渉に集中できる[11]。こうした利便性が，市場インフラとしてISDA標準モデルが定着した理由のひとつである。

### 第2項　カーブ・トレードへの応用

前述のように，ISDA標準モデルでは便宜上フラットなスプレッド・カーブを用いるが，カーブの歪みを収益化する取引（カーブ・トレード）を行なう場合には，年限グリッドについてより正確な情報，すなわち各年限グリッドの「CDSスプレッド」および「インプライド・デフォルト率」を正しく認識する必要がある。この目的では，ISDA標準モデルを応用した（通称）「ISDAフェアバリューモデル」を用いることが多い。ISDAフェアバリューモデルは基本的にISDA標準モデルを短い年限グリッドから順に適用するものであり，IHS Markit社から情報を取得（有料契約）するなどにより各年限のスプレッド情報を保有していれば，そのデータをそのまま入力することでインプライド・デフォルト率の期間構造を把握できる。逆に，デフォルト率の期間構造を記述する何らかのモデルを独自に保有する場合には，そうしたモデルが導くインプライド・デフォルト率をISDAフェアバリューモデルに入力することで，スプレッドの期間構造を把握することもできる[12]。

図表9-4では，ISDAフェアバリューモデルを用いた具体例を示した

---

10　回収率をモデル化する取組みも盛んであるが，市場スタンダードの誕生には至っていない。
11　シニア債務の実際の回収率が35%とは異なると予想する場合も，回収率の前提を変更するのではなく，予想回収率との乖離を勘案して取引スプレッドを決定することが多い。
12　ISDA標準モデルを使用するため，各年限グリッドについて市場で取引されるCDSスプレッドに対応する値を得ることができる。

第Ⅰ部　基本的な商品性

図表 9-4　ISDA フェアバリューモデルとデフォルト率の期間構造

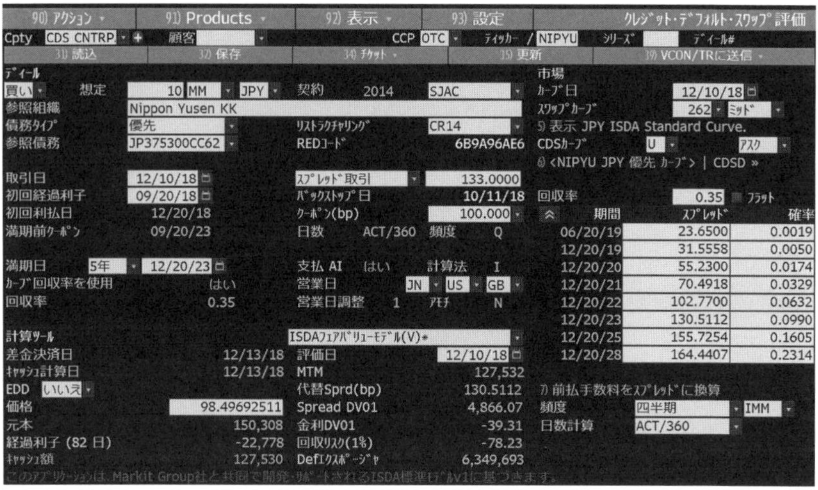

図表 9-5　累積デフォルト率とデフォルト率の期間構造

| 年限 | 1年 | 2年 | 3年 | 4年 | 5年 |
|---|---|---|---|---|---|
| 累積デフォルト率 | 0.50% | 1.74% | 3.29% | 6.32% | 9.90% |
| 年限 | 残存0～1年<br>（1年） | 残存1～2年<br>（1年後1年） | 残存2～3年<br>（2年後1年） | 残存3～4年<br>（3年後1年） | 残存4～5年<br>（4年後1年） |
| デフォルト率<br>（該当1年分） | 0.50% | 1.24% | 1.55% | 3.03% | 3.58% |

（Bloomberg のスクリーン）。ここで 1，2，3，4，5 年物のスプレッドの市場実勢値を 31.55 bps，55.23 bps，70.49 bps，102.77 bps，130.52 bps と入力した場合，各年限に含有される累積デフォルト率はそれぞれ年率 0.5%，1.74%，3.29%，6.32%，9.9% となる（本文中では端数は切り捨てて表記）。このとき，残存 0～1 年，1～2 年，2～3 年，3～4 年，4～5 年という 1 年分の期間に含有されるデフォルト率はおおよそ 0.5%，1.24%，1.55%，3.03%，3.58% となり，同じ 1 年分の期間でも，「当初 1 年（0～1 年）」のデフォルト率が 0.5% であるのに対して，「残存 4～5 年（＝ 4 年後 1 年）」のデフォルト率は 3.58% と前者の約 7 倍に相当する（図表 9-5）。

もしここで「残存 4～5 年（＝ 4 年後 1 年）のデフォルト率である 3.58%

第 9 章　モデルを用いた CDS 取引戦略

図表 9 - 6　カーブ・トレード（デュレーション・マッチ）

| ロング | ショート | ターゲット |
| --- | --- | --- |
| 年限：5 年<br>元本：20 億円<br>（Spread DV01 100 万円） | 年限：4 年<br>元本：25 億円<br>（Spread DV01 100 万円） | スプレッド・カーブの修正（フラット化） |

はリスクが過大評価されている」と判断するならば，5 年ロング（プロテクション売り）／4 年ショート（プロテクション買い）というカーブ・トレードを実行することで，4 年後 1 年のデフォルト・リスクのみに対してリスク・エクスポージャーを取り，過大評価が修正されるのを待つ戦略が考えられる（図表 9 - 6）[13]。

ここで，社債市場において同じような状況が観察され，4 年後 1 年のリスクが魅力的であったとしても，5 年債を購入する以外の選択肢は存在しない[14]。一方，CDS であれば，上記のカーブ・トレードによって狙った年限グリッドのエクスポージャーを取ることが可能となる。また，多くの市場参加者がこのようなカーブ・トレードを行なえば，CDS スプレッド・カーブに多数の意見が反映され，適正なスプレッド形成が促されることとなる。

## 第 3 節　マートン・モデル

### 第 1 項　マートン・モデルの概要

構造型アプローチの代表格であるマートン・モデルでは，デフォルト事象の定義を「資産価値が一定のポイント（負債簿価など）を下回った場合」という"構造"に置き換え，オプション理論を用いてデフォルトが発生する確率を内生的[15]に算定する。

---

[13] 誘導型モデルで算出されるのは，あくまでも市場で観測された CDS スプレッドと整合性が保たれるデフォルト率であり，「適正水準」の考察には構造型モデルやファンダメンタルズ分析が必要である。
[14] 現物社債で「残存 4 ～ 5 年（= 4 年後 1 年）」のリスクを取ろうとすれば，5 年債を購入することになり，その結果，リスク・リターンに魅力がない 0 ～ 4 年のエクスポージャーも同時に抱えることになる。

Robert Merton 氏は，ブラック＝ショールズのオプション評価モデルが発表された直後の 1974 年に，資産価値を原資産とするオプション評価を用いて信用リスク・プレミアム（社債スプレッド）を評価する方法を提唱した[16]。その後，1980 年代後半に，KMV Corporation（現在の Moody's Analytics）が，Merton 氏のアプローチを適用して企業の倒産確率を予測するサービスを始め，商業上大きな成功を収めている。

マートン・モデルが実務上広く活用される理由は，信用リスク・プレミアムに関する優れた洞察と，現実と基本的に一致する理論フレームワークが高く評価されていることにある。同モデルでは，一定の前提[17]のもと，資産価値が負債の簿価に近づくにつれて企業のデフォルト・リスクは大きくなり，最終的に資産価値が返済すべき負債の簿価に満たなくなった時点で企業はデフォルトするものとみなされる。

〈バランスシートに関する主要項目〉
① 資産価値 ：企業資産の市場価値（将来キャッシュフローの現在価値）
② 資産リスク：将来の資産価値の不確実性
③ レバレッジ：企業の負債と資産から導出（負債は簿価を用いる[18]）

マートン・モデルでは，資産価値の変動に関する情報を株価から入手した上で，企業の信用リスク評価をコール・オプションとみなし，資産価値，資産価値変動率[19]，負債総額，満期（年限），割引率（リスク・フリー金利）の 5 変数からリスク・プレミアムを導出する。さらには，計算時点における資産価値と負債総額の差（債務超過までの距離）を資産価値変動率で基準化した値として，すべての国・業種の企業を同一の評価軸でとらえる「倒産距離

---

15 内生的に算定されるとは，あるシステムを数理モデルとして表現する方程式体系において，外部から値を与えずにその体系内で値が決定されることを意味する。
16 参考文献 Merton [1974]。
17 具体的には，①負債は 1 種類のゼロ・クーポン債であること，②企業資産価値は標準ブラウン運動に従うこと，③リスク・フリー金利は期間を通じて一定であること，という前提が置かれる。
18 通例では，企業が返済義務を負う負債は簿価で規定される。
19 厳密には，資産価値変動率は企業固有の要素と市場全体に共通する要素に分解される。

# 図表9-7 マートン・モデルの数式とイメージ図

$$C = S \cdot N(d_1) - K \cdot e^{-rt} N(d_2)$$

$$d_1 = \frac{\ln(S/K) + \left(r + \frac{1}{2}\sigma^2\right)t}{\sigma\sqrt{t}}$$

$$d_2 = d_1 - \sigma\sqrt{t}$$

$$倒産距離 = \frac{資産価値 - デフォルト・ポイント}{資産価値変動率} = \frac{\ln\left(\dfrac{S}{K}\right)}{\sigma\sqrt{t}}$$

＊資産価値の成長や配当などは無視する

C：コール・オプション価格
S：原資産価格（ここでは資産価値＝時価総額＋負債総額）
K：行使価格（ここでは負債総額＝デフォルト・ポイント(注1)）
N(d)：標準正規分布の累積確率密度関数(注2)
t：期間
r：リスク・フリー金利
σ：原資産のボラティリティ（資産価値変動率）
$e^{-rt}$：ディスカウント・ファクター

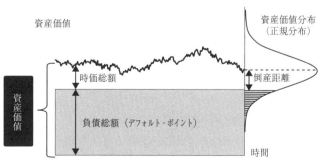

＊資産価値の成長率は無視する

(注1) 資産価値がそのポイントを下回るとデフォルトとみなされるポイント
(注2) 標準正規分布に従う確率変数がd以下の値を取る確率を示す。

(Default Distance)」を導く（図表9-7）。

　マートン・モデルは株価情報から資産価値と資産価値変動率を導出するため，その算出結果には必然的に株式市場参加者の予測の総意が反映されることになる。言うまでもなく，株式市場の評価が常に正しいわけではないもの

の，同市場では優秀なアナリストを抱える機関投資家や詳細な企業情報を持つ関係筋など数多くの参加者がしのぎを削っている。結局のところ，資産価値に関する最も実務的な（無料の）情報源は株式市場であると考えるならば，株価を資産価値に反映させるというマートン・モデルの建付けは理論上のみならず実務上も妥当かつ現実的と言える。

### 第2項　マートン・モデルの拡張

マートン・モデルを拡張することにより，さらに精緻なフレームワークを構築する試みも活発である。新しく開発されたモデルは，総称して「拡張マートン・モデル」もしくは「マートン型モデル」と呼ばれる。最も商業的に成功した拡張事例はおそらくMoody's KMVによるものであり，ここでは単一の負債を前提とするマートン・モデルと異なり多種類の有利子負債の存在を許容した上でデフォルト・ポイントを「短期有利子負債と長期有利子負債の中間[21]」に設定すること，吸収バリア・オプション式を用いて期中であっても資産価値がデフォルト・ポイントを下回ったらデフォルト判定することなどにより，実態に近づくようにモデルを微修正している。また，Moody's KMVはマートン型モデルの利用を倒産距離の測定にとどめ，残りは，Moody'sの膨大なデータベースを用いることにより，実務への適用時の弱点克服に成功している[22]。過去のデフォルト事例について膨大なデータを持つMoody'sの強みを活かしたマッピング分布の存在が，おそらく本モデルが商業上の成功を収めた最大の理由である。

Moody's KMVの他にも，多くの拡張マートン・モデルが存在する。分析者の数だけ拡張マートン・モデルがある，と言っても過言ではないが，その多くはモデルを少し複雑化させることで，他のマートン・モデルよりも優れ

---

21　長期有利子負債が存在すれば，それらはすぐには返済を求められないため，資産価値が負債価値を下回ってもある程度は短期的な資金繰りが可能である。したがって，負債総額のみに基づいてデフォルト・ポイントを設定すると，実際よりもデフォルトのタイミングが早くなってしまう。

22　過去のデフォルト履歴に基づくデフォルト確率分布とモデルで算出した倒産距離をマッピングすることにより，①マートン・モデルが採用する正規分布の仮定，②デリバティブ・プライシングで一般的なリスク中立確率のもとでのデフォルト確率と現実のデフォルト発生確率の違いなどのハードルをうまく迂回している。

た結果を導くことが可能と主張するものである。

　ただ，この手の複雑化はモデルのブラック・ボックス化を招きやすく，精度向上とのバランスが難しい。日々の取引への活用には，モデルの長所／短所を直観的に理解することが重要[23]であり，Moody's KMV 自身が認めるように，マートン・モデルに多少の拡張を施した程度では，数十年間にわたり研究が蓄積されたマートン・モデルの有用性を上回ることはできない。

　また，Moody's KMV モデルによるアプローチは年単位のデフォルト予想には有用であるが，日々刻々と変化する CDS スプレッドの取引には活用しにくい。

### 第3項　マートン・モデルの簡略化とペア・トレードへの応用

　モデルの日々のトレードへの活用には直観的な理解が欠かせないため，マートン・モデルの骨格を残しつつ難解な部分を簡略化できれば，その優れた洞察を有効活用できる。

　マートン・モデルでは，資産価値変動率の僅かな変化によりアウトプットが過敏に反応する[24]。さらに，複雑に入り組んだ方程式も直観的な理解を妨げる。そこで，マートン・モデルの変数のうち資産価値変動率（$\sigma$），リスク・フリー金利（$r$），時間（$t$）の要素を定数と仮定し（例えば $\sigma = 1$, $r = 0$, $t = 1$）[25]，対数関数を取り払った上で100を掛けることで基準化すると，複雑な部分はすべて消え去り，倒産距離としてはシンプル以下の式が残る（図表9-8）。

　この式が示す簡略化された倒産距離（本書では「余裕度」と呼ぶ）は，資産価値（時価総額，負債総額，およびレバレッジ）のみから構成されるため，本質を直観的に理解しやすい。

---

23　安易なマートン・モデルの複雑化はこの原則に逆らうことになる。
24　この資産価値変動率に株価のリアライズド・ボラティリティを当てはめるような，やや強引とも言える事例もある。
25　資産価値変動率を一定としたことで，あらゆる業界に属する企業の倒産距離を一律に測定するマートン・モデルの普遍性は無くなってしまうが，同変動率が近い同業他社の比較には有効性を保つ。また，本稿の執筆時点（2019年3月）のように先進国市場全般において金利が低下している場合，リスク・フリー金利（$r$）が CDS のプライシングに与える影響は低下する。

第Ⅰ部　基本的な商品性

**図表 9-8　余裕度の数式とイメージ図**

$$余裕度 = \frac{資産価値\,(S)}{負債総額\,(K)} \cdot 100 = \frac{時価総額\,(E) + 負債総額\,(K)}{負債総額\,(K)} \cdot 100$$

ここで
$S = E + K$

**図表 9-9 余裕度と CDS スプレッド（2010 年 4 月～2018 年 11 月）**

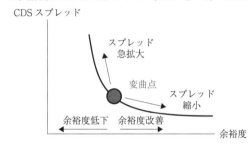

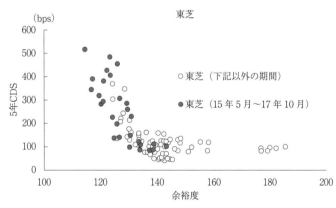

出所：Bloomberg

　この余裕度を横軸，CDS スプレッドを縦軸に散布図を描くと，各参照組織のスプレッドはおおよそ余裕度を反映して動くこと，余裕度が著しく低下して変曲点を超えるとスプレッドが加速度的に拡大する「非線形性」を内包していることなど，いくつかの特徴が観察可能である。一例として，不適切な会計問題が CDS 市場を揺るがせた東芝のケースでは，あれほど株価と CDS が乱高下を繰り返したにもかかわらず，実は CDS の値動きはほぼ余裕度の

122

### 図表9-10　電気機器4社の余裕度とCDSスプレッド（2010年4月〜2018年11月）

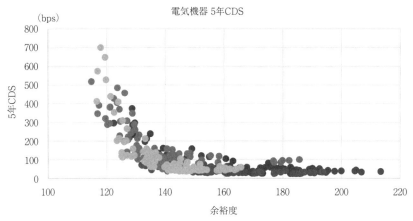

出所：Bloomberg

変化で説明可能な理論通りの変動に終始していた（図表9-9参照）。これら一連の動きは，企業の信用リスク評価が資産価値を原資産とするコール・オプションの売りに等しいという，マートンの洞察の適切さを示している。

このような余裕度の分析により可視化されるCDSの特性は，①市場価格の歪みの収益化や，②CDSのロングとショートを組み合わせたペア・トレードにおいて，以下のように活用できる。

①では，余裕度の曲線から一時的な乖離が生じ，これが株価要因ではなくCDS側のミスプライスによるものと判断される場合，余裕度が示唆するCDSスプレッド水準への修正を期待して，ロングもしくはショート・ポジションの構築を検討する。

②では，CDSの価格変動特性（非線形性）を活用する。

例えば，業界全体において下方圧力が高まると予想される場合，余裕度が変曲点近辺にある銘柄のプロテクションを買い（ショート），余裕度が大きく変曲点の右側にある銘柄のプロテクションを売る（ロング）（図表9-11）。このケースでは，想定通りに業界全銘柄の余裕度が低下する局面において，（引き続き余裕度が変曲点の右側にある）ロング銘

### 図表9-11 業界全体の余裕度低下（=ワイド化）を想定するケース

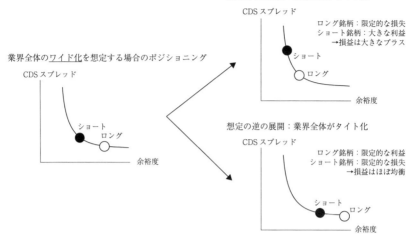

柄のワイド化により生じる損失を抑制しながら，（変曲点の左側に移行する）ショート銘柄の非線形的なワイド化から多額の利益を享受できる。一方，仮に想定と逆の展開となり余裕度が改善する場合にも，ショート銘柄の余裕度は変曲点の右側に移行するため，タイト化による損失は相応に抑制される。

また，業界全体に追い風が予想され，株価上昇や負債削減により余裕度の改善が見込まれる場合には，余裕度が小さく変曲点の左側にある銘柄をロング，余裕度が変曲点近辺にある銘柄をショートする（図表9-12）。このケースでは，想定通りに業界全銘柄で余裕度が向上する局面において，ロング銘柄の非線形的なタイト化により大きな利益を享受できる一方，仮に想定と逆の展開となり余裕度が低下する場合にも，今まで余裕度に対する感応度が低かったショート銘柄の余裕度が変曲点の左側に移行し，CDSスプレッドが非線形的にワイド化し始めるため，ロング銘柄のワイド化により生じる損失の大半を埋め合わせることができる。このようにCDSが内包する非線形性を活用することにより，リスクを抑制しながら効率良くリターンを上げることが可能になる。

第 9 章　モデルを用いた CDS 取引戦略

**図表 9-12　業界全体の余裕度改善（＝タイト化）を想定するケース**

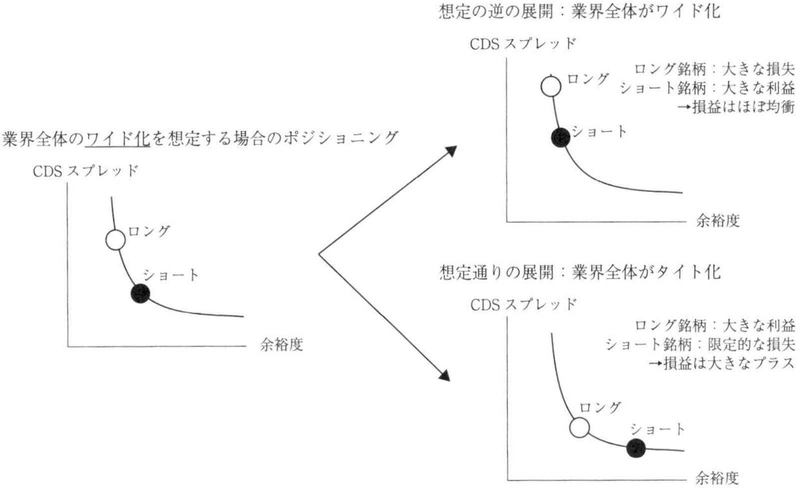

## 第 4 節　株式との裁定取引

　CDS と株式がともに資産価値を原資産とするオプションとして値付けされるならば，理論的には 2 つの商品を用いた裁定取引も可能であり，実際に一部のヘッジファンドはそうした手法も駆使している。

　例えば，ある企業は倒産のリスクが相応に高いものの再生の余地も十分にあり，かつ CDS スプレッドが非常に低い水準で取引されている場合には，「株買い・プロテクション買い」のポジションによりクレジットイベント発生時の損失をヘッジしながら，企業再生時の株式のアップサイドを狙うことができる。他にも，業績見通しが良好な企業について，市場において突然破綻するテイル・リスクが軽視されていると見られる場合にも，同様に割安な CDS によるテイル・リスク・ヘッジをつけた「株買い・プロテクション買い」のポジションにより，投資全体のリスク・リターンを改善させることができる。反対に，不祥事や投機的等級への格下げなどを背景にリスクを外す動きが殺到し，一時的に CDS スプレッドが過度に拡大する場合には，「株ショート・プロテクション売り」という組合せも一考に値する[26]。

なお，オーバーバンキングや金融緩和政策の長期化を背景に過度に低位なスプレッド水準が常態化している本邦クレジット市場の実情，アップサイドが無限大である一方でダウンサイドが限定されるコール・オプションの価格特性に鑑みれば，「株買い・プロテクション買い」という「2つのオプション買い」ポジションによるアップサイドの追求が，本稿の執筆時点（2019年3月）の市場環境に適した戦略とも考えられよう。株価とCDSスプレッドのバランスに着目する裁定取引が増加すれば，本邦CDSスプレッドがよりファンダメンタルズを反映した水準に近づく効果も期待されるだろう。

---

26 ただし，株のショート・ポジションは資産価値が反転する際に甚大な損失を抱えかねないため，こうしたケースではシンプルなCDSのロング（プロテクション売り），もしくは「CDSロング・CDSインデックス・ショート」のペア・トレードが無難と考えられる。

# 第Ⅱ部
# 契約書詳述

# 第1章　CDSの契約構成

　前述の通り，クレジット・デリバティブ取引の契約書は「主契約（＝**マスターアグリーメント**）」と「個別契約（＝コンファメーションおよび関連する諸契約書）」から構成される。第Ⅱ部では，単一銘柄を参照する**クレジット・デフォルト・スワップ（CDS）** を中心に，「個別契約」の諸条項を検討する。

　第Ⅱ部における記述は，原則として本稿執筆時点（2019年3月）で一般的に使われている 2014 ISDA Credit Derivatives Definitions（2014年版クレジット・デリバティブ定義集）に準拠しており，以降の本文中で特に断りなく「**用語定義集**」と言う場合には2014年版を指し，2014年版，2003年版，1999年版を対比させる必要がある場合には，それぞれを「2014年版定義集」，「2003年版定義集」，「1999年版定義集」と呼ぶものとする。

## 第1節　コンファメーションの変遷と用語定義集の刊行

### 第1項　用語定義集刊行以前

　CDSが市場で取引され始めた当初（1990年前後）には，市場参加者は独自の様式でコンファメーションを作成していた。この時代は，契約用語やその定義が業界で統一されていないことも多く，最も単純な単一銘柄を参照するCDSであっても，コンファメーションは50〜60ページに及ぶこともあり，契約条件を合意するのに相応の時間を要していた。

　1990年代半ば以降，取引が徐々に増えるなかで，市場ではコンファメーションの雛型を作成しようとする動きが見られ，1998年には最初の雛型が策

定された。雛型の存在によって契約用語やその定義が相当程度統一され、コンファメーションは 20 ページ程度にまで短縮された。もっとも、この段階では契約用語の定義がすべてコンファメーションに記載されていたため、コンファメーションの作成や確認は依然として煩雑な作業であった。

### 第 2 項　1999 年版定義集と 2003 年版定義集の刊行

1999 年に、主要な契約用語の定義をまとめた用語定義集（「**1999 年版定義集**」）が刊行された。用語定義集を参照すると明示すれば、個々のコンファメーションに契約用語の定義を記載する必要がなくなり、コンファメーションは 5 ～ 6 ページ程度にまで短縮された。この結果、コンファメーションの作成や確認作業は大幅に効率化され、また、業界で用語の定義が統一されたことによって、異なる取引において契約条件に齟齬が生じるリスクが軽減された。

1999 年版定義集は、これを参照する取引において発生したクレジットイベント[1]が円滑に決済されたために、その機能が高く評価された。一方で、クレジットイベントの認定や決済にまつわる実例が積み重ねられるに従って、市場の新たな慣行などを取り込む必要が生じ、2001 年には 3 つの**追加条項**[2]（Supplement）が発表された。以降、1999 年版定義集と 3 つの追加条項のすべてまたは一部を参照して取引することが市場慣行となった。

2003 年 2 月には、追加条項の内容や市場慣行の変更などを取り込む形で、新しい用語定義集（「**2003 年版定義集**」）が作成された。2003 年版定義集は、1999 年版定義集の枠組みを踏襲しつつ、細かい点を含めて相当数の変更を施したものであり、1999 年版定義集に置き換わる形で、市場で一般的に利用されるようになった。

---

1　代表的なものとしては、2000 年の Conseco（米国・保険）、2001 年の Enron（米国・エネルギー）とアルゼンチン共和国、2002 年の Worldcom（米国・テレコム）と Xerox（米国・電気機器）があげられる。
2　「リストラクチャリングに関する追加条項」（2001 年 5 月 11 日発表）、「転換社債などの引き渡しに関する追加条項」（2001 年 11 月 9 日発表）、「承継者に関する追加条項」（2001 年 11 月 28 日発表）。

第1章 CDSの契約構成

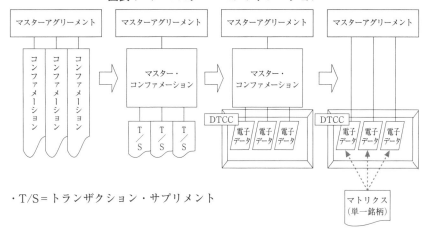

図表1-1 マスター・コンファメーション

・T/S＝トランザクション・サプリメント

### 第3項　さらなる簡素化と標準化の動き

2003年版定義集の刊行以降も，コンファメーションの簡素化や標準化の動きが進んだ。

2003年頃からは，インデックス取引を中心に，コンファメーション上で共通する部分をあらかじめ括り出した**マスター・コンファメーション**の利用が広がった。マスター・コンファメーションを利用した場合，元本金額や日付といった，取引ごとに異なる契約条件を1ページ程度にまとめた**トランザクション・サプリメント**（Transaction Supplement）を取り交わすことで，個々の取引の契約が完結することになる。その後，後述する電子化の動きの過程で，マスター・コンファメーションの締結自体が不要となり，トランザクション・サプリメントは紙ではなく電子データとなっている（図表1-1）[3]。

2003年には，地域や業態といった参照組織の属性ごとに異なる契約条件[4]を一覧表（**マトリクス**）にしたマトリクス追加条項[5]（Matrix Supplement）

---

[3] 2014年版定義集に準拠するマスター・コンファメーション・アグリーメントは作成されていない。
[4] 「日本の民間法人」を参照する取引であれば，計算代理人都市は東京でイベント対象債務は借入債務，「アジアのソブリン」を参照する取引であれば，計算代理人都市はロンドンでイベント対象債務は債券またはローン，などと条件設定が異なる。

131

第Ⅱ部　契約書詳述

図表 1-2　マトリクスのイメージ

| 参照組織の種類 | 北米企業 | 欧州企業 | 豪州企業 | 日本企業 | … |
|---|---|---|---|---|---|
| 営業日 | ① | | | | |
| クレジットイベント | | | | | |
| イベント対象債務 | | | ② | | |
| 引渡可能債務 | | | | | |
| ： | | | | | |

①の欄には北米企業を参照組織とするCDSの営業日（その地域が休みの場合はこの日を支払日としない）が取引通貨ごとに記載されている。
②の欄には豪州企業を参照組織とするCDSのイベント対象債務の要件が記載されている。

が作成され，契約条件の標準化がさらに進んだ（図表1-2）。契約条件についての市場慣行は時代と共に変化するが，変更が行なわれる都度，マトリクスの内容も更新される。取引当事者は，コンファメーション（またはマスター・コンファメーション）でマトリクス追加条項を適用することによって，常に標準的な条件で取引することが可能となる。

## 第2節　サブプライム危機前後から現在までの動き

### 第1項　コンファメーションの電子化

前節で概観したように，コンファメーションは時代と共に簡素化されていくが，2000年代半ば頃は，その作成や確認は手作業によることが一般的であった。取引が合意された後，片方の当事者は手作業で作成したコンファメーションをファックスやメールなどで相手方に送付し，相手方は内容を確認し，調印した後にファックスやメールなどで送り返す，といった光景が一般的であった。

クレジット・デリバティブ市場が拡大するなかで，市場参加者の事務処理能力の向上が市場の拡大に追いつかず，コンファメーションの調印が遅れる

---

5　ISDAのHPに掲載されている（http://www.isda.org/c_and_a/Credit-Derivatives-Physical-Settlement-Matrix.html）。

第 1 章　CDS の契約構成

図表 1-3　バックログの期間の推移（2002～2005 年）

|  | 2002 年 | 2003 年 | 2004 年 | 2005 年 |
|---|---|---|---|---|
| All respondents | 21.1 日 | 17.8 日 | 13.3 日 | 12.9 日 |
| Large firms | 25.6 日 | 25.0 日 | 23.5 日 | 15.8 日 |
| Medium firms | 18.0 日 | 14.8 日 | 7.8 日 | 12.7 日 |
| Small firms | 16.9 日 | 12.6 日 | 5.3 日 | 8.2 日 |

（注）・数字はクレジット・デリバティブ取引のコンファメーションが未調印である営業日日数の平均値。
　　　・原典では調査を行なった年を表記しているが，本図表においては調査の対象となる年を表記した。
出所：ISDA 2007 Operations Benchmarking Survey

という問題が顕在化した。なかでも，第Ⅰ部第 3 章（25 ページ）で述べたように，三者間の契約となるノベーションに際しては，特に遅れが目立つようになった。2002～2003 年頃には，業界全体の平均で 20 日程度の間コンファメーションが未調印のままバックログ（backlog）として残り，マスター・コンファメーションが導入された 2004～2005 年頃には若干改善されたものの，依然としてバックログの期間は 10 日以上と高い水準で推移した（図表 1-3）。

　法的には，両者が電話などで合意した時点で取引は有効となるものの，その内容を書面にして双方の決裁権限者が調印しなければ，相手方が破綻した際に取引の記録や証拠書類がなく，当事者間で契約済みの取引についての認識に齟齬が生まれて混乱が生じかねない。こうした事態を憂慮したニューヨーク連銀や英国の金融サービス機構（FSA）を中心とする規制当局は，2005 年 9 月にクレジット・デリバティブの大手ディーラーを招集して，コンファメーションのバックログの問題解決に力を入れるように要請した。

　以降，市場参加者は事務処理インフラの整備やノベーション・プロトコルの策定などを通じて，バックログ期間の短縮に力を注いだ。2006 年頃からは，DTCC 社の子会社である DTCC Deriv/SERV 社のコンファメーション照合サービスが普及し，電子的に処理される取引の件数が飛躍的に増加した。

　2009 年 10 月以降，大手ディーラーは，顧客を含むすべての取引相手に対して，標準的な取引については電子的に取引することを必須条件としてい

図表1-4 バックログの期間の推移（2006〜2009年）

|  | 2006年 | 2007年 | 2008年 | 2009年 |
|---|---|---|---|---|
| Large firms | 5.6日 | 6.4日 | 3.5日 | 1.0日 |
| Medium firms | 6.6日 | 4.7日 | 2.4日 | 1.6日 |
| Small firms | 3.6日 | 5.6日 | 3.6日 | 1.3日 |

（注）・図表1-3と同様の手法で作成した。
・Large firms の定義が2010年調査（表の2009年に相当）では月間取引件数が1,500件以上ある先から3,000件以上ある先へと変更されているが，市場規模も拡大していることもあり，図表作成上はそのまま使用した。
・2010年調査では全体（All respondents）の数値が表記されていなかったので，本図表では表示しなかった。
出所：ISDA 2010 Operations Benchmarking Survey

る。こうした動きを受けて，バックログの期間も年々短縮している（図表1-4）。

## 第2項　ファンジビリティの向上（Big Bang と Small Bang）

市場規模の拡大への業界の対応として，事務処理の電子化が推進されたことに加えて，取引のファンジビリティ（fungibility：契約の諸条件が完全に共通で，相殺や合算が可能であること）を高めて取引残高の圧縮やCCPの導入を容易にする動きが見られた。主なものは，2009年4月に導入されたいわゆる "**Big Bang**" と，2009年7月に導入されたいわゆる "**Small Bang**" に含まれる一連の変更である。

Big Bang は「DC および入札決済追加条項（ISDA Credit Derivatives Determinations Committees and Auction Settlement Supplement to the 2003 ISDA Credit Derivatives Definitions，以下「Big Bang 追加条項」）」と，「DC および入札決済プロトコル（2009 ISDA Credit Derivatives Determinations Committees and Auction Settlement CDS Protocol，以下「Big Bang プロトコル」）」の2つのドキュメントから構成される。この2つに含まれる内容は概ね同一であるが，Big Bang 追加条項に含まれる変更内容は，新規の取引を行なう際にこれを参照することで反映され，Big Bang プロトコルに含まれる変更内容は，このプロトコルを批准した当事者間で過

第1章　CDSの契約構成

図表1-5　Big Bangによる変更

去に行なわれた取引に対して、遡って反映されるものであった。

　この他に、DCの運営ルールの詳細を記した「**DCルール**（The Credit Derivatives Determinations Committee Rules）」、「入札決済条件雛型（Form of Credit Derivatives Auction Settlement Terms）」が公表された。

　Big Bangには細かい変更が多数含まれるが、主要なものとしては、「入札決済の標準装備（Hardwiring）」、「DC（後述、170ページ）の設置」、「クレジットイベント認定期間と承継事由認定期間の変更」の3点があげられる。それぞれの詳細は第Ⅱ部の該当箇所[6]で論ずるが、これらの変更は取引のファンジビリティを高めることや、クレジットイベント決済をより安定的なものにするといった目的を持つ。これらの変更は、長年にわたって定着していたCDSの基本的な商品性を大きく変えるものだったため、"Big Bang"と呼ばれた（図表1-5）。

　なお、Big Bang導入と同様の目的で、Big Bangの枠組み外でいくつかの市場慣行が変更された。主なものは、プレミアムの支払い方法に関する変更[7]と、リストラクチャリング・クレジットイベント[8]に関する変更である。

---

[6]　「入札決済」については第6章、「DC」については第4章、「クレジットイベントと承継事由の認定期間」については第4章と第7章でそれぞれ取り上げる。
[7]　第2章参照。
[8]　第5章第4節参照。

第Ⅱ部　契約書詳述

Small Bangは「DC，入札決済およびリストラクチャリング追加条項（ISDA Credit Derivatives Determinations Committees, Auction Settlement and Restructuring Supplement to the 2003 ISDA Credit Derivatives Definitions，以下「Small Bang追加条項」）」と，「DC，入札決済およびリストラクチャリング・プロトコル（2009 ISDA Credit Derivatives Determinations Committees, Auction Settlement and Restructuring CDS Protocol，以下「Small Bangプロトコル」）」の2つのドキュメントから構成され，主にリストラクチャリングに関連する諸条項を変更するものである。

### 第3項　2014年版定義集の刊行

このように，2003年版定義集が刊行された後も，市場規模の急速な拡大や，サブプライム危機／世界金融危機に関連する大型のクレジットイベント[9]の多発を受けて，クレジット・デリバティブの取引慣行は大きく変化した。また，2010年以降，とりわけ欧州市場において，銀行に対する公的介入の在り方が大きく変化し，従来のクレジットイベント／クレジットイベント決済の枠組みでは捉えきれない形での「公的支援[10]」が行なわれるようになったことや，ユーロ加盟国がユーロを離脱して通貨を変更する可能性が従来よりも意識されるようになり，かかる事態に経済合理性のある形で対応する必要が生じたことなどを受けて，契約条件の改定を求める声が強まった。

前述のBig BangやSmall Bangに加えて，このような市場慣行の変化を取り入れる形で，2014年2月に「**2014年版定義集**」が刊行され，同年秋より市場で一般的に利用されるようになった。変更箇所は多岐にわたるが，主な変更点は以下の通りであり，本書では，それぞれ該当箇所において詳細に記述する。

〈2014年版定義集における主な変更点〉
（第1条：一般条項）

---

[9] 2008年に発生したLehman Brothers（米国・金融），Fannie Mae, Freddie Mac（米国・政府系機関）のクレジットイベントなど。
[10] EUにおいて，「納税者負担による救済（ベイルアウト）」と対極の概念である「債権者負担による救済（ベイルイン）」が法制化された。

- DC 関連の規定追加

（第2条：参照組織および参照債務に関する条項）
- 「承継者規定」の修正
  - 「承継事由基準日」の設定
  - 「ソブリン承継事由」の導入
  - 承継比率算定に際する「シニア債務」と「劣後債務」の区分
  - 「包括承継者」という概念の導入
  - 「段階的承継計画」という概念の導入
- 「標準参照債務」という概念の導入
  - 「標準参照債務リスト（SRO リスト）」の導入
- 債務の支払順位の明確化
  - 「シニア債務」，「劣後債務」，「下位劣後債務」の区分

（第3条：イベント対象債務および引渡可能債務に関する条項）
- 「資産パッケージ引渡」の導入
  - 債務交換に伴い受領した資産パッケージの引渡しが可能に
- 「標準指定通貨」の範囲拡大
  - フランス，ドイツの法定通貨，ユーロ加盟国の離脱後の新通貨の追加
- Mod R, Mod Mod R の引渡可能債務の定義修正
  - リストラクチャリング満期制限の定義簡素化

（第4条：クレジットイベント）
- 「政府介入」クレジットイベントの新設
  - 金融銘柄への適用を想定
- 「リストラクチャリング」クレジットイベントの定義修正
  - 債務交換の取扱いの明確化
  - ユーロから他通貨への変更の取扱いの明確化

第Ⅱ部　契約書詳述

(第6条：入札決済に関する条項)
- 入札決済規定の追加

(第8条：現物決済に関する規定)
- 「資産パッケージ引渡」の関連規定の追加

(第12条：当初支払額，固定金額，変動支払人計算金額)
- プレミアムの当初支払い規定の追加

(第13条：クレジット・デリバティブ現物決済マトリクス)
- 現物決済マトリクスの導入

　変更点は多岐にわたるものの，既存取引の経済効果に大きな影響を与える変更は少ないと考えられた。このため，旧定義集を参照する既存取引の契約を，新定義集の内容を反映させる形で遡及的に修正する目的で，新定義集の導入に合わせてISDAがプロトコル（ISDA 2014 Credit Derivatives Definitions Protocol）を発表し，多数の市場参加者がこれに参加した。この結果，新旧取引の主要な契約条件が統一され，解約や相殺が容易になった。
　ただし，以下で詳述するように，主に金融機関とソブリンを参照する取引においては，新旧の定義集で経済効果が比較的大きく変わることから[11]，プロトコルの対象から除外された。このため，当面の間は，参照組織が同じであっても，2003年版定義集に準拠する取引と2014年版定義集に準拠する取引の2種類が，市場に残存することになった。その結果，同じ事象に対して，準拠する定義集の違いによって異なる結果が生じた事例も散見された[12]。

---

11　変更点の多くはプロテクションの買い手に有利に作用するため，売り手にとって既存の取引を無条件で遡及的に修正する経済合理性はないと考えられた。
12　208ページ参照。

## コラム　2014年版定義集の導入がスプレッドに与えた影響

　本文中で述べたように，市場では，2014年版定義集の導入によって，金融機関とソブリンを参照する取引には相応の経済的影響が生じると認識された。金融銘柄に関しては，欧州などの市場において適用されるクレジットイベントに「政府介入」が加わったため（第5章第6節参照），その分だけはクレジットイベントの発生確率が上昇することになる。特に劣後取引においては，劣後にのみクレジットイベントが発生する確率が上昇したこと（第3章第2節参照），引渡可能債務の範囲が拡大したことを受けて回収率の期待値が低下したこと（引渡可能債務が存在しないという理由で劣後取引の回収率が跳ね上がる状況が生じにくくなるため）（159ページ参照）が，プロテクションの売り手にとってマイナスに作用した。実際，2014年版定義集の導入前後で，銀行銘柄のCDSでは，以下のように劣後のスプレッドが大幅に拡大する現象が見受けられた。

BNP Paribas　シニア　58 → 60
BNP Paribas　劣後　80 → 121
UBS　シニア　46 → 46
UBS　劣後　60 → 174
（出所：みずほ証券，5年物CDSスプレッド（bps）の気配）

　2017年に発生したMonte Paschi（イタリア・銀行）とBanco Popular（スペイン・銀行）のクレジットイベントの事例では，発生当時の残存取引のうち，2003年版定義集に準拠する取引ではシニアと劣後の両方がトリガーされたのに対して，2014年版定義集に準拠する取引では劣後のみがトリガーされ，「新定義集の導入に伴い劣後取引のトリガー・リスクが相対的に高まった」という上記の市場の見方を裏付ける形となった。

# 第2章　プレミアムの支払い

## 第1節　プレミアムの支払い方法

プレミアムは「取引開始直後（以下「アップフロント」）」もしくは「取引の期間中（以下「期中」）」に支払われる。従来は，単一銘柄を参照するCDSについては，原則として期中にのみ支払われていたが，2009年に市場慣行が大きく変わった。

### 第1項　従来の支払い方法

CDSの取引を希望する当事者は「A社の5年物プロテクションを50 bpsで買いたい／売りたい」というように価格（プレミアム）を提示し，これに合意する当事者が存在すれば取引が成立する。従来の市場慣行では，単一銘柄を参照するCDSについては，合意されたプレミアムはコンファメーションに**固定金利**（Fixed Rate）として表記され，期中にわたって定期的に，プロテクションの買い手から売り手に支払われていた（全額期中払い方式）。

この場合，参照組織や予定終了日などの契約諸条件が同一であっても，取引時点の相場水準が異なれば，固定金利は取引によって当然異なる[1]。固定金利の異なる取引同士は，単純に足し合わせたり，相殺したりできない（＝ファンジブルではない）。固定金利以外の諸条件が同一の売り取引と買い取引を同時に解約する場合は，将来決済される固定金利の差を現在価値に引き直して，その分を解約に合わせて受払いする必要がある。また，クレジットイベントが発生した場合，プレミアムの計算はイベントが認定された時点で

---

[1] インデックスCDSでは，シリーズや年限が同一のインデックスについては，固定金利はすべての取引に共通する（第Ⅰ部第8章参照）。

第Ⅱ部　契約書詳述

終了することから，イベント発生のタイミングが異なれば，期中に決済されるプレミアムの総額も異なる。例えば，元本金額が10億円，固定金利が10.00％の取引において，取引開始の1年後にクレジットイベントが発生すれば，プレミアムの総額は約1億円（10億円×10.00％×1年分）となるが，取引開始の5年後にクレジットイベントが発生すれば，プレミアムの総額は約5億円（10億円×10.00％×5年分）となる。

### 第2項　現在の支払い方法

こうした点に対応する目的で，2009年にプレミアムの支払いに関する市場慣行が変更された。取引の約定時に合意されたプレミアムは，「アップフロントで支払われる部分」と「期中に支払われる部分（固定金利）」に分けてコンファメーションに記載され，実際にアップフロントと期中に分けて決済される（アップフロントと期中払い組合せ方式）（図表2-1）。

アップフロントで決済されるプレミアム（**当初支払額**：Initial Payment Amount[2]）は，**取引日**（Trade Date）の3営業日後（**当初支払日**：Initial Payment Date）に支払われる。

図表2-1の例では，「2.50％」という価格で取引が合意された後，固定金利を1.00％として，アップフロントで支払われる額である「元本の約6.96％」が計算される。両当事者が使う計算モデルや計算の前提条件[3]に相違があると，支払額の計算結果が両者で異なり得るため，実務では共通の計算モデルと前提条件が用いられている[4]。

期中に決済される固定金利[5]は，契約のファンジビリティを高めるために，いくつかの水準に統一化された（図表2-2）。この結果，固定金利部分が共通の取引については，コンプレッションやCCPの利用が従来よりも容易になった。また，プレミアムの一部がアップフロントで前倒し決済されるため，取引時に合意されたスプレッドが固定金利より大きい場合には[6]，早期のイベント認定によってプロテクションの売り手が残存期間分のプレミアム

---

[2] 当初支払額には後述の経過利子も含まれる。
[3] クレジットイベント発生時の回収率の想定など。
[4] このモデルは「ISDA標準モデル」と呼ばれる（第Ⅰ部第9章第2節参照）。
[5] 図表2-1の例では「1.00％」がこれに相当する。

### 図表2-1 「全額期中払い方式」と「アップフロントと期中払い組合せ方式」

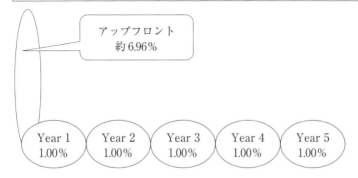

＊ 2.50％と1.00％の差の5年分の現在価値概算値

を受け取り損ねるリスクが軽減されることになった[7]。

各取引においてどの固定金利を適用するのか，明確なルールは存在しないものの，参照組織の格付けやプレミアムの水準を目安に選択されることが多いようだ[8]。また，固定金利の水準によって，価格提示の慣行も異なる。固定金利が「0.25％」や「1.00％」の場合には，価格提示は従来の全額期中払い方式と同様になされ，価格の合意後に当初支払額が計算されることが多い。

---

6 本稿の執筆時点（2019年3月）では，日本銘柄については一般的な固定金利（1.00％）を下回る水準で取引されることが多く，この場合，当初支払額はプロテクションの売り手から買い手に対する支払いとなる。
7 新しいプレミアムの支払い方法が導入される以前にも，プレミアムの水準が大きく，取引期間中にクレジットイベントが発生する可能性が相応に高いと考えられる場合には，プレミアムの一部を前倒しで決済することもあった。

第Ⅱ部　契約書詳述

図表 2-2　日米欧市場における固定金利の統一化（民間法人銘柄）

| 地域 | 米国 | 欧州 | 日本 |
|---|---|---|---|
| 移行日 | 2009年4月8日 | 2009年6月22日 | 2009年12月21日 |
| 固定金利水準 |  | 10.00% |  |
|  | 5.00% | 5.00% | 5.00% |
|  | 1.00% | 1.00% | 1.00% |
|  |  | 0.25% | 0.25% |

欧州の民間法人では，「3.00%」，「7.50%」という固定金利で取引されることもある。また，欧州ソブリン銘柄の場合は「0.25%」，「1.00%」の2つに統一されている

つまり，価格の提示は年率2.50%でも，実際の取引条件は固定金利1.00%，アップフロント6.96%という形になる。一方，固定金利が「5.00%」や「10.00%」の場合には，アップフロント支払い分がパーセンテージ表記で価格提示されることが多い[9]。例としては，価格の提示が2.50%の場合，実際の取引条件は固定金利5.00%，アップフロント2.50%となるという形である。

## 第2節　期中払いプレミアムの計算方法

期中払いプレミアムは，コンファメーションで定められた期日（**固定金利支払日**：Fixed Rate Payer Payment Date）に延べ払いで支払われる。固定金利支払日は，**開始日**（Effective Date）から予定終了日の間の毎年3月，6月，9月，12月の20日（四半期応当日）と定められることが多い。

期中払いのプレミアム金額は，元本に固定金利と**固定金利日数計算式**（Fixed Rate Day Count Fraction）を掛け合わせて算出される。CDSでは固

---

[8]　大まかには，投資適格級銘柄については「1.00%」，投機的階級銘柄については「5.00%」，投資適格級銘柄のなかでもスプレッド水準が特に小さいものは「0.25%」（日本，欧州の場合），投機的階級銘柄のなかでもスプレッド水準が特に大きいものは「10.00%」（欧州の場合），というように選択される。もっとも，投資適格であってもプレミアム水準が非常に高い銘柄については「5.00%」が選択されるなど，例外的なケースも見られる。また，日本ではほとんどの銘柄が「1.00%」で取引されている。
[9]　経過利子分は提示される価格に含まれない。

定金利日数計算式は「実日数／360日」が一般的であり，各固定金利支払日に対応する計算期間中に経過した日数が「実日数」となる。計算期間の起点と終点は**固定金利計算期間最終日**（Fixed Rate Payer Period End Date，以下「計算期間最終日」）と呼ばれるが，これは一般的には固定金利支払日と一致して，四半期応当日となる。

従来の市場慣行では，初回の計算期間は「取引の開始日から最初の計算期間最終日」と規定され，3ヶ月に満たない期間（ショート・ファースト），もしくは3ヶ月を超える期間（ロング・ファースト）についてプレミアム金額を計算するケースが多く見られた。2009年以降の市場慣行では，契約のファンジビリティを高める目的で，初回の計算期間は「取引の開始日直前の四半期応当日から開始日直後の計算期間最終日[10]」とされた。この結果，取引の開始日とは無関係に，計算期間が統一されることになった。開始日直前の四半期応当日から開始日までの期間に対応するプレミアム金額は，経過利子として，当初支払日にプロテクションの売り手から買い手に支払われる[11]。

2回目以降の計算期間は，「直前の計算期間最終日から次の計算期間最終日まで」の期間となる。最終の計算期間は，クレジットイベントが発生しなければ「直前の計算期間最終日から予定終了日まで」，クレジットイベントの発生によって取引が予定終了日より早く終了すれば，「直前の計算期間最終日からクレジットイベントが認定された時点（事由発生決定日）」までとなる。

実日数は，最終の計算期間以外は計算期間の始点を含めて終点を含めない"片端（かたは）"ベースで，最終の計算期間は始点と終点を両方含める"両端（りょうは）"ベースで，それぞれ数えられる[12]（図表2-3）。

---

10 開始日が2019年4月1日であれば，初回の計算期間は2019年3月20日から2019年6月20日となる。
11 債券の買い手が直前の利払日から決済日までの経過利息を債券の売り手に支払うのと同じ構成となる。
12 通常，金利は片端で計算され，例えば1月1日から1月15日までは14日分の金利計算となる。両端であれば，同期間の日数は15日となる。金利スワップでは，一般的にすべての計算期間において開始日を含めて終了日を含めない片端ベースで計算されるが，CDSでは，最終計算期間が両端ベースで計算される。ただし，CDSの中途解約の際には，早期終了日までの経過利子を片端ベースで計算することが市場慣行となっている。

### 図表2-3 固定金利の計算期間と利払日

**クレジットイベントが発生しない場合の計算期間**

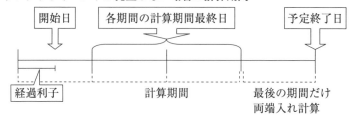

各計算期間最終日が利払日となり，最後の期間は予定終了日が利払日となる

**クレジットイベント決済時の最終計算期間**

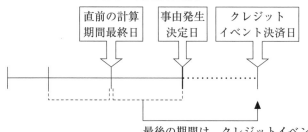

事由発生決定日とクレジットイベント決済日の間に四半期応当日が到来する場合，一旦全期間分のプレミアムが決済され，クレジットイベント決済日に超過分が払い戻される

# 第3章　取引の対象となる債務

　CDSのコンファメーションには参照組織の債務に関連する項目が複数存在するが，本章ではこれらを順に取り上げる。

## 第1節　参照債務

　**参照債務**（Reference Obligation）は，かつてCDSが個別の債券や融資に結び付けられて取引されていた時代には，これらの具体的な債務を「参照する」ために指定していたものである。現在では，クレジットイベントの対象となるイベント対象債務，現物決済の引渡可能債務，現金決済の評価に用いる債務のいずれについても，取引当初に具体的な債務をひとつのみ指定するのではなく，条件を決めておき，その条件に当てはまるものの中から選択するという構成が一般的である。

　2014年版定義集が導入される前までは，参照債務として参照組織が発行体もしくは保証人である債券を取引当事者がひとつ特定，合意して，これをコンファメーションに記載することが一般的であった。参照債務を複数記載する，何も記載しない，あるいは融資のような債券形式以外の債務を記載することも可能であり，実際にそういった取引も少数ながら見受けられた。

　参照債務は自動的にイベント対象債務および引渡可能債務となるほか，イベント対象債務や引渡可能債務の支払順位を決める際の基準となる。具体的には，イベント対象債務や引渡可能債務の性質として「非劣後」が選択されている場合，参照債務の支払順位に劣後しない債務だけに，それぞれ対象が限定される。仮に，複数の参照債務が記載されていれば，そのなかで最も支払順位が高い参照債務が基準となる。

　参照債務にはこのように重要な役割があるために，プロテクションの売り

手と買い手の間で，価格などの経済的条件は合意されたものの，参照債務の選択について合意に至らず，その理由だけで取引が成立しないこともあった。このような問題に対処するため，2000年代半ばには，RED（Reference Entity Database）と呼ばれる参照組織および参照債務のデータベースが構築され，市場において幅広く利用されることとなった。

その後，CCPの利用が拡大するなかで，参照債務の標準化をさらに進める取組みとして，2014年版定義集では**標準参照債務**（Standard Reference Obligation）という概念が導入され，これを非適用と明記しない限り，標準参照債務が自動的に参照債務を構成することとなった。この目的において，参照組織およびその**支払優先レベル**（Seniority Level[1]）ごとに標準参照債務が紐付けされた，業界統一の**SROリスト**（SRO List）が作成され，金融銘柄を中心に利用が進んでいる。SROリストはISDAまたはISDAが指定する第三者によって管理され，後述するDCルールの規定に基づいて銘柄の選定や代替が行なわれる[2]。

一般的な取引においては標準参照債務が適用されるものの，取引当事者は個別のニーズに応じて，同規定を非適用と明記した上で，代わりの参照債務（**非標準参照債務**（Non-Standard Reference Obligation））を指定することもできる。非標準参照債務は，全額の償還などの**代替事由**（Substitution Event）の発生に伴い，**代替参照債務**（Substitute Reference Obligation）と代替される。代替参照債務の決定方法は，2003年版定義集における規定から大幅に改定され，当初の非標準参照債務が引渡可能債務の条件を満たしている場合には，代替参照債務にも引渡可能債務の条件を充足することが求められるようになった。

---

1 コンファメーションにおいて「シニア・レベル（Senior Level）」か「劣後レベル（Subordinated Level）」かを指定する。指定がない場合には，当初非標準参照債務（Original Non-Standard Reference Obligation）が存在すればその支払順位が，存在しなければ「シニア・レベル」が自動的に適用される。
2 本稿の執筆時点（2019年3月）では，IHS Markit社が管理者としての役割を担っている。

## 第2節　イベント対象債務

### 第1項　イベント対象債務の定義

クレジットイベント認定の対象となる債務は**イベント対象債務**（Obligation）と呼ばれ，2014年版定義集では以下のように定義されている。

(a) イベント対象債務の種類と性質を満たす債務，および
(b) 参照債務

### 第2項　イベント対象債務の種類と性質

コンファメーションでは，イベント対象債務として，用語定義集に定められる選択肢の中から，債務の種類（Category：ひとつのみ選択）と債務の性質（Characteristics：複数選択可能）を指定する。

イベント対象債務の種類は，最も範囲が広い**支払債務**（Payment）から始まって，**借入債務**（Borrowed Money），**債券またはローン**（Bond or Loan），**債券**（Bond），**ローン**（Loan），特定の個別債務を指定する**参照債務のみ**（Reference Obligation Only）と6種類ある（図表3-1）。イベント対象債務として何を指定するかについて，市場慣行は参照組織の属性によって異なるが，日米欧の先進国銘柄では「借入債務」，アジア諸国の銘柄では「債券またはローン」，一部の新興国銘柄では「債券」が一般に選択されている。

図表3-1中の定義にあるように，借入債務には借入金しか含まれないため，これをイベント対象債務の種類として指定している場合には，デリバティブ取引における金利などの不払いは，他の条件が充足されたとしてもクレジットイベントを構成しない。また，未引出しのコミットメント・ラインも借入債務には含まれないとされているため，コミットメント・ラインが実行されない段階で，その手数料が不払いとなってもクレジットイベントには当たらないと考えられる。

第Ⅱ部　契約書詳述

図表3-1　イベント対象債務の種類

| 種類 | 定義（抄訳） |
|---|---|
| 支払債務（Payment） | 借入債務を含むすべての金銭支払債務 |
| 借入債務（Borrowed Money） | 借入金の支払いおよび弁済債務。預金，信用状に基づく貸付実行を含み，未引出しの信用枠を含まない |
| 債券またはローン（Bond or Loan） | 債券または融資 |
| 債券（Bond） | 債券，債務証書などの形をとる借入債務 |
| ローン（Loan） | 融資の形をとる借入債務 |
| 参照債務のみ（Reference Obligation Only） | 参照債務として指定する債務のみ |

図表3-2　イベント対象債務の性質

| 債務の性質 | 定義（抄訳） |
|---|---|
| 非劣後（Not Subordinated） | 「参照債務の指定があれば，そのうち最も支払順位が上位であるもの：参照債務の指定がなければ，参照組織の劣後ではない借入債務」に支払順位で劣後しない債務 |
| 指定通貨（Specified Currency） | 指定がなければ標準指定通貨建ての債務。「ユーロ」と指定される場合には，EU加盟国政府の行為により変更された新通貨建ての債務を含む |
| ソブリン以外の貸手（Not Sovereign Lender） | （パリクラブを含む）ソブリン・国際機関を主たる債権者としない債務 |
| 外国通貨（Not Domestic Currency） | 外国通貨による支払いが可能な債務 |
| 外国法準拠（Not Domestic Law） | 当該参照組織またはその参照組織の所在地の法律に準拠しない債務 |
| 上場（Listed） | 上場債務 |
| 外国発行（Not Domestic Issuance） | 国内市場における販売を主目的としない債務 |

　イベント対象債務の性質（図表3-2）は，複数の選択が可能であり，市場慣行は参照組織の属性によって大きく異なる。日本の民間法人を参照組織とする場合には，**非劣後**（Not Subordinated）のみを適用することが一般的である。一方，アジアや新興国の参照組織については，ローカル性の強い債務

を除外するための性質を複数選択する。

### 第3項　イベント対象債務の性質（非劣後）

　2014年版定義集では，非劣後の定義に重要な修正が加えられた。やや詳細に背景を説明すると，2003年版定義集において，それまで「パリパス（Pari Passu）」と呼ばれていた項目が「非劣後」に変更された。以前よりは誤解が生じにくい名称になったものの，これを選択することによって，「劣後債や劣後ローンは一切含まれない」とはならないことに留意が必要である。非劣後は，「参照債務または**プライア参照債務**（Prior Reference Obligation[3]）に対して劣後しない」という意味である。したがって，参照債務としてある特定の劣後債が指定されれば，非劣後は，当該劣後債に支払順位が劣後しない債務を意味し，参照債務と支払順位が同じであるか，または支払順位が高い劣後債や劣後ローンも対象となり得る。

　非劣後の適用状況を整理すると，参照組織がソブリンの場合には，先進国市場では一般に適用されていない。先進国のソブリンは過去においても，またおそらくは将来にわたっても劣後債を発行することが想定されず，非劣後を選択してシニアと劣後の境界線を明確にしてしまうと，方向違いの解釈を生じさせかねない，という考え方が背景にあるようだ。とはいえ，近年のソブリン債務の再編を巡る議論（ギリシャ国債の事例など）に鑑みると，将来的には，ソブリンについてもシニアと劣後を区別する必要が生じる可能性も完全には否定できないだろう。

　一方，参照組織がソブリン以外の場合には，市場によって適用状況が異なり，欧米の先進国銘柄については非劣後を適用しないのに対して，日本市場やアジア市場などでは適用することが一般的である。

　欧米の先進国銘柄では，シニア・クレジットを対象とする取引であっても非劣後は選択しない。すなわち，どんな支払順位を持つ債務に支払不履行などが発生してもクレジットイベントの対象とされ，例えば，劣後債のみに支

---

[3] 参照債務が存在しない状況において，(1)直前まで参照債務であった債務，(2)参照債務と指定され，取引日以前に全額償還された債務，および(3)参照組織の劣後でない借入債務を意味する。

払不履行が生じた場合でも，シニア債務を参照する CDS においてクレジットイベントが認定される。根底には，「債券や融資のコベナンツが厳しく，劣後債務だけデフォルトしてシニア債務がデフォルトしないというケースは想定しにくい。そうであれば，必要以上にイベント対象債務の範囲を狭くするべきではない」という考え方があるようだ。

ところが，金融危機以降，特に欧州市場では，経営難に陥った銀行の公的支援事例において，上記の枠組みでは必ずしも合理的と言えないケースが生じた。その典型は 2013 年の SNS Bank（オランダ・銀行）の国有化の事例であり，劣後債が政府による強制的な接収の対象となる一方で（実質的に全損），シニア債には損失負担が求められなかったにもかかわらず，上記の契約構成に基づき，劣後債務を参照する CDS，シニア債務を参照する CDS の両方において，クレジットイベントが認定された。

EU および欧州諸国においてベイルイン規制の法制化の動きが進み，銀行の債権者の損失負担の在り方が大きく変化するなかで，SNS Bank に類する事例の再現は否定できず，2014 年版定義集ではこれに対処するため，**金融参照組織条件**（Financial Reference Entity Terms）という概念が導入された。この規定では，原則として上記の枠組み（イベント対象債務の性質として非劣後を適用しない）を維持しつつ，**除外イベント対象債務**（Excluded Obligation）規定を運用することによって，金融参照組織条件が適用される取引[4]において，適用されるクレジットイベントがリストラクチャリングまたは政府介入である場合，以下のように場合分けすることとなった。

- **シニア取引**（Senior Transaction）の場合

  イベント対象債務から**劣後債務**（Subordinated Obligation）を除外する（＝クレジットイベント認定の対象を**シニア債務**（Senior Obligation）に限定）

---

[4] 一般に，先進国市場では北米市場を除いて適用される。米銀を参照する取引では，クレジットイベントとしてリストラクチャリングも政府介入も適用されないため，一般に金融参照組織条件は適用されていない。

- **劣後取引**(Subordinated Transaction)の場合

イベント対象債務から**下位劣後債務**(Further Subordinated Obligation)を除外する(=クレジットイベント認定の対象をシニア債務と下位劣後債務以外の劣後債務に限定)

> ※用語定義(概略)
> 
> シニア債務: 　参照組織の劣後でない借入債務に劣後しない債務
> 
> 劣後債務: 　　参照組織の劣後でない借入債務に劣後する債務
> 
> 下位劣後債務:参照債務である劣後債務に劣後する債務
> 
> シニア取引: 　参照債務がシニア債務であるか存在しない取引
> 
> 劣後取引: 　　参照債務が劣後債務である取引

この結果,例えば参照債務としてTier 2債が指定される劣後取引の場合,Tier 1債はイベント対象債務から除外されることになる。一方,金融規制に基づきCoCo債[5]の発行を義務付けられるスイスの銀行などの場合,負債構成上,劣後債の大部分をCoCo債が占めることが想定される。したがって,このような銀行を参照する劣後取引では,指定される参照債務の種類によってはイベント対象債務がほとんど存在しなくなることも考えられる。このような状況を踏まえ,ISDAは「CoCo追加条項(2014 CoCo Supplement to the 2014 Credit Derivatives Definitions)」を公表することによって,同追加条項が適用される取引[6]では,CoCo債の株式転換や元本削減が政府介入クレジットイベントを構成することを明確にしている。

一方,日本市場やアジア市場などでは非劣後が適用されるため,従来から,劣後債のみに損失が発生した場合には劣後取引のみがトリガーされるという建付けであった。このため,2014年版定義集における除外イベント対象

---

[5] Contingent Convertible Bonds(条件付き転換社債)。発行体である銀行の自己資本比率があらかじめ定められた水準を下回った場合などにおいて,株式に転換されたり,元本が削減されたりする債券。発行条件に応じて「その他Tier 1資本」または「Tier 2資本」に組み入れることができる。

[6] 本稿の執筆時点(2019年3月)では,主にスイスの銀行銘柄の取引において適用されている。

債務規定の修正の実質的な影響は、欧州市場よりも小さいと言えよう。

このように、2014年版定義集において、金融機関のシニア債務と劣後債務の線引きが明確になったが、その後も金融業界では、規制環境の変化に合わせて資本構造の細分化がさらに進んでいる。具体的には、銀行の損失吸収力の向上を目的にTLAC（総損失吸収力）規制やMREL（自己資本・適格債務最低基準）規制が導入された際に、欧州の多くの国では「損失吸収力を備えた債務」として「非優先シニア債務」という新しいカテゴリーが法制化されるようになった。その結果、シニア債務が「優先シニア」と「非優先シニア」という2つの階層（Tier）に分かれることとなり、これを受けて、CDS市場でも、銀行の「優先シニア」、「非優先シニア」、「劣後」を区別して取引するニーズが生じた。このため、2017年12月にはISDAから「非優先シニア参照債務に関する追加条項（Additional Provisions for Senior Non-Preferred Reference Obligations）」が公表され、資本構造の階層に合わせて円滑に取引する枠組みが提供されることとなった。

### コラム　ドイツの銀行銘柄の取り扱い

本文中で述べたように、フランスやスペインなどでは「非優先シニア債務」というカテゴリーが法制化された結果、CDS市場では、「非優先シニア参照債務に関する追加条項」を適用することによって、同一銘柄について「優先シニア」、「非優先シニア」、「劣後」という3つの階層を区別して取引されるようになった。

これに対してドイツでは、銀行の"すべての"シニア債務に損失吸収機能を付加する法律が2015年に可決された結果、シニア債務は二分化されず、すべてのシニア債務が実質的に「非優先シニア」扱いとなった。このため、ドイツの銀行銘柄は「非優先シニア参照債務に関する追加条項」を適用せずに取引されていた。

その後2018年7月になって法律が改正され、ドイツにおいてもフランスなどと同じように、シニア債務が「優先シニア」と「非優先シニア」に二分されるようになった。その結果、CDS市場では、「非優先シニア参照債務に関する追加条項」を適用することによって、2つの階層を区別して取引する方向となった。

法改正日（2018年7月21日）より前に取引されたCDSは"実質的に"「非優先シニア」扱いであり，「非優先シニア参照債務に関する追加条項」を適用することによって"明示的に"「非優先シニア」扱いとなる新規取引とは，経済効果が変わらないはずである。しかし外形的には異なるため，疑義が生じる事態を未然に防ぐために，ISDAは2019年2月に「ISDA 2019 German Bank CDS Protocol」を発表し，参照債務や標準参照債務が指定されない取引などの条件を満たさない一部の取引を除いて，旧取引を一斉に修正することによって，契約の外形面を新取引に一致させることを可能にしている。

### 第4項　保証債務の取扱い

　CDSでは，参照組織の直接の債務のみならず，保証人としての債務も取引の対象となり，イベント対象債務や引渡可能債務には参照組織が保証する債務も含まれ得る。コンファメーションで**すべての保証**（All Guarantees）という項目を「適用なし（Not Applicable）」とする場合には，親会社である参照組織の**関係子会社**[7]（Downstream Affiliate）に対する保証，すなわち**適格関係会社保証**（Qualifying Affiliate Guarantee）のみが対象となり，「適用あり（Applicable）」とする場合には，保証人と被保証者の関係の如何にかかわらず，子会社から親会社への保証，子会社間の保証，資本関係がない会社への保証などのすべてを含む**適格保証**（Qualifying Guarantee）が対象となる。

　市場慣行では，北米の民間法人銘柄を除いてすべての保証を「適用あり」とすることが一般的である。北米市場では，子会社から親会社への保証および兄弟会社間の保証について，保証を履行する際にその有効性が否認される可能性が指摘され，CDSの対象を親会社から子会社へ向けた保証に限定するというコンセンサスが生まれた。したがって，参照組織が北米の民間法人銘柄である場合には，すべての保証は「適用なし」と指定される。

　2003年版定義集においては，適格保証には「支払い以外の状況で参照組織の（保証）債務が解除されてはならない」，「債務に基づくすべての金額（元利金以外の付随する支払いを含む）が保証の対象とされていなければならな

---

[7] 「参照組織により発行済み議決権株式の50%以上を直接または間接的に保有される組織」と定義される。

第Ⅱ部　契約書詳述

**図表3-3　引渡可能債務の性質と対象となる債務の種類**

| 債務の性質 | 定義（抄訳） | 債務の種類 |
|---|---|---|
| 非劣後（Not Subordinated） | （150ページ図表3-2参照） | 全部 |
| 指定通貨（Specified Currency） | | 全部 |
| ソブリン以外の貸手（Not Sovereign Lender） | | 全部 |
| 外国通貨（Not Domestic Currency） | | 全部 |
| 外国法準拠（Not Domestic Law） | | 全部 |
| 上場（Listed） | | 債券 |
| 外国発行（Not Domestic Issuance） | | 債券 |
| 譲渡可能ローン（Assignable Loan） | 債務者，保証人，エージェントの同意なくして，当初シンジケート・メンバーではない商業銀行や金融機関に譲渡できるローン | ローン |
| 同意を要するローン（Consent Required Loan） | 債務者，保証人，エージェントの同意があれば譲渡できるローン | ローン |
| 直接ローンパーティシペーション（Direct Participation） | 買い手または指定があれば適格パーティシペーション売り手を介してパーティシペーションをすることのできるローン | ローン |
| 譲渡可能（Transferable） | 契約，法令などの制限を受けずに機関投資家に対して譲渡可能な債務 | ローン以外 |
| 最長満期（Maximum Maturity） | 残存期間は決定時の条件に基づいて決定 | 全部 |
| 期限の利益喪失または期限の到来（Accelerated or Matured） | 引渡日もしくはそれ以前に期限の到来を迎える債務 | 全部 |
| 非持参人払式（Not Bearer） | 持参人払式の証書を除く債務 | 債券 |

い」といった厳格な要件が付されていた。このため、イベント対象債務や引渡可能債務を構成するであろうと一般に見なされていた債務が、「法律に基づく場合や合併に関連する場合に保証債務が解除され得る」、「一部の付随する支払い債務が保証の対象ではない」といった理由によって、適格保証を構成しないケースも起こり得た。このような状況に対応するため、2014年版定義集では、解除条項が緩和されたほか[8]、保証の対象が「すべての金額」から「すべての元利金」に変更された。

## 第3節 引渡可能債務

### 第1項 引渡可能債務の定義

クレジットイベント決済に利用される債務は**引渡可能債務**（Deliverable Obligation）と呼ばれ、2014年版定義集では以下のように定義されている。

(a) 引渡可能債務の種類と性質を満たす債務
(b) 参照債務
(c) 参照組織がソブリンである取引においてリストラクチャリングが発生した場合、**資産パッケージ引渡**（Asset Package Delivery）の適用がないときは、**リストラクチャリング対象引渡可能ソブリン債務**（Sovereign Restructured Deliverable Obligation）、および
(d) 資産パッケージ引渡の適用がある場合、金融参照組織条件[9]が指定されるとき[10]は**事由発生前引渡可能債務**（Prior Deliverable Obligation）、参照組織がソブリンであるときは**パッケージ観察可能債券**（Package Observable Bond）。ただし、プロテクションの買い手は、事由発生前

---

[8] 許容譲渡（Permitted Transfer：参照組織の全資産との一体での保証債務の譲渡）を構成する場合や法律に基づく場合などに保証が譲渡可能なケースは、解除条項の例外として認められる。
[9] 152ページ参照。
[10] 152ページの脚注4で述べたように、北米市場では一般に金融参照組織条件が適用されないため、米銀を参照するCDSでは事由発生前引渡可能債務は引渡可能債務を構成しない。

引渡可能債務またはパッケージ観察可能債券の代わりに，**資産パッケージ**（Asset Package）を引き渡すことができる。

このうち，(c)と(d)に含まれる「資産パッケージ引渡」という概念が，2014年版定義集において新たに導入されたものである。以下では，引渡可能債務の種類と性質，資産パッケージ引渡を中心に検討する。

### 第2項　引渡可能債務の種類と性質

イベント対象債務と同様に，コンファメーションには引渡可能債務の種類と性質が指定される。現物決済型の取引においては，クレジットイベントの発生後に，この条件に当てはまる債務の中からプロテクションの買い手が特定の債務を選択し，売り手にこれを通知した上で引き渡すことができる。コンファメーションであらかじめ定めておく条件のうち，「種類」の選択肢はイベント対象債務と全く同じである（図表3-1参照）。市場慣行では，この中から「債券またはローン」を選択する[11]。「性質」の選択肢は，イベント対象債務のリスト（図表3-2参照）にいくつかの項目が加わる（図表3-3参照）。日本市場の慣行では，「非劣後」「指定通貨（標準指定通貨）」「譲渡可能ローン」「同意を要するローン」「譲渡可能」「最長満期（30年）」「非持参人払式」の7つの性質が選択され，これは欧米（先進国）市場における慣行と共通である。一方，アジアや新興国の参照組織については，ローカル性の強い債務を除外するための性質を追加的に複数選択する。

1999年版定義集と2003年版定義集には，引渡可能債務の性質として「偶発事由によらずに金額確定可能（Not Contingent）」という項目が存在し，一般的な取引において適用されていた。また，同項目に関連して，転換社債や交換可能債務のように元本の返済に「偶発性」が伴うと解釈され得る債務の取扱いに関して，個別の規定が設けられていた。これに対して2014年版定義集では，同項目および関連規定が削除され，偶発性の概念は新設の**残存元本金額**（Outstanding Principal Balance）の定義に組み込まれた（コラム

---

11　一部の新興国市場では「債券」が選択されることがある。

> **コラム　残存元本金額の決定方法**
>
> 2014年版定義集では，引渡可能債務の残存元本金額が新たに定義され，以下の手順によって算出，確定される構成となった。
> (1) 参照組織の支払うべき元本金額（経過利息を含む）を確定する
> (2) 相殺権などの**禁止行為**（Prohibited Action）や元本金額を減少させ得る偶発的な要素（許容偶発事由を除く）を除外する
> (3) 上記について**請求可能額**（Quantum of the Claim）を確定する

参照）。日本市場において一般的な転換社債など，債券保有者が株式への転換権を有する一般的な転換社債は，**許容偶発事由**（Permitted Contingency）という新設の項目において「債務に付随する権利をその保有者が行使可能な場合」が含まれることを踏まえると，引き続き引渡可能債務を構成し得ると考えられる。

### 第3項　引渡可能債務の性質（非劣後）

イベント対象債務の性質においては，地域や業態といった参照組織の属性によって「**非劣後**」を指定する場合としない場合に分かれるものの，引渡可能債務の性質においては，従来から指定するケースがほとんどである。このため，参照債務に劣後する債務は引渡可能債務として不適格とされ，シニア取引においてはシニア債務のみが，劣後取引においては劣後債務およびシニア債務のみが引渡しの対象となる。

プロテクションの買い手の立場では，現物決済において最も価値の低い債務を引き渡すインセンティブが存在するため[12]，一般に，劣後取引では引渡可能債務として劣後債務が選択されるものの，決済に際して劣後債務が存在しないために消去法的にシニア債務が選択された事例も存在する。前述のSNS Bankの事例では，政府による劣後債の強制的な接収についてクレジットイベントが認定されたものの，接収の結果，クレジットイベント決済に利

---

12　166ページ参照。

用可能な劣後債が市場から消滅したため,決済においては消去法的に経済価値の高いシニア債[13]が選択された。このため,保有する劣後債のヘッジとして劣後のプロテクションを買っていた当事者は,劣後債の元本が全損したにもかかわらず,CDS ではシニア債の高い回収率を基準とする少額の支払い[14]しか受けることができなかった。

一般に,SRO リスト[15]では,金融銘柄のシニア取引ではシニア債が,劣後取引では期限付き劣後債(Tier 2 債)が指定されるため,引渡可能債務の性質として非劣後を適用する結果,Tier 1 債は一般に CDS において引き渡すことができない。

### 第4項 引渡可能債務の性質(譲渡可能ローン・同意を要するローン)

市場慣行では,引渡可能債務の性質として「**譲渡可能ローン**(Assignable Loan)」と「**同意を要するローン**(Consent Required Loan)」の両方が選択される。譲渡可能ローンを選択する場合,融資は譲渡に際して債務者の同意不要で譲渡できる必要がある。日本の一般的な金銭消費貸借契約においては,譲渡に対する同意,不同意が明示されていないことも多い。これは,そもそも融資の譲渡を企図していないからだという説明もあろうが,いずれにせよ,書かれていなければ民法の原則に戻るしかあるまい。民法では,債務者および第三者からの対抗要件の規定があるものの,譲渡そのものについての債務者の同意は要求されていない[16]。

したがって,契約において譲渡に対する債務者同意の義務付けがなければ,譲渡そのものは通知によって行なうことができる。すなわち,一般的な日本の融資契約は,同意不要で譲渡可能であり,譲渡可能ローンに該当すると考えてもよさそうである。もっとも,用語定義集では,債務者による反対請求権や相殺権の主張を受けるものは引渡しが認められないと規定されてい

---

13 入札決済では,年限によって額面の 85.5〜95.5%と評価された。
14 すなわち額面の 4.5〜14.5%。
15 148 ページ参照。
16 譲渡そのものは,あくまで譲渡者(旧債権者)と譲受人(新債権者)の合意によって行なわれるものであり,この譲渡の効果を,債務者および債務者以外の第三者に認めさせるために「対抗要件」という考え方がある。詳しくは,民法(債権法)の専門書を参照。

ることから[17]，現物決済において債務者の同意なしで引渡しを行なっても問題ないということではない。

2009年12月にアイフルが債権者グループと融資契約の条件変更に合意し，CDSにおいてクレジットイベントが認定された事例では，クレジットイベント決済において融資の譲渡が可能かどうか議論になった。この事例では，債務者であるアイフルが，入札決済における融資の譲渡については相殺権を含む抗弁権を放棄することに合意したため，融資を譲渡する条件が整うことになった。

一方，2010年1月に日本航空が会社更生法を適用申請し，クレジットイベントが認定された事例では，債務者である日本航空の管財人が抗弁権の放棄に合意しなかったことから，CDSのクレジットイベント決済において同社向けの融資を譲渡するに当たっては，個別に抗弁権を切断することが必要とされた。

### 第5項　引渡可能債務の性質（非持参人払式）

市場慣行では，引渡可能債務の性質として「**非持参人払式（Not Bearer）**」が選択され，「無記名」の「持参人払式」の債務（＝Bearerの債務）は引渡可能債務から除外される。「無記名」とは，記名しなくても持参さえすれば当該債券の債券保有者として元利金を受け取れるという意味であり，債券保有者名が決済機関などに記録されず，金塊のように実際に手に持っている人が債権者ということになる。

海外の主体が日本国内で発行するサムライ債の発行条件書には，「無記名」との記載が存在する場合があり，2009年のLehman BrothersやKaupthing（アイスランド・銀行）のクレジットイベント決済に際して，サムライ債が引渡し可能かどうか議論になった。実際には，サムライ債はユーロクリアで決済されることから事実上記名式扱いと判断され，引渡可能債務として適格とされている[18]。

---

[17] 2003年版定義集では引渡可能債務の定義において，2014年版定義集では禁止行為の定義において規定されている。

### 第 6 項　引渡可能債務の性質（最長満期）

　引渡可能債務の「**最長満期**（Maximum Maturity）」は一般に「30 年」と指定され，残存期間が 30 年未満の債務のみが引渡可能債務を構成し得る。2014 年版定義集では，引渡可能債務を決定する時点で残存期間が 30 年未満であること，期限の利益が喪失した債務については残存期間をゼロと見なすことが明確にされている。つまり，例えば 50 年債として発行された債券であっても，引渡可能債務の決定時点で残存期間が 30 年未満であれば，満期の条件を充足したことになる。

### 第 7 項　リストラクチャリング対象引渡可能ソブリン債務

　ソブリンが参照組織の場合，資産パッケージ引渡が適用されないことを条件に，当該ソブリンの債務は，リストラクチャリングの結果として引渡可能債務の条件を満たさなくなっても，リストラクチャリングの発生直前において条件を充足している限り，引渡可能債務（＝**リストラクチャリング対象引渡可能ソブリン債務**（Sovereign Restructured Deliverable Obligation））を構成し，決済に用いることができる。

　例えば，米ドル建ての債務が当該ソブリンの現地通貨建てに変更された場合，他の条件が整えば「通貨の変更」によってリストラクチャリングを構成するところ，リストラクチャリング後の債務が現地通貨建てとなり，引渡可能債務の性質である「指定通貨」や「外国通貨」を満たさなくなるようなケースを念頭に置いた規定と考えられる。

### 第 8 項　資産パッケージ引渡

　資産パッケージ引渡（Asset Package Delivery）は 2014 年版定義集にお

---

18　用語定義集では，「非持参人払式（Not Bearer）」は "any obligation that is not a bearer instrument unless interests with respect to such bearer instrument are cleared via the Euroclear system, Clearstream International or any other internationally recognized clearing system." と定義されている。「無記名式」であっても，クーポンが国際的に認知されている決済機関において決済される債務については，非持参人払式として適格とされる。

いて導入された概念である。

　近年，政府や（政府主導の下で）銀行が債務交換を実施する結果，CDS の決済において経済合理性のある引渡可能債務が存在しなくなったり，一切の引渡可能債務が存在しなくなったりする事例が増え始めている。代表的な事例としては，2012 年のギリシャ共和国による債務交換と，2013 年の SNS Bank の劣後債の強制的な接収があげられる。ギリシャの事例では，CDS のクレジットイベント決済の前に，既発の国債が(1)新発の国債，(2) GDP に連動するワラント，(3) EFSF（欧州金融安定基金）が発行する債券のパッケージと交換された。このうち，(2)と(3)は引渡可能債務の条件を充足していないために決済で利用することができず，また，(1)についてはクーポンや年限などの条件が既発債と異なるため，その時点における「ギリシャ国債の回収率」として市場が認識する水準を反映するかどうか，疑念が持たれた[19]。

　SNS Bank の事例では，オランダ政府によって劣後債が強制的に接収されたため[20]，CDS のクレジットイベント決済において利用可能な劣後債が皆無となった。このため，決済では，なかば消去法的に引渡可能債務の条件を満たすシニア債が利用されたものの，劣後債が実質的に無価値となったのに対して，損失負担を要求されなかったシニア債の価格は額面に比較的近い水準（年限によって 85.5～95.5％）だったため，プロテクションの買い手は損失額の 4.5～14.5％程度しか回収することができなかった。

　2014 年版定義集では，これらの事例を踏まえて資産パッケージ引渡という概念が導入され，政府の判断や規制などに基づき既存の債務が接収や交換の対象となった場合には，接収や交換に際して交付された資産（＝資産パッケージ）は，たとえ引渡可能債務の条件を充足していなかったとしても，クレジットイベント決済に利用できるようになった。

　資産パッケージ引渡の具体的な流れは次の通りである。

---

19　このように波乱含みではあったものの，決済時までに新国債の価格が旧国債の価格と同様の水準まで下落したため，入札決済では最終価格は 21.5％となり，市場のコンセンサスと整合的な水準で決定される結果となった。
20　劣後債保有者には，代わりに政府に対する請求権が交付された。

第Ⅱ部　契約書詳述

---

**資産パッケージ・クレジットイベント**（Asset Package Credit Event）の発生
- 金融銘柄の場合[21]：「政府介入」もしくは参照債務の「リストラクチャリング」
- ソブリン銘柄の場合：「リストラクチャリング」

↓

資産パッケージ引渡の適用

↓

ソブリン銘柄の場合は**パッケージ観察可能債券**（Package Observable Bond）が，金融銘柄の場合は**事由発生前引渡可能債務**（Prior Deliverable Obligation）が引渡し可能に[22]
- パッケージ観察可能債券：引渡可能債務の条件を満たす流動性が相応に高いソブリン債のリスト（ISDA または ISDA が指定する第三者が管理[23]）に掲載された債券
- 事由発生前引渡可能債務：政府介入の対象で直前に引渡可能債務の条件を満たしていた債務，および政府介入に該当しないリストラクチャリングの対象となった参照債務

↓

プロテクションの買い手はパッケージ観察可能債券／事由発生前引渡可能債務の代わりに**資産パッケージ**（Asset Package）を引き渡すことも可能[24]
- 資産パッケージ：資産パッケージ・クレジットイベントに関連して受領した資産（株式や請求権などを幅広く含む）。どの資産を受領するかについて選択の余地がある場合には，最大価値を有するパッケージ（**最大資産パッケージ**（Largest Asset Package））とし，受領物がなければゼロとする。複数の資産から構成される場合には，比例配分によってパッケージを構成する。譲渡できない資産が存在する場合には，**資産市場価値**（Asset Market Value）の支払いによって決済する。

---

　上記の流れにおいて，パッケージ観察可能債券が流動性の高いソブリン債

---

21　金融参照組織条件が指定される場合。
22　資産パッケージ・クレジットイベントがクレジットイベント基準日前に発生した場合や，ソブリン銘柄の場合は直前にパッケージ観察可能債券が存在しない場合を除く。なお，リストに記載されていないパッケージ観察可能債券の場合は，前述のリストラクチャリング対象引渡可能ソブリン債務として引き渡すことが可能である。
23　本稿の執筆時点（2019年3月）では，IHS Markit 社が管理者としての役割を担っている。
24　パッケージ観察可能債券／事由発生前引渡可能債務の資産パッケージ・クレジットイベント発生前の額面がクレジットイベント決済の基準になる（＝プロテクションの買い手は元の額面相当の現金の支払いを受ける）ことから，現実的には，仮に資産パッケージ・クレジットイベント後にパッケージ観察可能債券／事由発生前引渡可能債務が残存していたとしても，プロテクションの買い手にとって資産パッケージを引き渡す方が有利な場合が多いと考えられる。

に，事由発生前引渡可能債務が（一般に流動性が高い）参照債務に限定された背景として，発行残高が小さく個別性が高い銘柄の場合には，当該債券の保有者でCDSのポジションを有する当事者が，自らの利益に資するように債務再編交渉を誘導するリスクが存在すると意識されたものと考えられる。

仮想の話として，資産パッケージ引渡が適用されていたとしたら，ギリシャ共和国の事例では，国債保有者は受領した「新国債，GDP連動ワラント，EFSF債のパッケージ」の引渡しと交換に，SNS Bankの事例では，劣後債保有者は接収時に交付された請求権の引渡しと交換に，原債券の額面相当の金額をCDSにおいて受けていたものと考えられる。

## コラム　引渡可能債務が存在しないとどうなるのか

ヘッジ対象の引渡しを念頭にプロテクションを買うという観点からは，決済において引渡可能債務が存在しないことは考えにくいものの，さまざまな要因によって決済時に引渡可能債務が不在となる可能性は残る。

まず，参照組織が無借金経営でそもそも債務が存在しない場合や，銀行借り入れが存在していたとしても，これが譲渡制限などによって引渡可能債務の条件を満たさない場合が考えられる。このような企業を参照組織として取引する場合，「経営が悪化する過程で引渡可能債務に該当し得る債務が発生する」というシナリオが潜在的に意識されている可能性がある。

また，CDSの取引時には引渡可能債務が存在していたものの，政府介入などに伴い当該債務が接収や債務交換の対象となり，引渡しが不適格な資産（株式や請求権など）に転換される場合が考えられる。

契約で定められた期限までに引渡可能債務が特定できなければ，クレジットイベントが認定されても決済が実行できず，プロテクションは無効となる。それまでにプロテクションの買い手が支払ったプレミアムは，当然返還されることはない。

報道によると，過去においては，CDSの決済が完了するまでの間，市場に流動性の高い債券を残存させるよう，市場参加者が関係当局に対して働きかけた事例もあったようだ。こうした要請は，アイルランドの銀行の事例では成功し，ギリシャ共和国の事例では不調に終わったとされる。このように，結果の予測可能性が低ければ，市場の安定的な拡大を望むことは困難であり，2014年版定義集における規定がスムーズに定着することが期待される。

## 第9項　除外引渡可能債務

2014年版定義集では，**除外引渡可能債務**（Excluded Deliverable Obligation）の定義が修正され，以下の3つが引渡可能債務から除外されることとなった。

(1) コンファメーションに除外引渡可能債務として指定した債務
(2) 金利部分が切り離された元本部分のみの債務[25]
(3) 資産パッケージ引渡が適用される場合は，資産パッケージ・クレジットイベントの発生後に発行された債務

## 第10項　CTDオプションとM(M)Rリストラクチャリング

現物決済型や現金決済型の取引において[26]，引渡可能債務として適格な銘柄が複数存在する場合，一般にプロテクションの買い手が引渡可能債務を選択する。プロテクションの買い手には，適格銘柄のうち最も価格が低いものを引き渡すインセンティブが存在するため，適格銘柄を保有していたとしても，必ずしもこれを引き渡すとは限らず，より安い銘柄を別途調達した上で引き渡すことも十分に考えられる。このような買い手の選択権は，一般に「**Cheapest to Deliver**（**CTD**）」オプションと呼ばれる。

入札決済型の取引においても，引渡可能債務の売買に際して，引渡可能債務の売り手（＝プロテクションの買い手）が引渡可能債務最終リストの中から銘柄を選択するため，最終価格には最安値資産の価格に収斂する傾向が見られる。

債務者が倒産手続に入るかこれに近い状況になると，社債や融資などの債務は，満期の如何にかかわらず，期待回収率を目安として取引される（例：残余資産から債務額面の80％の回収を見込む場合に，回収率を目安として額面の80％以下の価格で社債を買う）。一方，私的整理手続においては，債

---

25　いわゆる「ストリップス債」の元本部分。
26　決済方法の詳細については第6章を参照。

務者の存続を前提に，ある程度は債務を履行し続けながら建直しを図っていくという過程が想定されるため，社債や融資の残存期間に応じた価格が形成されることが多い。したがって，支払順位の別や期間によって市場価格は異なり，期間が長ければ長いほど価格が低下する傾向がある。このため，CDSでは，倒産手続の前段階でトリガーされやすいリストラクチャリング・クレジットイベントにおいて，CTD オプションの価値が高まりやすい[27]。

前述のように，引渡可能債務の最長満期は一般に「30 年」と指定されるものの，海外市場では，CTD オプションの価値が極端に大きくならないように，2000 年頃から，リストラクチャリングによってクレジットイベントがトリガーされた場合に，追加的な満期制限を適用するようになった[28]。この規定は，満期上限の設定方法と引渡し相手の限定方法によって，**Mod R**（Modified Restructuring）と **Mod Mod R**（Modified Modified Restructuring）の２種類に大別され，**M(M)R リストラクチャリング**（M(M)R Restructuring）と総称される。前者は主に北米市場とオーストラリア・ニュージーランド市場において，後者は主に欧州市場において適用されていたが，その後，北米市場では，リストラクチャリング・クレジットイベントそのものを適用しない取引が一般的となっている。

M(M)R リストラクチャリングは，プロテクションの買い手が有する CTD オプションの限定を目的とする規定であることから，買い手がリストラクチャリング・クレジットイベントによってトリガーする場合に限定して適用される。一方，入札決済では，買い手と売り手のいずれがトリガーしたのかが区別されないため，DC が M(M)R リストラクチャリングによってクレジットイベントを認定した場合には，引渡可能債務の追加制限の適用の有無を決めるため，取引当事者は個別にクレジットイベント通知を相手方に交付する必要がある。日本銘柄を参照する標準的な取引においては，Mod R もしくは Mod Mod R による追加制限が適用されないため，DC がリストラク

---

[27] もっとも，バンクラプシーや支払不履行などのクレジットイベントの場合でも，期限の利益が喪失されていないときには，CTD オプションに相応の価値が生じることがある。
[28] 2000 年の Conseco のクレジットイベントが直接のきっかけとされる（199 ページ参照）。

第Ⅱ部　契約書詳述

チャリングによってクレジットイベントを認定した後に，取引当事者が個別の通知を交付する必要性はない。

# 第4章　クレジットイベントの認定

　2014年版定義集では，クレジットイベントの認定に関する規定が大幅に修正された。従来は，「クレジットイベント」，「（一般的には）公開情報」，「（現物決済取引においては）現物決済」の詳細を通知することが決済要件（Conditions to Settlement）として定義され，この要件が満たされた日，すなわち**事由発生決定日**（Event Determination Date）にクレジットイベントの発生が正式に認定されていた。2014年版定義集では「決済要件」という定義がなくなり，事由発生決定日の発生がクレジットイベントの認定および決済の唯一の要件となった。本章では，2014年版定義集に基づくクレジットイベントの認定に関連する規定を整理する。

## 第1節　クレジットイベントを認定する主体

### 第1項　DCによるクレジットイベントの認定

　2009年にBig Bangが導入される以前には，取引ごとに，**通知当事者**（Notifying Party，一般に「**買い手または売り手**（Buyer or Seller）」と指定[1]）がカウンターパーティーに通知を交付した上で，当事者間でクレジットイベントを認定する方式が一般的であった。このため，取引条件が同一であっても，取引当事者が異なれば，クレジットイベントとして認定するか否かの判断が異なる，あるいはイベントが認定されるタイミングが異なる，ということも起こり得た。
　その後，コンプレッションの推進やCCPの導入を念頭に，契約条件が同

---

1　2014年版定義集においても，167ページで述べたように取引当事者による個別の通知が必要な場合もあることから，通知当事者という規定は残されている。

じ取引で異なる経済効果が生じることがないように，2009年にクレジットイベント発生の有無などのCDSに関する議題について検討および決定を業界統一的に行なう「**DC**（Credit Derivatives Determinations Committees）」という制度が導入された。DCに関連する規定は，**DCルール**（Credit Derivatives Determinations Committees Rules）に定められる。DCはあらかじめ委員として選定された市場参加者から構成され，市場参加者から議題が提起される都度，組織される。

DC制度の導入によって，取引のファンジビリティが高まると共に，クレジットイベントの認定についての透明性が向上したと考えられる一方で，取引当事者はDCによる「業界全体の決定」に従うことが求められ，取引相手と個別に条件を交渉する相対取引特有の柔軟性が弱まる，という側面もある。

2014年版定義集では，M(M)Rリストラクチャリング[2]の発生時や非標準的な取引において，取引当事者がクレジットイベントを個別に通知する枠組みが残されているものの，一般的な市場慣行としては，DCがクレジットイベントを認定する構成をとっている。

### 第2項　DCの構成

DCは，「北米（中南米を含む）」・「欧州（中東アフリカを含む）」・「日本」・「オーストラリア／ニュージーランド」・「アジア（日本を除く）」の5地域に設定されている。各地域の委員会は，図表4-1のメンバーから構成される。

DCの事務局は**DCセクレタリー**（DC Secretary）が務める[3]。DC制度の発足以来，ISDAがDCセクレタリーを務めてきたが，大手ディーラーの影響力が強いと見なされることの多いISDAが中立的な事務局の役割を果たすことに対して，ガバナンスの観点から疑問視する向きがあった。このため，公募のプロセスを経て，2018年10月に，DC Administration Services, Inc.（DCAS）[4]が新たにDCセクレタリーを担当することが発表された。

---

2　167ページ参照。
3　DCセクレタリーは投票権を保有しない。
4　DCセクレタリーの関連業務のみに特化したISDAの子会社で，ISDAの理事やスタッフから独立した取締役会により運営される。

第 4 章　クレジットイベントの認定

**図表 4-1　DC メンバーの構成**

〈投票権保有〉
- 投票権保有グローバル・ディーラー
  (Designated Global Dealer Voting Member) 8 社
- 投票権保有地域ディーラー
  (Designated Regional Dealer Voting Member) 2 社
- 投票権保有ノン・ディーラー
  (Designated Non-dealer Voting Member) 5 社

〈投票権非保有〉
- 投票権非保有グローバル・ディーラー
  (Designated Global Dealer Consultative Member) 1 社
- 投票権非保有地域ディーラー
  (Designated Regional Dealer Consultative Member) 1 社
- 投票権非保有ノン・ディーラー
  (Designated Non-dealer Consultative Member) 1 社

〈CCP〉
- CCP メンバー (Designated CCP Member) 定数なし

〈DC セクレタリー〉
- DC Administration Services, Inc. (DCAS)

　また，DC の判断で，DC での議論に資する法的な材料を提供する**法務サブコミッティ**（Legal Sub-Committee）が設置されたり，外部の専門家にアドバイスを求める場合がある。さらに，委員の意見が分かれた場合などには，DC ルールに従って，委員会の外部に**外部有識者パネル**（External Review Panel）が設置されることがある。

　DC の委員の選任方法は，DC ルールに規定される。これによると，DC セクレタリーは委員会に参加したいと意思表示したディーラーとノン・ディーラーそれぞれのリストを作成し，このリストから一定のルールに従ってメンバーを選ぶ。

　ディーラーは，毎年 3 月に，DTCC 社のデータベースに記録される直近 1 年間の取引量に基づいて選ばれる。グローバル・ディーラーの選任は全地域における取引量に基づいて，地域ディーラーの選任は当該地域における取引量[5]に基づいて，重複がないようにそれぞれ決定される。

　ノン・ディーラーは，運用資産規模や CDS の取引実績などの要件を満た

した当事者から構成される**ノン・ディーラー委員**（Non-dealer Committee Member）の中から交代で選ばれる。投票権保有ノン・ディーラーには，公募ファンド運用会社（registered investment company manager）と私募ファンド運用会社（private investment company manager：いわゆるヘッジファンド）から，少なくとも1社ずつが選ばれる。

委員は，複数回の入札への不参加，複数回の委員会の欠席，諸費用支払いの滞納といった事由によって資格を喪失し，新たな委員と入れ替えられることがある。

外部有識者パネルのメンバーは，事案が生じる都度，事前に地域ごとに作成された**有識者メンバーリスト**（External Review Panel List）の中から，DCの投票権保有委員によって選任される。有識者メンバーリストは，ISDAの会員によって推薦され，DCの投票権保有委員によって承認された当事者から構成される[6]。

2009年にCemex（メキシコ・建設素材）についてリストラクチャリング・クレジットイベントの発生の有無が審議された際に，投票権を保有する委員の8割以上の賛成が議決に必要なところ，DC委員の6社がイベントの認定に賛成，9社が反対し，最終的な判断が外部有識者パネルに委ねられた。この事例では，3人の有識者メンバー全員がリストラクチャリングに該当すると判断し，クレジットイベントが正式に認定されている。

また，2015年12月に，Novo Banco（ポルトガル・銀行）[7]からBanco Espirito Santo（ポルトガル・銀行）にシニア債5銘柄が移転された際に，当該事由が政府介入クレジットイベントに該当するか否かを巡ってDCの票が11対4に分かれた際にも，外部有識者パネルが設置され，全員一致でイベントに該当しないとの判断が下されている。

---

5 当該地域に属する主体を参照する取引の量。
6 Cemexなどの事例から判断すると，有識者メンバーには外部の法律事務所の法律専門家が選任されるケースが多いと思われる。
7 ポルトガルにおいて，2014年に経営危機に陥ったBanco Espirito Santoを救済する目的で，いわゆるグッド・バンクとして設立された銀行。

第 4 章　クレジットイベントの認定

## 第 3 項　DC の開催

　ある事案について，DC における審議を希望する市場参加者（質問者）は，当該事案に関連する詳細な情報を付して，DC セクレタリーに委員会の招集をリクエストする。リクエストを受けた DC セクレタリーは，該当する地域の DC にこれを通知し，委員会開催の可否を諮る。投票権を保有する委員の 1 社が承認した場合に，DC の開催が決定される。

　原則として質問者の名前は公表されるが，**General Interest Question**（一般的に関心が持たれている質問）としてリクエストされた場合には公表されない。ただし，General Interest Question の場合には，委員会の開催には投票権を保有する委員 2 社以上の承認が必要となる。

　DC セクレタリーが DC に委員会招集のリクエストを通知した翌々営業日の午後 5 時[8]になっても，委員から必要な承認が得られない場合には，当該リクエストは棄却されたものと見なされる。

## 第 4 項　公開情報

　通知当事者が個別に交付する**クレジットイベント通知**（Credit Event Notice）または**履行拒否／支払猶予延長通知**（Potential Repudiation／Moratorium Extension Notice）においては，クレジットイベントまたは**潜在的履行拒否／支払猶予**（Potential Repudiation／Moratorium）[9]の発生を裏付けるために，公共の便覧に供される情報（**公開情報**：Publicly Available Information の頭文字をとって **PAI** と略されることも多い）を提示すること（**公開情報の通知**：Notice of Publicly Available Information）が原則として要求される。また，市場参加者が DC に審議を要求する場合にも，公開情報の定義を満たす資料を DC セクレタリーに提出する必要がある。

　公開情報とは，新聞や電子メディアなどの国際的に認知された情報配信サービスである**公開情報源**（Public Source）による情報か，CDS の直接の当

---

[8] 北米の参照組織についてはニューヨーク時間の午後 5 時，それ以外（日本の参照組織を含む）についてはロンドン時間の午後 5 時。
[9] 204 ページ参照。

事者ではない参照組織やその関係者（事務代理人など）の発する通知[10]，もしくは裁判所への申立て，裁判所などからの命令，などのいずれかを指す。

公開情報源としては，1999年版定義集は，ブルームバーグ，テレレート，ロイター，ダウジョーンズニュース，ウォールストリートジャーナル，NYタイムズ，日経新聞，フィナンシャルタイムズの8メディアを指定がなくとも認められる情報源として例示していたが，2003年版定義集および2014年版定義集においては，日本のメディアだけでも朝日新聞と讀賣新聞が追加され，他にも各国の有力新聞などが追加された。原則としては，参照組織の所在する国の主要なメディアや，国際的に認知されたメディアであれば電子通信情報も含め認められるが，CDSの取引当事者が，参照組織の所在国のローカル言語に精通していない場合に，英語以外のメディアがどこまで認められるかは一考の余地があろう[11]。公開情報源による情報の場合は，2つの情報源を提示することが求められる。

一方，参照組織やイベント対象債務の支払代理人などによる通知，公表や，破産などについて管轄裁判所が出す公示や公告によってクレジットイベントに該当する事由が公表されれば，それひとつのみで公開情報を構成する。

2014年版定義集においては，取引当事者が唯一の情報源である場合の限定条件と，買い手が受託者や支払代理人などといった関係者の立場で発する唯一の情報源となっており，かつイベント対象債務の債権者である場合に買い手のマネージング・ディレクターの署名付きの証明書の交付を求める要件が，削除された。また，開示することによって法律や守秘義務契約に抵触する情報は，公開情報を構成しないことが明記された[12]。

---

10 参照組織やその関係者はCDSの当事者ではないことから，CDSの存在を意識して，公開情報として認定されるために必要な情報を自ら進んで開示するとは限らない。一方，近年では，CDSの当事者が公開情報を確保する目的で，参照組織に情報を開示するよう働きかける事例も見受けられる。
11 CDSの契約書そのものが英文であるため，英語の情報源であることが疑義なく公開情報源として認められる条件と考えられるが，英語以外の言語による情報源であっても，契約文言上は公開情報として認定され得る。
12 クレジットイベントを認定するため，債権者集会において配布された機密情報がDCに提供されたアイフルの事例などを念頭に，追加された規定と考えられる。

第 4 章　クレジットイベントの認定

## コラム　事業再生 ADR と公開情報

　ADR（Alternative Dispute Resolution）とは「裁判外紛争解決手続」の略であり，訴訟手続によらずに紛争の解決を試みる当事者のために，公正な第三者が関与して，その解決を図る手続を意味する。事業再生 ADR は，事業再生の円滑化を目的として，法的整理と私的整理のメリットを融合して創設された制度とされる(注)。本格的な運用は 2009 年に入って始まり，2009 年 9 月以降は，アイフルやウィルコム，日本航空といった社債発行体企業による利用が相次いだ。

　事業再生 ADR の利用を希望する企業は，経済産業省に認定された事業再生 ADR 事業者に申請を行ない，これが受理されると，対象となる債権者に一時停止通知を交付して，債権の回収や担保の設定の停止を求める。債権者の合意が得られれば，初回の債権者会議において一時停止通知が追認，2 回目以降の債権者会議において事業再生計画が承認され，私的整理が成立する。債権者の合意が得られなければ，特定調停手続を経て，民事再生法や会社更生法などの法的整理へと進むことがある。

　CDS との関連では，事業再生 ADR の手続中は債務者から債権者への支払いが止まり，外形的には支払不履行のクレジットイベントが発生している可能性がある（第 5 章第 3 節参照）。また，支払いの一時停止の追認が，債権者による支払期日繰延べの合意ということで，リストラクチャリングのクレジットイベントに該当すると解釈される可能性もある（第 5 章第 4 節参照）。

　しかしながら，事業再生 ADR の手続中には，関係当事者以外には詳細な情報が開示されず，CDS の当事者はクレジットイベントの認定に必要な公開情報を入手できない可能性がある。当初の事業再生計画に債権放棄やデット・エクイティ・スワップ（DES）が含まれれば，対象企業が上場企業であれば東京証券取引所の適時開示の要請に基づき，ある程度の情報が公表されることも考えられるが，これらが事業再生計画に含まれない場合には情報の公表は限定的となり，クレジットイベントの認定が困難となり得る。

　アイフルの事例では，事業再生 ADR の手続中にはクレジットイベントの認定に必要な情報が公表されず，3 回目の債権者会議で事業再生計画が合意された際に再生計画の内容が公表され，これを公開情報としてリストラクチャリングのクレジットイベントが認定されている。

　事業再生 ADR に限らず私的整理手続においては，債務者の立場を守る目的などで情報の秘匿性がある程度は必要と考えられる。こうした場合，CDS の当事者にとっては，クレジットイベントの認定に必要な公開情報がタイムリーに取得できない可能性があることを，念頭に置く必要があると思われる。

（注）経済産業省のホームページより。

### 第5項　DCで決定される事項

DCで審議，決定される事項はDCルールにおいて定められる。主なものは以下の通りである。

- **クレジットイベントの認定関連**

クレジットイベントが発生したかどうか，潜在的支払不履行や潜在的履行拒否／支払猶予が発生したかどうか，履行拒否／支払猶予延長条件が満たされたかどうか，M(M)Rリストラクチャリング発生時の取扱い，リクエストに付された公開情報が適格要件を満たすかどうか，などが判断される。

- **入札決済を実施するか否かの判断**

クレジットイベントが認定された場合，入札決済を実施するかどうかが判断される。

- **入札決済の詳細条件の決定**

入札日時や価格提示条件などの入札における諸条件が決定される。

- **入札決済における引渡可能債務のリスト作成**

ディーラーやその他の市場参加者によって，引渡可能債務のリストが作成される。また，資産パッケージの詳細なども決定される。

- **承継事由に関連する決定**

承継事由が発生したかどうか，どの主体が承継者となるかなどが判断される。

- **代替参照債務の選択**

参照債務を変更する必要があるか，必要がある場合には何を代替参照債務とするかなどが判断される。

第4章 クレジットイベントの認定

DCにおいては，クレジットイベントの認定や承継事由の認定のように投票権を保有する委員の8割以上の賛成（Supermajority）で議決される事項と，公開情報の適格性の判断や入札決済を行なうか否かの判断のように過半数の賛成（Majority）で議決される事項がある。Supermajorityの賛成が必要な事項について，議決に必要な賛成が得られない場合には，外部有識者パネルに判断が委ねられる。

質問者がDCセクレタリーにDCの開催をリクエストしてから，最終的な結論に到達するまでのプロセスは，逐一ISDAのホームページ上で公表される。

## 第2節　クレジットイベントが認定され決済に移行する要件

前述のように，2014年版定義集では決済要件という定義がなくなり，事由発生決定日の発生がクレジットイベントの認定および決済の唯一の要件となった[13]。事由発生決定日には，最終計算期間のプレミアム支払額[14]や，決済のスケジュールを決める際の基準日としての役割もある。

事由発生決定日が標準的な取引（＝入札決済型で通知当事者が「買い手または売り手」と指定される取引）に適用される一方で，それ以外の取引においては**非標準事由発生決定日**（Non-Standard Event Determination Date））が適用される。

事由発生決定日は，DCによるクレジットイベント認定に関する発表（**DCクレジットイベント発生発表**（DC Credit Event Announcement）および**DCクレジットイベント未発生発表**（DC No Credit Event Announcement））がない場合には**通知交付日**[15]（Notice Delivery Date），DCクレジットイベント発生発表があり，**クレジットイベント判定リクエスト日**[16]（Credit Event Resolution Request Date）が**通知交付期間**（Notice Delivery Period）の最

---

13　非標準的な取引においては，現物決済通知の交付が必要な場合もある。
14　CDSのプレミアムは事由発生決定日まで起算される。
15　通知当事者から他方当事者にクレジットイベント通知と（原則として）公開情報通知が有効に交付された日。

177

第Ⅱ部　契約書詳述

終日より前に発生する場合には，クレジットイベント判定リクエスト日と定義されている。後者の場合，クレジットイベントがM(M)Rリストラクチャリング以外のときには，取引日が**DC発表対象期限日**（DC Announcement Coverage Cut-off Date）以前であることが求められ，クレジットイベントがM(M)Rリストラクチャリングのときには，**行使期限日**（Exercise Cut-Off Date）以前に通知当事者がクレジットイベント通知を交付することが必要になる。

　言い換えると，クレジットイベントがM(M)Rリストラクチャリング以外の場合には，DCクレジットイベント発生発表によってクレジットイベントが自動的に認定され，決済に移行するのに対して，M(M)Rリストラクチャリングの場合には，DCによる認定後，決済に移行するには取引当事者による個別のクレジットイベント通知も必要になる。

## 第3節　クレジットイベントの通知が可能な期間

　通知交付期間は，取引日から，原則として予定終了日を意味する**延期日**[17]（Extension Date）の14暦日後までの間と規定されている。Big Bangが導入される前の市場慣行では，取引当事者は通知交付期間にクレジットイベントを通知することとなっていた。期間5年のCDSの1年目にクレジットイベントが発生した場合に，その時点では通知を留保し，2年経ってから「実は昔イベントがありました」と通知することも可能であった。私的整理の成立時にはリストラクチャリングの発生を通知せず，その後，法的倒産処理手続が開始した段階でバンクラプシーの発生として通知することも，取引の構

---

16　クレジットイベント認定のためのリクエストが，DCによって正式に受理された日を指す。入札決済が実施される場合には，この日が事由発生決定日となる。クレジットイベントに該当する可能性がある事由が発生してから60暦日以内にリクエストが受理されれば，クレジットイベントの認定に時間がかかり，イベントの正式な認定がイベントの発生から60暦日以上後になっても，クレジットイベントは有効に認定される。

17　(1)予定終了日，(2)支払猶予期間延長日（Grace Period Extension Date）（支払不履行と支払猶予期間延長の適用があり，予定終了日以前に潜在的支払不履行が発生した場合），(3)履行拒否／支払猶予評価日（Repudiation/Moratorium Evaluation Date）（履行拒否／支払猶予の適用がある場合）のうち最も遅く到来する日。

造上は可能であった[18]。

DC制度の導入に伴い，入札決済型の標準的な取引においては，業界全体でクレジットイベントが一律に認定されるため（M(M)Rリストラクチャリングの場合を除く），何らかの理由で認定を先送りしたいと考える場合でも，DCが決定するスケジュールでの認定および決済が求められるようになった。標準的な取引においては，DCに審議を要請するクレジットイベント判定リクエスト日は，通知交付期間の最終日以前（取引日以前の日を含む）に該当する場合に，事由発生決定日を構成することになっている。

## 第4節　クレジットイベント認定の対象期間

Big Bangが導入される前の市場慣行では，原則として開始日から予定終了日の間に発生した出来事がクレジットイベントの対象となっていた（図表4-2）。

認定期間の起点は開始日であるため，取引を行なう時点が異なれば開始日は異なり，認定期間の起点も異なる。このため，ディーラーなどが過去に構築したポジションを反対取引によって手仕舞う場合[19]，当初の取引と反対取引の予定終了日を同じ日に設定しても，認定期間の起点が異なり，リスクが完全には相殺されないことになる。図表4-3の例では，未ヘッジ期間にクレジットイベントが発生した事実が事後的に判明した場合，当初の売り取引においてのみクレジットイベントが認定される可能性もある。

クレジットイベントの認定期間が同一でない取引は，他の諸条件が完全に一致していてもファンジブルではなく，コンプレッションやCCPの利用に際して障害となり得る。

このため，反対売買時のヘッジ効果を確実にする目的や，取引のファンジ

---

18　Thomson（フランス・家電）を参照するCDSにおいては，2009年6月付けで債務の条件変更によってリストラクチャリングが認定された後，同年11月には法的整理によってバンクラプシーが認定された。法的整理後に決済した方が有利であると判断した一部の市場参加者は，リストラクチャリングが認定された段階では通知を留保し，バンクラプシーによって決済を行なったとされる。

19　21ページ参照。

**図表 4-2　クレジットイベントの認定期間（Big Bang 前）**

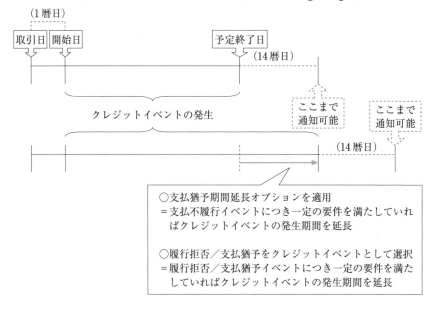

**図表 4-3　クレジットイベントの認定期間の相違**

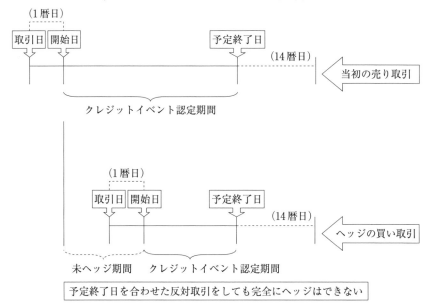

第4章　クレジットイベントの認定

### 図表 4-4　クレジットイベントの認定期間（Big Bang 後）

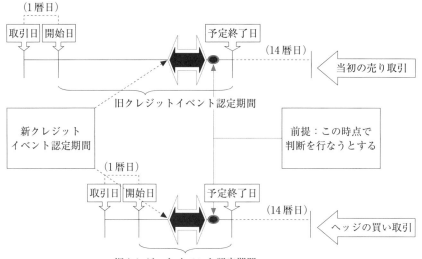

・イベント判定リクエスト日の60暦日前までの期間に起きた事由のみがイベント認定の対象
・どの契約にも同じ条件が適用される

ビリティを高める目的などから，Big Bang において，クレジットイベントの認定期間の起点が「クレジットイベント判定リクエスト日の60暦日前」に変更され[20]，2014年版定義集では，原則としてこの日が**クレジットイベント基準日**（Credit Event Backstop Date）と定義されている。

この変更によって，取引のタイミングの違いに起因してイベントの認定期間に離齬が生じる状況が解消された（図表4-4）。また，取引の開始直後（開始日から60暦日の間）の期間においては，開始日以前（あるいは取引日以前）に起きた出来事によっても，クレジットイベントが認定され得ることになった。

---

20　認定期間の終点は実質的には変更されていない。

# 第5章 クレジットイベント詳述

## 第1節 クレジットイベントの概要

2014年版定義集には7つのクレジットイベントが定義され，個別の取引においてはこの中からいくつかを選択適用する。イベント選択の市場慣行は，地域や業種といった参照組織の属性によって異なるが，本稿の執筆時点（2019年3月）では，主に図表5-1のような状況になっている。

第2節以降では，クレジットイベントの内容を個別に検討する[1]。

図表5-1　クレジットイベントの主な適用状況

| クレジットイベントの種類 | 適用状況 |
| --- | --- |
| バンクラプシー | ソブリン以外の取引において一般に適用 |
| 履行拒否／支払猶予 | ソブリンの取引および新興国銘柄の取引において一般に適用 |
| 支払不履行 | すべての取引において一般に適用 |
| リストラクチャリング | 米国の民間法人銘柄を除いて一般に適用 |
| 政府介入 | 日本，アジア，欧州，オーストラリア，ニュージーランドの金融法人銘柄の取引において一般に適用 |
| オブリゲーション・アクセレレーション | 新興国銘柄の取引において一般に適用 |
| オブリゲーション・デフォルト | 一般に適用されない |

---

[1] オブリゲーション・アクセレレーションについては，河合祐子・糸田真吾『クレジット・デリバティブのすべて（第2版）』財経詳報社2007年，281～283ページ参照。

第Ⅱ部　契約書詳述

## 第2節　バンクラプシー

### 第1項　バンクラプシーの概要

バンクラプシー（Bankruptcy）という用語は，準拠法により意味するところが異なり，定義の解釈が難しい。「破産」と訳されるケースもあるが，用語定義によれば，日本法における破産のみならず他の法的倒産手続も含まれている。日本では法的倒産にはいくつかの種類があり，債務者を「清算」する手続の代表例が破産であり，債務者の「再建」を試みる法的手続の代表例が会社更生と民事再生であるが，破産に限らず再建型法的手続でもバンクラプシーに該当する。さらに，法的手続ではない事象もバンクラプシーに該当し得る。

用語定義集では，バンクラプシーを8項目のいずれかに該当する事象としているが，いずれの項目も，参照組織そのものについて起こり得る事象を規定している（図表5-2）。

項目を並べてみると，バンクラプシーが多くの事象を含んでいることがわかる。会社の清算，解散や債権者の権利に影響を与えるようなイベントを幅広く捉えており，債務超過（insolvent）や和議（scheme）などもこれに当たるとしている。

なお，これらの規定は一般的に民間企業に当てはまるものであるため，ソブリンを参照するCDSでは，図表5-1で示したようにバンクラプシーの代わりに履行拒否／支払猶予が選択される。

バンクラプシーは，元々ISDAのマスターアグリーメントに定めるデフォルト事由（Event of Default）と同じ文言であったが，2003年版定義集において一部改正され，書面で一般的な債務支払いができないことを認める場合の"書面"を，司法，行政上の申立て手続内で行なわれるものに限定した（図表5-2(b)）。また，(i)として存在した「7項目すべての事項につき，これを認めたり推進したりする行為」という項目が削除された。いずれも，クレジットイベントの範囲を安易に拡張し過ぎないようにとの配慮であろう。

### 図表5-2 バンクラプシー条項抄訳

(a) 合併などを除く解散（清算）
(b) 債務超過（insolvency），支払い不能，または法的手続などの中で一般的な債務支払いができないことを書面で認めた場合
(c) 債権者のために，包括譲渡，任意整理，和議，債務免除を行なった場合，またはこれらが効力を発した場合
(d) 倒産法または債権者に影響を及ぼす法律により申立てをした場合または解散や清算の申立てを受けた場合で，後者の場合は裁判所などによる倒産などの命令があるか，または申立てを受けてから30日以内に取消し，却下とならなかった場合
(e) 合併を除く解散，清算の決議
(f) 管理人や管財人，財産保全人など（conservator, receiver など）の選任を申し立てるか，選任が実際になされた場合
(g) 担保権者が財産のほとんどを差し押さえて占有する場合，または差押えなどの法的手続が行なわれた場合であって，前者の場合は担保権者が資産の占有を継続した場合，後者の場合はこの手続が30日間却下，差止めなどの処分にあわない場合
(h) 上記7項目に実質的に当てはまるような事象が起きた場合

　また，1999年版と2003年版の定義集では，(e)において公的管理（official management）がバンクラプシーに該当するという記述があったが，公的資本注入などの措置がこれに該当するのではないかという疑念に対応するため，2014年版定義集において削除された。

## 第2項　バンクラプシーへの該当

　日本の破産法，会社更生法，民事再生法などにおける申立てや，北米における連邦破産法11章（いわゆる Chapter 11）の適用申請は，バンクラプシー条項の(d)または(f)の管財人などの選任申立てに該当するものと考えられる。バンクラプシーについて判断が困難である例として，金融機関の破綻処理[2]のケースがあげられる。日本の金融機関の破綻は，過去に遡ればいろいろなパターンがあったが，現在では，銀行については金融再生法を受け継いだ預金保険法による処理のパターンに集約されている。以下に，いくつかの

---

[2] 島義夫・河合祐子『クレジット・デリバティブ入門』日本経済新聞社 2002年，138ページ参照。

事例につきバンクラプシーに該当するか否かを検討するが，ここに述べる結論はあくまでも筆者らの私見にすぎず，市場のコンセンサスであるとは限らない。

過去の事例のうち，金融再生法以前の破綻認定の代表であった銀行業務停止命令および銀行免許取消し（いずれも銀行法）は，バンクラプシー中にこれに該当する項目はないと考えられる。銀行や保険会社については，それぞれ新たな破綻処理の枠組みができているため，今後はこのような形での破綻はないであろうが，免許を必要とする他の業種で同様の措置があっても，やはりイベントには該当しないと考えられる。

また，これは過去に1事例しかなく，今後再現しないかもしれないが，山一證券の自主廃業は法や規則に定める保護を求めるものではなく，また，自主廃業を宣言した当初は転換社債を含むすべての債務が履行された[3]ため，筆者らの知り得る限りではクレジットイベントを構成しなかった。この自主廃業という法律に規定のない倒産の形態を選んだ理由が，法的手続によりデリバティブ取引の早期終了や既存債務の期限の利益喪失という事態を避けることにあったとも言われている。

現行の銀行「破綻」処理スキームとしては，金融整理管財人の任命と，いわゆる一時国有化である特別公的管理が考えられる[4]。前者は，バンクラプシー条項(f)の管財人などの選定に該当すると考えられる。一方，特別公的管理については，1999年版と2003年版の定義集に存在した公的管理（official

---

[3] その後，山一證券は破産手続を申し立て，日銀特融も含めて手続申立時点で存在した債権は結果として一部不払いとなった。この段階では当然クレジットイベントに該当する。
[4] 用語定義集はさまざまな法域で生じる事象をカバーできるように作成されている。用語定義集自体には準拠法はなく，その文言を解釈する際には，当事者が用いるマスターアグリーメントに指定された準拠法を用いる。例えば，マスターアグリーメントにおいて準拠法を英国法と指定する当事者間の日本企業を参照するCDSの場合は，日本法によって解釈した事由の意味合いを，英国法によって解釈した用語定義集の文言に照らして，クレジットイベントの発生の可否などを判断することになる。ただし，DCが用語定義集の文言を解釈する際には，取引当事者間のマスターアグリーメントの準拠法が英国法，ニューヨーク州法，日本法など多数に及び得るため，どの準拠法を用いるか明確でない。この場合，DCの判断は最終的には外部有識者パネルの判断に耐えられる必要があることから，外部有識者パネルの判断の際の規準とされる準拠法，すなわち，北米の参照組織についてはニューヨーク州法，それ以外の参照組織（日本を含む）については英国法が，DCにおける用語定義集の文言解釈に用いられることになると考えられる。

第5章 クレジットイベント詳述

**図表 5-3 海外の金融機関のバンクラプシー事例**

公的管理

| 参照組織名 | 時期 | クレジットイベント該当事由 | 該当定義 |
|---|---|---|---|
| Fannie Mae | 2008年9月 | 当局(FHFA)による Conservatorship | 図表5-2(f) |
| Freddie Mac | 2008年9月 | 当局(FHFA)による Conservatorship | 図表5-2(f) |
| Kaupthing | 2008年10月 | 当局(FSA)による Receivership | 図表5-2(f) |
| Glitnir | 2008年10月 | 当局(FSA)による Receivership | 図表5-2(f) |
| Landsbanki | 2008年10月 | 当局(FSA)による Receivership | 図表5-2(f) |

法的手続

| 参照組織名 | 時期 | クレジットイベント該当事由 | 該当定義 |
|---|---|---|---|
| Lehman Brothers | 2008年9月 | 連邦破産法11章適用申請 | 図表5-2(d) |
| Washington Mutual | 2008年9月 | 連邦破産法11章適用申請 | 図表5-2(d) |

management）に該当するのではないかという見方も存在したが，前述のように，2014年版定義集からは公的管理という文言が削除されている[5]。

預金保険法第102条第1号から第3号には，銀行に対する公的資金の注入が定められており，2003年にはりそな銀行に対して第1号に基づく資本注入[6]，足利銀行について第3号に基づく特別危機管理銀行の措置として株式取得が行なわれた。第1号は，「健全行」に対するスキームであるとの立法になっており，これをバンクラプシーと考えるのは難しいと思われる。実際，市場でもクレジットイベントに該当するという声は聞かれなかったようだ。一方，第3号は「破綻金融機関に該当する銀行等であつて，その財産をもつて債務を完済することができないもの」となっており，法の前提が当該金融機関の破綻を認めるものであることから，(b)の債務超過などの項に当たるとも考えられる。しかし，足利銀行を参照組織とするクレジット・デリバティブは筆者らの知る限りでは存在せず，この事象がクレジットイベントに該当するかどうかは市場で明示的にはテストされていない。

---

[5] ちなみに，1999年版と2003年版の定義集における「公的管理」は，現在は存在しないオーストラリアの倒産手続を念頭に置いたものとされる。
[6] 当初りそな銀行に対し普通株式，優先株式合計1兆9,600億円（2003年6月30日払込み）を預金保険機構が引き受け，その後同年8月7日にりそなホールディングスが発行した株式と交換している。

第Ⅱ部　契約書詳述

相互会社形態をとる生命保険会社を再生するための更生特例法に基づく手続は，会社更生法の手続と同様にバンクラプシー条項の(d)または(f)によってイベントに該当すると考えられる。

海外においては，2008年以降，多くの金融機関についてバンクラプシーが認定された。イベント該当の様態は，公的管理によるものと，法的手続によるものに大別される（図表5-3）。

## コラム　GSEの公的管理

　2008年9月7日に，米国の住宅当局（FHFA：Federal Housing Finance Agency）は，政府系住宅金融機関のFannie Mae（Federal National Mortgage Association）とFreddie Mac（Federal Home Loan Mortgage Corporation）を公的管理下（Conservatorship）に置くと発表した。この2社はGSE（Government Sponsored Enterprises）と呼ばれ，米国政府の住宅政策を金融面などからサポートする役割を担っていたが，北米住宅市場の大規模な下落によって経営難に陥っていた。

　GSE2社は，公的管理下となった後も債務の返済を継続しているが，公的管理がバンクラプシー条項の(f)に該当するとして，CDSにおいてはクレジットイベントが認定された。

　本文中で述べたように，CDSのクレジットイベントにおけるバンクラプシーの定義は，マスターアグリーメントのデフォルト事由におけるバンクラプシーの定義を基に作られており，"Conservatorship"に関連する(f)は完全に同一の文言となっている。すなわち，"Conservatorship"によってCDSでクレジットイベントに該当するということは，マスターアグリーメントにおいてもデフォルト事由に抵触すると考えることが自然なように思われる。デフォルト事由のバンクラプシーに抵触すると，自動的期限前終了が指定されている場合には，マスターアグリーメントに基づいて取引されているすべてのOTCデリバティブ取引が早期終了し，指定されていない場合でも，相手方当事者はすべての取引を早期終了させることができる。GSE2社は金利スワップの主要プレーヤーであり，取引残高も相応に大きかったとされているが，すべての取引が早期終了になると，金利市場に大きな影響が生じると予想されていた。

　実際には，GSE2社を当事者とするマスターアグリーメントに基づく取引

すべてが早期終了したわけではないようだ。これは，2008年7月のいわゆる"GSE救済法案（Housing and Economic Recovery Act of 2008)"に，GSEのカウンターパーティーは，GSEが公的管理下に置かれたという理由だけでマスターアグリーメントにおけるデフォルト事由を宣言することはできない，という文言が含まれていたからとされる。あくまでも想像の域を出ないが，デフォルト事由の該当による金融市場への影響を懸念して，こうした文言が加えられたのではないかと思われる。

## 第3節　支払不履行

### 第1項　支払不履行の概要

**支払不履行**（Failure to Pay）は，参照組織のイベント対象債務についての不払いを指す。支払不履行は，不払いを起こしたイベント対象債務の不払い金額が合計で最低支払不履行額（後述）を超え，かつ適用される支払猶予期間（後述）が経過した場合にイベントを構成する。公開情報には，最低支払不履行額を超過していること，支払猶予期間を経過していることが明示されている必要はない。

支払不履行は，支払われるべき債務が支払われないという明快な事実であるが，公開情報による確認が困難な例もある。一般に，このようなデフォルト情報は貸出人と借入人の間の守秘義務により守られるべき情報であるという見方も強い。また，事業再生ADRなどの私的整理においては，事業再生の交渉期間中には情報が公にならないこともある（175ページコラム参照）。さらには，参照組織の債務に直接関わらない者がCDSの取引当事者であり，かつ参照組織の公募債の発行がない場合には注意が必要である。債務者が大企業であって債権者数が多いケースは別として，融資の利息の不払い程度では公共のニュースにはなりにくく，また，融資債権者はむしろ積極的にこの事実を開示せずに，独自の債権回収手段を講じる可能性もあるからである。

### 第2項　最低支払不履行額

**最低支払不履行額**（Payment Requirement）は，支払不履行イベントを軽微な不払いで認定しないという目的で設けられた規定である。複数の支払不履行があり，その合計額が最低支払不履行額を超えればクレジットイベントに該当する。市場慣行ではこれを米ドル建てもしくはユーロ建ての取引であれば100万米ドル，円建ての取引であれば1億円とする。最低支払不履行額の表示通貨以外の通貨で支払不履行が起きた場合には，イベント発生時の為替レートで換算して最低支払不履行額を超えたかどうかを判断する。

最低支払不履行額を超える不払いでなければイベントを構成しないため，具体的な融資などの債権のヘッジ取引では，十分にそのヘッジ効果を考えなくてはならない。利息額が1億円に満たない融資のヘッジであれば，市場慣行に即した条件の円建てのCDS（すなわち最低支払不履行額が1億円）では，利息の不払いだけではクレジットイベントを構成しない。少額の利息の不払いが期限の利益喪失につながり，元本の不払いを招いて初めてイベントとなるという構成であるため，この形でヘッジとして有効であることを確認しておくべきと考えられる。

---

> **筆者雑感**　「人工的な」支払不履行
>
> 2018年に，Hovnanian（米国・建設）を参照するCDSに関するクレジットイベント認定を巡ってCDSの当事者間で訴訟が発生し，大きな注目を集めた。
>
> 各種報道によると，大手ファンドBlackstoneグループのGSO Capital Partnersは，経営難に陥ったHovnanianに対して，Hovnanianがその子会社（ペーパー・カンパニー）を唯一の保有者とする債券の利払いを履行しないことを条件に，好条件の融資を提供すると提案した。当該利払い額は一般的な最低支払不履行額（100万ドル）をギリギリ上回る104万ドルにすぎず，また，Hovnanianは他の債権者向けには債務を履行し続ける意向を表明していたため，CDSにおいて形式的にクレジットイベントを発生させることを目的に，GSO Capital Partnersがこのような提案をしたのではないかとの見方が広がった。さらに，この債務再編においては，年限が長くクーポンの低い債

券を Hovnanian が新たに発行する条件が盛り込まれていたため,「価格が非常に低い債券を意図的に発行させることによって,CDS 決済における支払い額の最大化を図ったのではないか」という疑念も生じた。

実際,GSO Capital Partners は Hovnanian を参照する CDS のプロテクションを買い持ちしていたため,クレジットイベントが認定されればクレジットイベント決済において支払いを受ける立場にあった。また,上記の価格の低い新発債を引渡可能債務(前述の CTD に相当(166 ページ参照))に利用すれば,支払い額を「意図的に増やす」ことも可能であった。これに対して,プロテクションを売り持ちしていた別のファンドの Solus は,本件が不正行為に該当するとして訴訟を起こした。

訴訟発生後,米国において店頭デリバティブ市場を管轄する商品先物取引委員会(CFTC)は,企業の財務状態に直接関係ない所で関係者が意図的にクレジットイベントを発生させる行為は市場操作に該当し,CDS 市場に深刻なダメージを与える可能性があるとの見解を公表した。また,デリバティブ業界団体の ISDA の理事会も事態を重くみて,デリバティブ市場参加者は不正操作を禁じる法律に服すると述べると共に,市場の効率性,信頼性,公平性に影響が生じることがないように,CDS の用語定義に修正を加える必要があるかどうかを検討する意向を表明した。

このような規制当局や業界団体からの「牽制球」の影響がどの程度あったのかは定かでないが,この事例では最終的に和解が成立し,Hovnanian は子会社が保有する前述の債券において一度は不払いを起こしたものの,当該債券の支払猶予期間の終了時までに不払い状態を解消したため,本稿の執筆時点(2019 年 3 月)においてクレジットイベントは認定されていない。

その後,2019 年 3 月 6 日に,ISDA から用語定義集に対する修正案が公表された。コメントの募集期限が同年 3 月 27 日であり,本書の出版までに最終決定されているかどうかは不明だが,概要は次の通りである。

まず,CDS の取引当事者と参照組織との間で,当該参照組織に影響が生じない形,もしくは影響を最小限に抑える形で債務を不払いとすることに合意し,その結果 CDS においてクレジットイベントを認定させる行為が,「narrowly tailored payment default」あるいは広義に「narrowly tailored credit event(NTCE)」と整理された。

NTCE を人工的に発生させる(= manufacture)ことが可能であれば,CDS の取引当事者や参照組織には通常と異なるインセンティブが生じることとなり,参照組織の信用力が十分に悪化していないにもかかわらずクレジットイベントが認定され,一部の当事者のみが利益を上げるような事態が懸念される。

> NTCEを確実に防ぐ用語定義を作成することは難しいものの、一定の抑止効果を念頭に、支払不履行の要件として、「参照組織の信用力の悪化」を新たに加えることが提案された。また、抑止効果をさらに高めるために、NTCEの防止という趣旨を解釈上のガイダンスとして明確化することが提案された。
> 　「参照組織の信用力の悪化」という要件は、リストラクチャリング・クレジットイベントにおいても従来から存在するが、悪化したかどうかを客観的に判断することが難しいため、過去にはDCの判断が分かれたこともある。このため、今回の提案のみによって問題が解決するとは考えにくいが、市場参加者のこのような議論を通じて、市場の濫用とも言えるような行為が抑制されることが期待される。

### 第3項　支払猶予期間

　CDSの期間中に支払不履行が発生した場合、**支払猶予期間**（Grace Period）の経過を待って初めてクレジットイベントが認定される。不払いは発生したが支払猶予期間が未経過である状態を、**潜在的支払不履行**（Potential Failure to Pay）と呼ぶ。

　支払いの猶予期間は多くの債券や融資に規定のある項目であり、不払いがあっても、期限の利益喪失の宣言などの措置をとることができない一定の期間を意味し、送金過程における技術的なトラブル（いわゆるテクニカル・デフォルト）などの手当てのために設けられている[7]。イベント対象債務にこの猶予期間が設けられている場合には、原則としてこの期間を経過した不払いがクレジットイベントと認定される。

　また、イベント対象債務に猶予期間の指定がないか、指定があっても3営業日より短い場合には、CDSにおいては支払猶予期間が3営業日あるものと見なされる[8]。したがって、融資において猶予期間の取決めがなくとも、不

---

[7] 債務者の信用状況が悪化し、利息や元本の支払いを繰り延べる、いわば後付けの支払猶予期間もあるが、本項目にいう支払猶予期間とは、あらかじめ債務の成立時に、契約文言に織り込まれている猶予期間を指す。

[8] ただし、予定終了日にかかる場合は、CDSに支払猶予期間延長が適用されていない限り、この「みなし」の3営業日はカウントされずに、取引は延長されることなく終了する。

払いが起きた後，3営業日はクレジットイベントの認定が猶予されることになる。

## 第4項　支払猶予期間延長

クレジットイベントは原則として予定終了日までに発生した出来事が対象となるため，参照組織による不払いが予定終了日の間際や予定終了日当日に発生した場合，支払猶予期間が経過した時にはすでに予定終了日を過ぎており，不払いが確定したにもかかわらずイベントに当たらないというケースも起こり得る。すなわち，ヘッジ対象の取引があり，その満期日とCDSの予定終了日が一致していれば，満期日における元本の不払いについて，CDSがヘッジ効果を発揮することなく契約が終了してしまう可能性がある。このよ

---

**コラム　「支払」不履行か「受取」不履行か**

2014年に，アルゼンチン政府と同国の国債の債務再編案に応じなかった債権者との間の訴訟に関連して，国債の利払いとCDSにおける支払不履行の認定に関して興味深い事例が発生した。

アルゼンチン政府は同年6月30日に，国債の利払いのために受託会社に対して10億ドルを送金したものの，受託会社は期日までに債券保有者に対して支払いを履行しなかった。このため，債務者であるアルゼンチン政府が「支払いを履行した」一方で，債権者である債券保有者は「受取りを履行しなかった」という事態が生じた。

CDSの用語定義集では，支払いの履行は「債務者が支払いを履行した段階」で完了するのか，「債権者が受取りを履行した段階」で完了するのが，明確に規定されていない。このケースでは，当該国債の発行目論見書において「債券保有者が実際に金銭を受領しない限り発行体の債務が履行されたとは見なされない」との規定があり，DCでの議論において多かれ少なかれ考慮された可能性がある。

その後，受託会社は当該資金をアルゼンチン政府に返還し，債券保有者に対して支払わなかったため，支払猶予期間経過後の8月1日に，DCはアルゼンチン共和国を参照するCDSにおいて，支払不履行のクレジットイベントを認定している。

うな事態への対応として，**支払猶予期間延長**（Grace Period Extension）というオプションが用意されている。

　支払猶予期間延長を適用していれば，支払不履行のクレジットイベントの認定期間を支払猶予期間分だけ予定終了日から延長することができる。また，この支払猶予期間延長には，延長できる上限の日数が定められており，別段の取決めがなければ 30 暦日となる。つまり，イベント対象債務に長い支払猶予期間が設定されていたとしても，上限日数の定めにより，CDS が延々と終わらないという事態が回避される。

　支払猶予期間延長は，新興国市場においては適用されることが多いが，それ以外の市場においては一般に適用されない。猶予期間は個別の金融取引によって異なり，支払猶予期間延長を適用してしまうと，たとえ CDS の予定終了日が同じであっても，クレジットイベントを認定する期間の最終日が統一されない可能性が出てくる。したがって，売り買い両サイドの取引を多くポートフォリオに持つディーラーなどの立場からは，この条項の存在は必ずしも望ましいものとは言えない。リスクをヘッジする立場では，支払猶予期間延長が適用されない場合には，ヘッジ対象債務の満期日に支払猶予期間を加えて，CDS の予定終了日を先の日付とするなどの工夫が必要になろう。

### 第 5 項　通貨変更の取扱い

　2014 年版定義集では，債務の通貨の変更に関連して，元の通貨建てで受け取る予定だった元利金の価値が通貨の変更に伴って減ずる場合，これを支払不履行とするかどうかについて，**通貨変更**（Redenomination）という項目を設けることで定義の明確化が図られた。これによると，政府機関の決定によって通貨が変更され，変更時に市場で自由に交換可能な為替レートが存在する場合には，（当該為替レートを基準に計算した結果）元利金が減額されない限り，支払不履行には該当しないことになる。

**図表 5-4　リストラクチャリング条項抄訳**

> 下記のいずれかの事由が，参照組織と債権者との間で，最低デフォルト額以上のイベント対象債務につき，当該債務のすべての債権者に拘束力を持つ形で（債券に関してのみ債務交換による場合を含む），発生，合意または公表された場合に認定される。
>
> （ⅰ）金利の減免（通貨変更による場合を含む）
> （ⅱ）償還元本などの減額（通貨変更による場合を含む）
> （ⅲ）利息または元本返済の繰延べ
> （ⅳ）債務支払順位の劣後化
> （ⅴ）カナダ，日本，スイス，英国，米国の法定通貨
> 　　　およびユーロならびにそれぞれの承継通貨以外への変更
>
> ただし，
> ・ＥＵ加盟国通貨のユーロへの変更による場合は該当しない。
> ・ユーロから別の通貨への変更の場合，ＥＵ当局の決定によるもので，変更時に市場で自由に交換可能な為替レートが存在し，元利金が減額されない場合は該当しない。
> ・事務，会計，税務上などのテクニカルな要因に基づく場合には該当しない。
> ・事由の発生が参照組織の信用，財務状況の悪化に起因するものではない場合には該当しない。

## 第4節　リストラクチャリング

### 第1項　リストラクチャリングの概要

リストラクチャリング（Restructuring）は，ひとつまたは複数のイベント対象債務に関して，図表5-4の5つの項目のいずれかが発生するか，（参照組織または政府機関と債権者の間で）合意されるか，（参照組織または政府機関によって）発表される場合に，認定される。

このうち，(ⅴ)「通貨の変更[9]」における例外規定の定義が，2014年版定義

---

[9] もともと，新興国が米ドルやユーロなどハードカレンシー建ての債券を，外貨準備不足などの理由によって自国通貨建てに強制的に変更するといった事態を念頭に盛り込まれた規定とされる。

> ### コラム　フランスのユーロ離脱（Frexit）とCDS
>
> 　2017年初めの大統領選挙において，フランスの極右政党の国民戦線（FN）が，ユーロから離脱した上で自国通貨フランを復活させる案を提示したことを受けて，CDS市場では通貨の変更がリストラクチャリング・クレジットイベントに該当するかどうかを巡って議論が生じた。
> 　この当時，フランス・ソブリンを参照するCDSの残高は約70億ユーロと比較的大きく，また，2003年版定義集に準拠する取引と2014年版定義集に準拠する取引の両方が存在していた（後者の残高の方が大きかった模様）。本文中で述べたように，通貨の変更における例外規定の定義は2003年版定義集と2014年版定義集とで大きく異なる。「許容通貨」への変更が免責される2003年版定義集ではクレジットイベントに該当しないとの見方が優勢だったのに対して，通貨変更時の為替レート次第では元利金の減額と見なされる余地が残る2014年版定義集では，クレジットイベントへの該当が意識された。
> 　この当時の市場価格を見ると，フランスを参照する5年物CDSのスプレッドは，2003年版定義集準拠の取引では40bp程度，2014年版定義集準拠の取引では57bp程度であり，前述の市場の見方を反映する形となっていた。その後，大統領選において国民戦線のル・ペン代表が敗北したことなどを受けて，両者のベーシスは縮小に向かった。

集において大幅に改定された。2003年版定義集では，「G7通貨またはAAA格のOECD諸国の通貨（＝許容通貨）への変更」は例外的にリストラクチャリングを構成しないと定められていた。このため，例えば，ユーロ離脱に関連して，ユーロ建てのイタリア国債の通貨がイタリア（＝G7国）の新通貨に変更される場合にはリストラクチャリングに該当せず，ユーロ建てのスペイン国債の通貨がスペイン（＝非G7国）の新通貨に変更される場合には該当するという，やや不自然な状況も想定された。

　2014年版定義集では，例外規定の修正によって，上記の問題に対して一定の対処がなされた。また，ユーロから別の通貨への変更の場合，当該変更がEU加盟国の政府機関の決定によるものであり，変更時に市場で自由に交換可能な為替レートが存在しており，（当該為替レートを基準に計算した結果）元利金が減額されない場合には，リストラクチャリングを構成しないという

規定が盛り込まれた。例えば，ドイツやスペインがユーロ離脱を決定し，市場でユーロと自由に交換可能な通貨を新通貨として設定した上で，当該新通貨の為替レートに基づいて既存のユーロ建て債を新通貨建ての債券に変更する場合には，リストラクチャリングには該当しないことになる。また，後述（198 ページ）する「参照組織の信用力の悪化」という要件は，ユーロから別の通貨への変更には適用されないこととなった。

　また，図表 5-4 の 5 項目を読む限り，イベント対象債務の条件が変更される状況が想定されるため，2003 年版定義集では，「債務の条件変更」の場合にはリストラクチャリングに該当するものの，「旧債務と新債務の交換」によって実質的に条件が変更される場合には該当しない，という解釈が存在した[10]。2011 年のギリシャの事例を始めとして債務交換の事例が増えるなかで，経済効果が同一であれば，外形的に異なる事象であっても同じように扱うべきとの声が強まり，2014 年版定義集では「債券の場合に限って，交換（exchange）による場合を含む」との文言が加えられた。また，交換の場合には，交換直前の当該債券の条件と交換後の条件を比較することによって，5 項目への該当の有無が判断されると明記された。

　上記 5 項目の定義は比較的明快であるものの，実際にリストラクチャリングが認定されるためには，いくつかの条件を満たす必要がある。次項では，主な条件を個別に検討する。

## 第 2 項　リストラクチャリングの認定に必要な条件

(1)　すべての債権者を拘束すること

　イベントに該当する事象は，「すべての債権者に拘束力を持つ形で」発生，合意，発表されなければならない。これは，「参照組織のすべての債権者に拘束力を持つ」ということではなく，「条件変更（または債務交換）の対象と

---

[10] 例えば，ある債券の利率を 2 ％から 1 ％に引き下げる場合，発行目論見書の変更などの方法による場合にはイベントに該当するものの，当該債券（利率＝ 2 ％）を新たに発行する債券（利率＝ 1 ％）と交換する場合にはイベントに該当しないのではないか，という見方が存在した。1999 年版定義集において存在した債務交換（Obligation Exchange）という定義が 2003 年版定義集から削除され，債務交換に関する言及がなくなったことも，このような見方のひとつの根拠となった。

**図表 5-5　最低支払不履行額・最低デフォルト額**

|  | 適用クレジットイベント | 米ドル・ユーロ建て取引の市場慣行 | 円建て取引の市場慣行 |
|---|---|---|---|
| 最低支払不履行額 | 支払不履行 | $1,000,000 | 1億円 |
| 最低デフォルト額 | リストラクチャリング<br>履行拒否/支払猶予<br>政府介入 | $10,000,000 | 10億円 |

なったイベント対象債務のすべての債権者に拘束力を持つ」という意味である。残高10億円の相対融資について，(唯一の) 債権者と債務者が金利減免に合意すればリストラクチャリングに該当し得るのに対して，発行額100億円の公募社債について，6割の社債保有者が金利減免に合意しても，債権者集会などにおいて正式に決定されず，残りの4割の社債保有者を拘束しなければ，リストラクチャリングには該当しないことになる。

(2) 最低デフォルト額以上であること

リストラクチャリング，履行拒否/支払猶予，および政府介入に関しては，**最低デフォルト額**（Default Requirement）以上の額につき，イベントに該当する事象が発生することが要件とされる。これは，支払不履行のイベントで最低支払不履行額が規定されているのと同じく，軽微なリストラクチャリングなどでイベントを構成しないようにするために設けられた規定である（図表5-5）。いずれも，最低額のクリアは，単独の債務によるものである必要はなく，イベントに該当する債務の合計額でよい。

(3) 技術的な調整ではないこと

イベントに該当する事象は，通常業務の一環として行なわれる事務，会計，税務に関連する技術的な調整に起因する場合には，リストラクチャリングとして認定されない。

(4) 信用力または財務状況の悪化に起因すること

イベントに該当する事象は，参照組織の信用力または財務状況の悪化に直

接的または間接的に起因しない場合には、リストラクチャリングとして認定されない。

(5) 複数債権者債務規定を満たすこと

**複数債権者債務**（Multiple Holder Obligation）は、2001年に追加条項として作成された後に、2003年版定義集において正式に導入された規定である。導入の直接のきっかけとなったのは、2000年に起きたConseco（米国・保険）の事例であるとされる。本件では、(1)銀行の短期融資についてのみリストラクチャリングに該当する条件変更が行なわれ、しかもそれが返済日の延長という、債権者の経済的損失が比較的軽微なものであったこと、および(2)リストラクチャリングの対象となった融資ではなく、融資より期間が長く価格の低い社債が現物決済において引き渡されたこと（CTDオプションの問題[11]）、の2点が問題となった。

このうち、(1)の点は、CDSで信用リスクをヘッジしている債権者が、安易な融資の条件変更に応じ、リストラクチャリング・クレジットイベントを構成しようとするのではないかというモラルハザードの問題と整理された。その対応策として、複数の債権者を持つ債務について、一定以上の割合の債権者が合意したリストラクチャリングのみをクレジットイベントとして認定するという複数債権者債務規定が策定された。本規定は、「非適用（Not Applicable）」とコンファメーションに指定しない限り自動的に適用される。

この規定によって、以下のようなイベント対象債務およびリストラクチャリングに関する要件が満たされなければ、クレジットイベントとはならない。

(i) イベント対象債務が、3を超える（すなわち4以上の）債権者を持つ
(ii) リストラクチャリングにつき、イベント発生時点で66 2/3%以上（すなわち3分の2以上）の債権者による同意が存在する（ただし、債券の場合には(ii)は自動的に満たされたものと見なされる[12]）

---

11 166ページ参照。
12 社債の条件変更に要求される社債権者の同意が、必ずしも3分の2を必要とするとは限らず、この最低同意率の適用が一部の市場では容易ではないと判断されたためである。

つまり，複数債権者債務規定によって，融資であればシンジケート・ローンなどの形式により，単一の債務につき4以上の債権者が存在しなければ，そもそもリストラクチャリングはクレジットイベントとならない。したがって，相対融資が主流を占める日本においては，同規定を「非適用」とコンファメーションで明記して除外しなければ，通常の融資の債権放棄や金利減免などは，イベントを構成する見込みが薄くなる。このような状況から，本規定は，日本では除外するのが一般的である。また，一部の新興国市場においても，本規定を債券に関してのみ非適用とする市場慣行が存在するものの，それ以外の地域では原則として幅広く適用されている。

(1)から(5)の要件のほかにも，他のクレジットイベントと共通する要件として，公開情報の通知などの要件が存在する。

### 第3項　デット・エクイティ・スワップ（DES）

ConsecoやアイフルのS事例に見られるように，リストラクチャリングは銀行が債務者と融資の条件変更に合意する場合に生じやすいイベントである。条件変更の中でも，元本の減額に応じるのであればリストラクチャリングの用語定義（195ページ，図表5-4）の(ii)に，返済期限の繰延べに応じるのであれば(iii)に，それぞれ該当すると思われるが，いわゆる**デット・エクイティ・スワップ**（Debt (for) Equity Swap，以下「**DES**」）がイベントに該当するか否かは明確ではない。

DESの効果は，「デット」の保有者であった債権者が，「エクイティ」の保有者（株主）に変わるということである。会社が倒産した場合の支払順位は株式が債権に劣後するため，リストラクチャリングの用語定義の(iv)である「債務支払順位の劣後化」に該当し得るという考え方が出てくる。

しかしながら，CDSにおいてDESをクレジットイベントと認定するのは必ずしも容易ではない。デットとエクイティを比較して実質的に「劣後化した」と言っても，エクイティは債務ではないため，「他の債務に劣後する債務となる[13]」との用語定義集の記述には該当しないと考えられる。

---

13　原文は "a change in the ranking in priority of payment of any Obligation, causing the Subordination of such Obligation to any other Obligation" となっている。

また、劣後性（Subordination）という用語の定義では、劣後化は契約によるもの[14]（contractual）とされており、会社清算時に株主への支払いが債権者への支払いに事実上劣後することは契約によるものではないとする見方に立てば、ここでもDESはリストラクチャリングに当てはまらない。

さらに、2014年版定義集においては、前述のように「債券の場合に限って、交換（exchange）による場合を含む」との規定が盛り込まれたため、債券以外との交換はそもそもリストラクチャリングに該当しないとの見方もある。

日本型のDESでは、(a)融資などの債務を株に交換する方法（代物弁済型、双日などの事例）や、(b)融資は繰上弁済されこれに新株の割当てがセットになる方法（新株発行＆早期弁済型、三菱自動車などの事例、増資代り金で債務を弁済する、債権者による融資現物出資など）がある。いずれの方法においても、あくまでも債権部分はいったん弁済されていると考えれば、リストラクチャリングには該当しないとも考えられよう。外形面に注目すると、(a)の場合には、交換後に融資は消滅するため、融資の劣後化ではなく消滅であるとの議論が、(b)の場合には、増資と早期弁済の組合せにすぎないとの議論がある。ただし、(a)の場合には、実質的に融資が現金によって返済されなかったことが、リストラクチャリング規定(ii)の元利金の減額に該当するのではないかという議論もあり、準拠法によって解釈が異なり得ることもあって、本稿の執筆時点（2019年3月）では業界において定まった解釈は存在しないようである。

一方、債権放棄との組合せで、放棄後の残債権を時価で新株と交換し、減資が組み合わされるケースでは、債権放棄があれば少なくともこれはリストラクチャリング定義の(ii)に該当すると思われる。したがって、たとえDESそのものがクレジットイベントに該当しなくとも、債権放棄でイベントを主張すればよいため、債権者にとってはCDSのヘッジ効果はあるものと考えられる。

---

[14] DESとは直接関連のない議論であるが、国家がIMFから融資を受け、既存の国債の支払順位が実質的にIMFからの融資に劣後する場合でも、国債の契約条件が明示的に劣後化しなければ、「契約上の劣後化」には該当しないと考えられる。

> **コラム　シャープの事例**
>
> 　シャープは2016年3月30日に，シンジケート・ローン（5,100億円）の期限延長（3月31日から4月30日へ）について貸付人各行と合意に至ったことを発表した。CDS市場では，この発表がリストラクチャリング規定(ⅲ)の元利金の支払繰延べに該当するのではないかとの声があがり，DCにおいて議論されることとなった。DCでは，4月7日の初回会合以降，4月13日，4月22日，5月6日，5月13日，5月20日と数回にわたって議論が重ねられた結果，5月23日に投票が行なわれ，13対2でクレジットイベントに該当しないという結論になった。
>
> 　DCが公表した資料によると，延長期間は1ヶ月と短く，シャープの信用力の悪化に起因するものではなく，借換え手続の一環として行なわれたという解釈が，リストラクチャリングに該当しないという判断の根拠だったとされる。

## 第5節　履行拒否／支払猶予

### 第1項　履行拒否／支払猶予の概要

**履行拒否／支払猶予**（Repudiation/Moratorium）は，国家や政府機関といったソブリンもしくはそれに準ずる参照組織について適用されるクレジットイベントである。また，アジア以外の新興国市場では，民間企業銘柄についても適用されることが一般的である。最低デフォルト額以上の債務（複数債務の合計額でもよい）について，債務者が債務の全部または一部を否認，放棄，履行拒否，有効性に対する異議の申立てなどをすること，もしくは支払猶予や支払停止などを宣言すること，と定義されている。後段はいわゆるモラトリアム（Moratorium）であり，これに該当した可能性のある主なイベントは，1997年のインドネシア共和国，1998年のロシア共和国，2001年のアルゼンチン共和国，2015年のウクライナ共和国などである。いずれの場合も，ソブリンまたは準ソブリンの債務に不払いが発生し，最終的にはモラト

## コラム 企業の破綻処理・再建時における社債とCDSの取扱い

本稿で述べたように，日本の事業会社が経営困難に陥った場合，法的手続，融資のリストラ，社債のリストラなど，さまざまな対応を講じる可能性がある。ここでは，想定される主な選択肢について，一般に，社債とCDSがどのような取扱いになるのかを，簡単に整理した。

- 会社更生法／民事再生法の適用申請
  CDS―バンクラプシーに該当する可能性が高い
  社債―期限の利益が喪失する可能性が高い

- 事業再生ADRの適用申請
  CDS―手続の詳細，情報の開示状況による
  社債―ADRの対象外になることが一般的とされる

- 融資のリストラ（債権放棄，支払繰延べ，DESなど）
  CDS―条件次第ではリストラクチャリングに該当する可能性がある（DESはハードルが高い）
  社債―直接的には関係ない

- 社債のリストラ（債務交換，債権者集会を通じた返済条件の変更など）
  CDS―条件次第（特に債権者全員を拘束するか否か）ではリストラクチャリングに該当する可能性がある
  社債―交換や条件変更の結果，経済価値が下落する可能性が高い

リアムが合意された。アルゼンチンの事例（2001年12月の伊リラ建てユーロ債の支払不履行）などでは，債務の支払不履行をイベントとし，履行拒否／支払猶予条項には依拠しないケースも多かったようである。

過去の事例においては，債務国はぎりぎりまで「支払いをしない」とは宣言せず，最初の不払い宣言は，支払いの不履行という事実と同時かまたは不履行の事実の後になされるものであった。したがって，クレジット・デリバティブの世界においても，モラトリアムとして早い段階でイベントを認定するのではなく，より明確なイベントである支払不履行によってクレジットイベントを宣言することが多かったようだ。

これらの経験を踏まえて，2003年版と2014年版の定義集では，履行拒否／支払猶予は，まずモラトリアムなどが宣言され（**潜在的履行拒否／支払猶予**（Potential Repudiation/Moratorium）），引き続き実際の不払い（ただし最低支払不履行額以上である必要はない）もしくはリストラクチャリング（ただし最低デフォルト額以上である必要はない）が起きて初めてイベントと認定されるという構成をとっている。

履行拒否（Repudiation）は具体的な該当事例を思いつかないイベントである。"Debt Repudiation"という言葉を調べると，ロシアが社会主義に転じた際に旧政府の対外債務を否認した事例や，ハプスブルク家の債務をオーストリア，ハンガリー，チェコなどが引き継いだ後に一部しか支払わなかった事例などが出てくる。もっと近年になってからのラテンアメリカ諸国による債務支払不履行について，この言葉が使われていることもある。モラトリアムと組み合わせて，ソブリンに固有のイベントとして捉えるべきものであろう。したがって，純然たる民間企業では想定しにくい超法規的な事象と考えられる[15]。

### 第2項　履行拒否／支払猶予延長条件

2003年版定義集において，モラトリアムなどの宣言（＝潜在的履行拒否／支払猶予）に加えて，一定の期日までの実際の支払不履行またはリストラクチャリング発生をイベントの要件としたことに伴い，潜在的履行拒否／支払猶予が発生した場合に，予定終了日を超えてCDSの期日を延長可能とする項目が新設された（図表5-6）。この構成は，2014年版定義集にも引き継がれている。

標準的な取引においては，市場参加者はDCに対して潜在的履行拒否／支払猶予の発生の有無を審議するリクエストを交付する。また，非標準的な取引においては，通知当事者は他方当事者に対して潜在的履行拒否／支払猶予の発生を通知する（**履行拒否／支払猶予延長通知**（Repudiation/Moratorium

---

[15] 民間企業の場合でも，財務担当者に取引権限がなかったとか，そもそも債務の発生原因が違法であったとして債務を否認するような事例もあり得るが，実際に支払いを行なわなかった時点で支払不履行としてクレジットイベントが成立すると考えられる。

## 第5章 クレジットイベント詳述

**図表5-6 履行拒否／支払猶予延長条件**

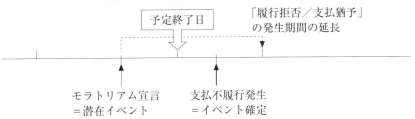

### コラム　ウクライナ共和国の事例

　履行拒否／支払猶予延長条件が実際に適用されて，クレジットイベントの判定が予定終了日以降に持ち越された事例として，ウクライナ共和国を参照するCDSについて2015年に認定されたクレジットイベントがあげられる。

　2015年8月27日に，ウクライナ政府と民間の債権者グループとの間で，同国の約180億ドル相当の債務に関して元本カット，クーポンの引き上げ，満期の延長，一部債券の償還停止（同年9月23日，10月13日償還）などの合意が成立した。これを受けて，同年9月17日にウクライナ議会は上記の合意を承認し，以降，個別債券ごとに最終決定に向けて債権者集会が開催されることとなった。

　このうち，「元本カット」が正式に決定されれば「リストラクチャリング」に該当する可能性が高く，9月23日の償還が実行されなければ支払猶予期間の経過後に「支払不履行」に該当する可能性が高い。問題はトリガーのタイミングであり，CDSの四半期応当日[注]である2015年9月20日を予定終了日とする取引の取扱いに注目が集まった。

　債権者集会における最終決定や国債の不払い確定を待てば，実質的には予定終了日以前に損失発生が確定しているにもかかわらず，当該取引はクレジットイベントを認定することなく終了してしまう。本件では，9月18日に「潜在的履行拒否／支払猶予」の認定を求めるリクエストがDCに付議され，翌19日にDCがこれを認定したため，ギリギリのタイミングで認定期間が延長されることとなった。

　その後，標準的なCDSは10月5日（支払猶予期間の終了日）にトリガーされ，2015年9月20日を予定終了日とする取引を含めて，クレジットイベント決済の対象になった。

　（注）144ページ参照。

Extension Notice))。DC に対するリクエストまたは当該通知が通知交付期間内に交付されることが，予定終了日以降の事由をクレジットイベントと認定するための条件（**履行拒否／支払猶予延長条件**（Repudiation/Moratorium Extension Condition））である。

潜在的履行拒否／支払猶予が起きてから 60 日後（**履行拒否／支払猶予評価日**（Repudiation/Moratorium Evaluation Date），債券については最初に到来する利払日と 60 日後の遅い方）までに，実際の支払不履行やリストラクチャリングが発生すれば，履行拒否／支払猶予が認定される。潜在的履行拒否／支払猶予が予定終了日よりも前に発生し，履行拒否／支払猶予延長条件が満たされていれば，履行拒否／支払猶予評価日やそれに伴うクレジットイベント決済は予定終了日以降となってもよい。

## 第6節　政府介入

### 第1項　政府介入クレジットイベント導入の背景

**政府介入**（Governmental Intervention）は 2014 年版定義集において導入されたクレジットイベントである。世界金融危機に際して，経営困難に陥った各国の金融機関が公的資金によって"ベイルアウト"され，債権者の責任が十分に問われなかったことに批判が集まったことを受けて，欧州を中心に，納税者負担ではなく債権者負担を原則とする"ベイルイン"の原則が採用されるようになった。

ベイルインの原則が適用された代表的な事例である 2013 年の SNS Bank の国有化のケースでは，オランダ政府は劣後債を強制的に接収することによって，劣後債権者に損失負担を求めた。この事例では，劣後債保有者は実質的に全損を被ることになったものの，CDS のクレジットイベントにおいて，政府による接収という事由は明確にはカバーされていなかったため，イベント該当の有無が議論となった[16]。その後の類似案件においても，DC は個別

---

[16] 結果的に DC においてリストラクチャリング・クレジットイベントが認定された。

#### 図表5-7　政府介入条項抄訳

| | |
|---|---|
| (i) | (A)金利の減免，(B)償還元本などの減額，(C)利息または元本返済の繰延べ，(D)債務支払順位の変更を生じさせる形で債権者の権利に影響する事由 |
| (ii) | イベント対象債務の実質的保有者を強制的に変更する接収，譲渡などの事由 |
| (iii) | 強制的な解除，転換，または交換 |
| (iv) | 上記と類似の効果を有する事由の発生 |

の対応を余儀なくされることとなった。

　その後，EUおよび欧州諸国においてベイルイン規制の法制化が進み，劣後債権者のみならずシニア債権者が損失負担の対象になる状況も想定されるなかで，クレジット・デリバティブにおけるベイルインの取扱いを明確にし，イベント認定に関する透明性を高めるために，2014年版定義集において政府介入クレジットイベントが盛り込まれた。

　このような背景から，一般に政府介入クレジットイベントは金融銘柄についてのみ適用されている。地域別には，欧州，日本，オーストラリア，ニュージーランド，アジアなどの市場において適用される一方で，類似のイベントであるリストラクチャリングが適当されない北米市場では一般に適用されていない。

### 第2項　政府介入の概要

　政府介入は，ひとつまたは複数のイベント対象債務に関して，再生・破綻処理に関連する法規制に基づく政府機関の行為または発表の結果として，図表5-7の4つの項目のいずれかが拘束力を持つ形で発生した場合に，認定される。リストラクチャリングおよび履行拒否／支払猶予と同じように，最低デフォルト額以上の額についてイベントに該当する事象が発生することが要件とされる。

### 第3項　リストラクチャリングとの相違点

　政府介入の定義にはリストラクチャリングの定義と重複する部分が見受けられるものの，主に以下の点において両者は異なる。

- 政府介入の方が，リストラクチャリングよりも対象とする事由の範囲が広い（接収や解除など）。
- 政府介入には，複数債権者債務規定の充足が求められない。
- 政府介入には，信用力または財務状況の悪化という要件の充足が求められない。
- リストラクチャリングでは，イベント対象債務のすべての債権者を拘束する必要があるものの，政府介入では，すべての債権者を拘束する必要性は明記されていない[17]。
- リストラクチャリングでは，該当事由が債務の条件に明記されている場合にはイベントを構成しないものの，政府介入では，明記されているか否かは問われない[18]。

### 第4項　政府介入の事例

　2014年版定義集の利用が始まって以来，いくつかの参照組織について政府介入クレジットイベントが認定されている。2003年版定義集に準拠する取引が残存していた時期だったこともあり，参照組織が同一であっても，いずれの定義集に準拠するかによって，DCの判断が分かれる結果となった。

　2017年のBanco Popularの事例では，同年6月7日に単一破綻処理委員会（SRB）が同行の破綻処理を認定したことを受けて，Tier 1資本の全額償却，Tier 2資本の株式転換およびBanco Santanderへの1ドルでの売却が決定された。また，2017年のMonte Paschiの事例では，同年7月28日の予防的増資決定に伴い，同行の発行する劣後債が強制的に株式に転換された。その結果，いずれの銀行のケースでも，2003年版定義集に準拠する取引については，シニア取引，劣後取引ともリストラクチャリング・クレジットイベントが認定され[19]，2014年版定義集に準拠する取引については，劣後取引のみ

---

[17] 銀行債の再編に際して，個人投資家と法人投資家の取扱いに差をつけるようなケースが想定されているものと思われる。

[18] ベイルイン規制の法制化が進むなかで，債務の条件にあらかじめ元本の削減や株式への転換などが明記されるケースが増えると考えられるが（CoCo債など），その場合，リストラクチャリングには該当しないものの，政府介入には該当し得る。

[19] 株式への転換はリストラクチャリングの定義に明記されておらず，実態面を踏まえての判断だったと考えられる。

について政府介入クレジットイベントが認定された[20]。

---

[20] 2003年版定義集の下ではシニア取引と劣後取引の両方が，2014年版定義集の下では劣後取引のみが対象となった背景については152ページ参照。

# 第6章 クレジットイベント決済

　クレジットイベントが発生した場合のCDSの決済方法には，大きく分けて**現金決済**（Cash Settlement）と**現物決済**（Physical Settlement）の2種類があり，現金決済はさらに債務の市場価格を参照する方法（本書では「市場価格参照型」と呼ぶ）と定額で決済する方法（デジタル（digital）またはバイナリー（binary）と呼ばれる。本書では「定額型」と呼ぶ）に大別される（図表6-1）。近年では，現金決済と現物決済を組み合わせた**入札決済**（Auction Settlement）という決済方法が標準的に利用されている。

　本章では，第1節で従来型の現金決済（市場価格参照型および定額型），第2節で従来型の現物決済の概要をまとめ[1]，第3節では入札決済が定着するまでの経緯を述べ，第4節で入札決済の詳細を取り上げる。

図表6-1　決済方法

---

[1] 従来型のクレジットイベント決済方法の詳細については，前出『クレジット・デリバティブのすべて（第2版）』，293～320ページ参照。

第Ⅱ部　契約書詳述

# 第1節　現金決済の概要

### 第1項　現金決済（市場価格参照型）の仕組み

市場価格参照型の現金決済では，クレジットイベント決済として，プロテクションの売り手から買い手に対して，[元本金額×(**参照価格**（Reference Price）−**最終価格**（Final Price）)]が支払われる（図表6-2）。参照価格は通常は100％と設定され，最終価格は参照組織の債務の市場価格を基に決定される。したがって，最終価格の計算根拠となる市場価格が低ければ低いほど，プロテクションの売り手から買い手に支払われる金額は大きくなり，プロテクションの買い手にとって有利になる。

従来型の現金決済においては，**計算代理人**（Calculation Agent）が，**評価日**[2]（Valuation Date）に，複数の**評価ディーラー**[3]（Dealer(s)）から評価の対象となる債務の市場価格[4]を取得し，これを基に最終価格を算出[5]する。最終価格の算出方法については，市場慣行と呼べるものは必ずしも確立しておらず，取引によって条件設定が異なることも多い。第4節で取り上げる入札決済においては，統一的な市場慣行の存在しなかった最終価格の決定プロセスが標準化されている。

### 第2項　現金決済（定額型）の仕組み

定額型とは，クレジットイベントが発生した場合に，参照組織の債務の価値などに関わりなく，あらかじめ定めておく定額（元本に対する割合で表示される）をプロテクションの売り手から買い手に支払う決済方式である（図表6-3）。

---

[2] クレジットイベントが認定された日から起算してX日後，またはY日後からZ日後の間，というように規定される。
[3] コンファメーションにあらかじめ指定される場合と，クレジットイベントの発生後に選ばれる場合がある。一般的には，評価の対象となる債務を市場で取引している大手の金融機関が評価ディーラーとなる。
[4] コンファメーションの指定に従い，指定がなければ「買い値（Bid）」が適用される。
[5] 取得した複数の価格のうち，最も高い価格を以って最終価格とすることが多い。

第6章　クレジットイベント決済

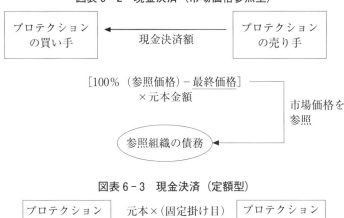

図表6-2　現金決済（市場価格参照型）

図表6-3　現金決済（定額型）

　現物決済（第2節参照）では，プロテクションの売り手はCDSの元本金額分の現金を支払い，引渡可能債務を受け取る。この受け取った債務を売却したり，債務者（参照組織）から弁済を受けることによって，元本金額の一部分を回収する。また，現金決済のうち市場価格参照型では，クレジットイベント発生後の債務の市場価格を基に，プロテクションの売り手が支払う金額が決まる。いずれの決済についても，プロテクションの売り手が額面に対してどれだけ回収できるかは，当該参照組織の残余価値に依存して決まり，例えば，参照組織が一時的な資金繰りに問題が発生して破綻したために価値のある資産が多く残されているようなケースでは，高い回収が期待できることもある。

　債務者が破綻した場合などに，この債務者に対する債権をどの程度回収することができるか，すなわち債権者に配賦する資産残余価値の債権額面に対する割合を一般に回収率と呼ぶ。英語で"Recovery Rate"と表現されるため，「リカバリー」と片仮名表記されることもある。CDSのプレミアムは，理論的には参照組織にクレジットイベントが発生する可能性と，イベント発生時の回収率によって決まる。イベント発生の可能性が高ければ，その分プレミアムも高くなるが，イベント発生時に高い回収率が期待できるのであれ

213

ば、プレミアムをその分下げる効果が期待できる。極端なケースでは、明日債務者が破綻する確率が100％であったとしても、100％の回収を確実に見込むことができれば、その債務者の信用リスクに対するプレミアムはゼロになる。回収率は、バランスシート情報などに基づいて推定することはできても、実際に企業が破綻してみるまではその数字は誰にもわからない。同じ企業であっても、早い段階で私的整理に踏み切り、リストラクチャリングのクレジットイベントが認定される場合と、最後まで自力での再生を試みた後に法的な破綻手続を選択し、バンクラプシーのイベントが認定される場合では、回収率が大きく異なる可能性もある[6]。

　この不確定要素をヘッジする目的で、**リカバリー・ロック**（Recovery Lock）と呼ばれる、あらかじめ決めた回収率とイベント認定後に決定される回収率の差額を決済するタイプの取引も行なわれるようになった（コラム参照）。

　定額型の取引は、現物決済や市場価格参照型の現金決済の対象となる債務がほとんど存在せず、クレジットイベントが発生した場合に「物がない」という事態が想定されるような参照組織の信用リスクを取引する際に多く見受けられる。また、クレジット・リンク債やシンセティックCDOなどの仕組み取引においては、取引当初に損失額をあらかじめ決めておきたい、回収率を意図的に低く設定することによって利回りの改善を図りたい、という投資家の要請などから、定額型が選択されることも多い。

　定額型では、企業の信用力が大きく低下しない段階でクレジットイベントが発生する場合に、プロテクションの売り手が通常の現金決済型取引に比べて大きな額の支払いを余儀なくされる可能性がある。形式的にクレジットイベントに該当する事象が発生しても、これが参照組織の信用リスクの低下と関係が薄い場合、現物決済や市場価格参照型の現金決済では、引き渡す現物や評価の対象となる債務の価値が高く、プロテクションの売り手は大きな損失を被ることはないと思われる。一方、定額型では、当初に合意した現金決済額の支払いが機械的に発生するため、売り手にとっての負担は実態よりも大きくなり得る[7]。

---

[6] 脚注18（179ページ）で述べたように、私的整理時と法的整理時の回収率に違いが見込まれる場合、クレジットイベントを認定するタイミングを検討する余地が生まれる。

## コラム　リカバリー・ロック

　リカバリー・ロックはリカバリー・スワップとも呼ばれる。参照組織の破綻後の回収率に着目した取引であることから，一般的にはクレジットイベントの認定後に取引されるが，イベント発生の蓋然性が相応に高いと考えられる場合には，事前に損益を確定させる目的などで，イベントの認定前から取引されることもある。クレジットイベントの事例の多い海外市場では，2000年代の半ば頃から相応に取引されていたが，日本市場でも，CDSの取引残高の大きなアイフルのクレジットイベントに際して，多くの市場取引が観測されている。

　現物決済型のリカバリー・ロック取引では，クレジットイベントが認定された場合（注），片方の当事者（固定支払人）は元本金額に取引時に決めた価格（参照価格）を乗じた金額を支払い，もう片方の当事者（変動支払人）は引渡可能債務を引き渡す。保有する社債の回収率を40％と見込む当事者は，変動支払人として参照価格が40％のリカバリー・ロックを取引することによって，回収率を見込み通りの水準に確定することができる。この例においてクレジットイベントが発生した場合，この当事者は保有する社債を引き渡す代わりに，元本金額に40％を乗じた金額を受け取ることになる。

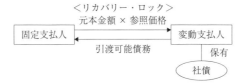
＜リカバリー・ロック＞

　最近では，第4節で取り上げる入札決済が定着し，現物決済の代わりに現金決済によってリカバリー・ロックを決済することが多い。この場合は，変動支払人は現物を引き渡す代わりに，元本金額に入札で決定した最終価格を乗じた金額を支払う。双方向の支払いを合算して考えれば，リカバリー・ロックの決済は以下のようになる。

・最終価格＞参照価格の場合
　　変動支払人は「元本金額×（最終価格－参照価格）」を支払う
・最終価格＜参照価格の場合
　　固定支払人は「元本金額×（参照価格－最終価格）」を支払う

　（注）クレジットイベントが認定されない場合には，プレミアムの支払いなど一切の決済が行なわれずに取引は終了する。

第Ⅱ部　契約書詳述

## 第2節　現物決済の概要

### 第1項　現物決済の仕組み

　一般に現物決済では，プロテクションの売り手は買い手にCDSの元本金額を支払い，買い手は売り手に額面が元本金額相当である債券や融資などの現物を引き渡す（図表6-4）。

### 第2項　現物決済の期間

　現物決済では，イベントの発生⇒イベントの通知（＋公開情報の通知）⇒現物決済に関する通知⇒現物決済という流れが基本となる。

　事由発生決定日から30暦日以内に，プロテクションの買い手は現物決済通知を売り手に交付し，その通知から契約に定める日数（**現物決済期間**（Physical Settlement Period））以内に引渡可能債務を引き渡す。売り手は現物の引渡しと同時に，CDSの元本金額相当の現金を買い手に支払う。現物決済が無事に完了する場合には，プロテクションの買い手が引渡可能債務の引渡しを完了した日がCDSの**終了日**（Termination Date）となる（図表6-5）。

　現物決済期間とは，上記のプロセスにおいて，現物決済通知が交付されてから何営業日以内に現物決済を行なわなければならないかという期間を指し，コンファメーションにその日数を記載する。市場慣行は，北米市場以外では30営業日，北米市場では「当該引渡可能債務の市場での一般的な決済期間における最長日数であるが，30営業日は超えない。ただし，プロテクションの買い手が資産パッケージ引渡を選択した場合には30営業日」となっている。また，**現物決済通知交付期限日**（NOPS Cut-off Date）の後に発生

---

[7] 2008年に発生したGSE 2社のクレジットイベントにおいては，回収率は90％を超える高い水準で決まった。一方，同年に発生したLehman Brothersやアイスランドの大手銀行のクレジットイベントにおいては，回収率は10％を下回った。定額型の取引においては，実際の回収率と大きく離れた水準で決済され，当事者にとって想定外の収益や損失が発生する事例も見られた。

第6章　クレジットイベント決済

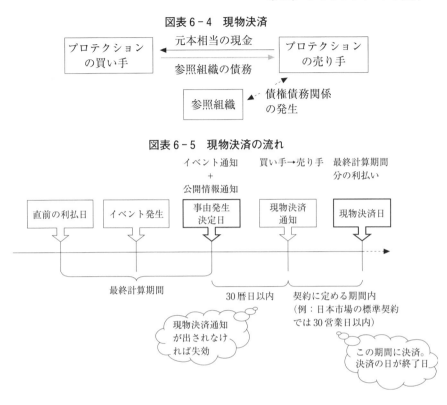

する現物決済期間のうち最長の期間の最終日を，**現物決済日**（Physical Settlement Date）と呼ぶ。

2003年版定義集では，現物決済期限の原則がこれまでとは大きく変わった。1999年版では，現物決済を期日までに完了しなければ，原則として取引は失効する（決済を行なわずに終了する）という構成であったが，2003年版では，プロテクションの買い手は，原則として無期限に引渡しを試行してよいことになっている。この構成は，2014年版定義集においても引き継がれている。

ただし，北米を除く市場の慣行[8]では，ここに「現物決済日から60営業日」という**最長決済期間制限**（Cap on Settlement）を設け，いつまでたってもCDSが決済されずに終了しないという状態を回避している。また，以前からあった部分現金決済手続などのオプションに加えて，債券の買入れや

ローンの代替引渡といったプロテクションの売り手の側から引渡しを促す手段が用意されている。

## 第3節　決済方法の変遷

### 第1項　現金決済と現物決済の比較

現金決済と現物決済をいくつかの観点から比較する。

・**経済効果**

現金決済の場合，決済額が債務の一時点の市場価格によって確定するため，プロテクションの買い手にとっての"損失に対する補償額"，プロテクションの売り手にとっての"補償履行による損失額"が，それぞれの当事者にとって合理性を欠くものとなる可能性が残る。すなわち，買い手にとっては，決済額（受取り金額）が保有債務から生ずる損失額より小さくなる可能性があり，売り手は，債務を現金化するタイミングを選ぶ自由度がないために，底値で現金化されるリスクを負うことになる。

これに対して，現物決済の場合，現物の引渡しを以って決済とするために，債務の一時点の市場価格によって決済額が固定化されない。保有債務のリスクをヘッジするプロテクションの買い手の立場では，損失が発生した債務を引き渡す代わりに元本相当の現金を受け取るというヘッジの経済効果が達成可能となり，プロテクションの売り手の立場では，引き渡された債務を必要に応じて自由なタイミングで現金化することができる。

---

8　引渡しを無期限に行ないたいという要望は，主に融資に対してプロテクションを恒常的に買うニーズのある銀行から出されたものであった。これに対してプロテクションの売り手が，いつまでも引渡しが行なわれないというのは実務的ではないと異論を唱え，60営業日のキャップを設けることで折合いをつけたという背景がある。北米市場では，プロテクションの買い手である銀行の市場シェアが大きく，60営業日のキャップの導入に抵抗が強かったものと考えられる。

第6章　クレジットイベント決済

- **決済額決定プロセスの透明性**

現金決済の場合，決済額を決定するために，どのタイミングでどの評価ディーラーにどういう価格を何回ヒアリングするかなど，留意すべき点が多く，最終的に決定した価格の計算方法などの妥当性について，疑義が残る可能性がある。一方，現物決済の場合は，引渡可能債務を引き渡して決済が完結するため，比較的透明性が高いと考えられる。

- **決済に伴う制約**

現金決済の場合，売り手から買い手への現金の支払いを以って決済が完了するために，決済実務は比較的シンプルである。一方，現物決済の場合は，引渡可能債務が融資である場合，引渡しに際してその融資の債務者の同意を取得することが必要な場合も多く，決済には相応の日数や手間がかかる。引渡可能債務が債券である場合も，プロテクションの買い手が現物を保有していなければ，市場から購入するなどして現物を調達する必要がある。ある参照組織について，市場におけるCDSの残高が社債の発行残高を大幅に上回るような場合，現物の調達に支障が生じる可能性も残る。

### 第2項　決済方法の変遷

このように，クレジットイベントの決済方法にはそれぞれ利点や欠点が存在し，市場においても決済方法のスタンダードは時代と共に変化している。

1997年以前には，特に業界で統一された市場慣行は存在しなかったが，CDSがロンドン市場で活発に取引され始めた頃には，決済の実務における利便性から，現金決済が主流となった時期があった。その後，1997年のアジア危機の際に，クレジットイベントが発生したインドネシア共和国を参照するCDSの決済において，債務の市場価格取得に多くの取引当事者が苦労し，また，価格の妥当性を巡って係争も起きた。この時期以降，市場慣行は現物決済へと傾斜する。

アジア危機以降一貫して，単一銘柄を参照するCDSは現物決済で取引され，2001年12月のEnronや2002年6月のWorldcomといった取引残高の大きな銘柄についても，市場では現物決済でイベント決済が行なわれた。こ

の頃から取引が始まったインデックス CDS[9] も，現物決済として契約が締結されることが一般的であった。

その後，クレジット・デリバティブ市場の拡大が加速するなかで，現物決済の実務に対して懸念の声が聞かれるようになる。まず，事務的な問題点として，多数の取引を個別に現物決済する事務負担の大きさが懸念された。特にインデックス CDS の場合，取引元本のうちイベントが発生した銘柄がインデックス全体に占める部分のみを決済するため，非常に小さい金額の現物決済を大量に行なうことになり，決済事務の非効率性と負担の大きさが指摘されていた[10]。

また，参照組織によっては，CDS の取引量が市場に存在する引渡可能債務の残高を凌駕するケースも見られ，現物決済を行なうために限られた引渡可能債務に買いが殺到するというテクニカルな要因によって，現物の価格形成が歪むことへの懸念が広がった。

こうした現物決済の実務に対する懸念に対応するため，2005 年になって新しい動きが見られた。取引の締結時には引き続き現物決済として契約することが一般的であったが，参照組織にクレジットイベントが発生した時点で，取引当事者がプロトコル方式を用いて既存の契約内容を現金決済などに変更する事例が相次いだのである。

この動きは，特に現物決済の事務負担が大きいと考えられたインデックス CDS から始まる。プロトコル方式によって現金決済に修正された最初のケースが Collins and Aikman（2005 年 5 月・米国・自動車部品製造）であり，その後発生した Delta Air Lines, Northwest Airlines（いずれも 2005 年 9 月・米国・航空会社）のクレジットイベントにおいても，同様の修正が行なわれている。この 3 例においては，従来型の現金決済における問題点に対処した，新しい現金決済の枠組みが導入されている。

一方，この時代に，現物決済が主流でなくなったわけではない。現物を引

---

9　98 ページ参照。
10　例えば，125 銘柄から構成されるインデックス CDS を 5,000 万米ドル取引した後，構成銘柄のひとつにクレジットイベントが発生すると，元本の 125 分の 1 である 40 万米ドルという少額についてのみ現物決済を行なうことになる。

第6章 クレジットイベント決済

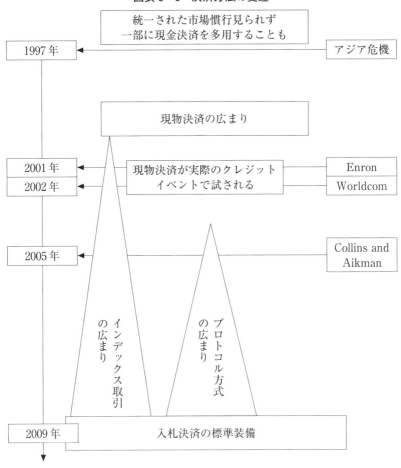

図表6-6 決済方法の変遷

き渡したい／受け取りたいと希望する参加者も多数存在し，前述の3例以降に発生したDelphi（2005年10月・米国・自動車部品製造），Calpine（2005年12月・米国・発電所運営），Dana（2006年3月・米国・自動車部品製造）のクレジットイベントにおいて導入されたインデックスCDSの契約内容を修正するプロトコルは，実質的に取引当事者に現物決済を要求する内容となっている。

Dura（2006年10月・米国・自動車部品製造）のクレジットイベントの際

221

には,プロトコルの内容はさらに進化し,取引当事者が現物決済か現金決済のいずれかを実質的に選択できる構成となった。また,単一銘柄のCDS(およびその他のCDS派生取引)が初めてプロトコルの対象となり,以降に発生したクレジットイベントについては,インデックスCDS,単一銘柄CDS共にプロトコルの対象となった。

プロトコル方式によって導入された新しい決済方法は,入札決済と呼ばれる(次節参照)。前述のように,入札決済は試行錯誤が重ねられ,諸条件は繰り返し修正されたものの,2008年のLehman Brothersなどの大型のクレジットイベントが入札決済によって円滑に決済されたことにより,この頃から決済方法の骨子は概ね固まることとなった。

2005年以降,「取引時には現物決済として契約し,クレジットイベントが発生した場合にプロトコル方式で入札決済に変更する」ことが市場慣行となっていたが,クレジットイベント決済をより安定的なものにするなどの目的で,2009年4月のBig Bangにおいて,入札決済は標準的な決済方法として現物決済に取って代わり,契約書において標準装備(Hardwiring)されることになった(図表6-6)。

> **コラム** CDSと引渡可能債務の残高(Delphiの事例)
>
> Delphiを参照するCDS(インデックスCDSなどを含む)はその取引残高が推定で約500億米ドル程度と当時(2005年)としては非常に大きく,契約規定通りに大量の現物決済を個別に行なう事務負担の大きさが懸念されていた。
>
> また,引渡可能債務に該当する社債の残高は約20億米ドル程度と,CDSの残高と比して小さく,現物決済のために限られた社債に買いが殺到するのではないかとの思惑も手伝って,破綻後に55%程度であった社債の価格が一時70%程度にまで上昇するなど,テクニカルな要因によって価格が大きく動いた。
>
> CDSの残高が約500億米ドル,社債の残高が約20億米ドル,と数字を単純に並べると,その差が極めて大きいような印象を受けるが,実際に引渡可能債務がこの差額の約480億米ドル不足していたわけではない。500億米ドルという数字はCDSのグロスの残高であり,300億米ドル以上の売り買いが相殺し合う関係にある取引が,決済前に解約されたとされる。

> また，現物決済を要するCDSの元本金額と同額の引渡可能債務が世の中に存在している必要はなく，現物決済期間内に，A社からB社，B社からC社，C社からD社というように，同一の社債が複数の取引当事者の手を順に渡ることもある。Delphiは米国の参照組織であり，2003年版定義集に基づいて契約された取引においては，無期限に現物の引渡しを試行することができた。
> 　このように，実際に引渡可能債務の不足はメディアで騒がれたほど深刻な状況にはなかったと筆者は考えるのだが，一方で，「引渡可能債務が不足するのではないか」という思惑によって，社債市場でショート・スクイーズ（限られた売りに対してこれを上回る買い注文が入ること）的な動きが発生したのも事実である。こうした問題は，クレジット・デリバティブ市場の拡大と比例して大きくなると認識されたために，従来の現物決済に代わるより安定的な決済メカニズムの導入が検討されたのである。

## 第4節　入札決済の詳細

### 第1項　入札決済の骨子

　従来型のクレジットイベント決済方法では，現金決済，現物決済いずれにおいても，決済は1件1件取引ごとに行なわれ，取引によっては決済の手順や結果が異なることもあった。**入札決済**（Auction Settlement）においては，業界で統一された手順に従って，対象取引が一括で決済される。

　入札決済は現金決済を柱とするものの，第1節で述べた従来型の現金決済とは異なり，現金決済額の算出に用いられる最終価格は業界全体で実施する**入札**（Auction）において決定され，入札決済の対象となるすべての取引に適用される。

　入札決済では，現金決済に加えて，希望する取引当事者は引渡可能債務を最終価格で売買することができる[11]。各当事者は，保有するCDSの売り買いを通算したポジションの範囲内で，引渡可能債務の売買金額を自由に設定で

---

11　入札に直接参加するのはディーラーであるが，ディーラー以外の当事者も，ディーラーに注文を委託することによって売買することができる。

第Ⅱ部　契約書詳述

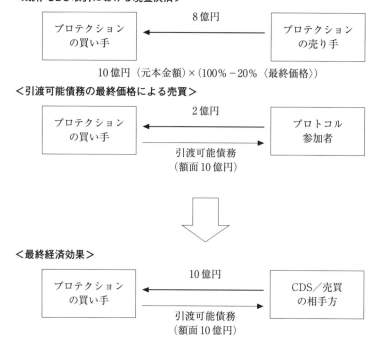

図表6-7　現金決済と引渡可能債務の売買の組合せ1（例）

きる[12]。例えば，売り買い通算で10億円のプロテクションの買いポジションを持つ取引当事者は，最大で10億円の引渡可能債務を売却する[13]ことが可能であり，3億円だけ売却する，一切売却しない，という選択肢もある。保有するポジションすべてについて引渡可能債務を売買した場合，最終的な経済効果は従来型の現物決済と同じになる。前述の例で，最終価格が20％で決定した場合，現金決済によって合計8億円（10億円×（100％ − 20％））の現金を受け取る。これに加えて，10億円の引渡可能債務を最終価格の20％で売却し，2億円の現金を受け取る。結果としては，この当事者は合計で10

---

[12] 後述するように，入札の第二段階では，保有するポジションにかかわらず売買希望を提示することができるが，この段階ではすべての希望が通るとは限らない（233ページ参照）。
[13] プロテクションの買い手は，現物決済において引渡可能債務を相手に引き渡して現金を受け取る立場であることから，ここでは引渡可能債務を売却する側となる。

第6章 クレジットイベント決済

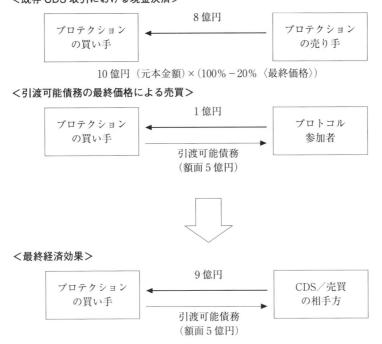

**図表 6-8　現金決済と引渡可能債務の売買の組合せ 2（例）**

億円の現金を受け取り，額面が10億円の引渡可能債務を引き渡すことになり，現物決済による決済と同じ経済効果が生じる（図表6-7）。

また，保有するポジションの一部について引渡可能債務を売買した場合，最終的な経済効果は，保有するポジションの一部を現金決済，残りを現物決済することと同じになる（図表6-8）。引渡可能債務を一切売買しなければ，最終的な経済効果は，従来型の現金決済と同じになる。

入札決済において「現金決済と引渡可能債務の売買」を組み合わせた場合と，単に現物決済を行なった場合で経済効果は同じとなるが，前者の方が決済実務の負担は小さい。図表6-7の例において，この当事者が売り買い合計で100件のCDSを保有し，100件を通算したポジションが10億円（プロテクションの買い持ち）であった場合，従来型の現物決済では100件の現物決済を個別に行なう必要があるが，入札決済では1件の売買で済むことにな

225

**図表 6-9 入札決済の特徴**

| 特徴1 | 業界で統一的に決済が行なわれる<br>【従来は取引ごとに個別に決済されていた】 |
| --- | --- |
| 特徴2 | 現金決済と現物決済を自由に選択できる<br>【一部を現物決済、残りを現金決済という選択も可】 |
| 特徴3 | 現金決済額は入札で決定した最終価格に基づいて算出<br>【従来は個別に最終価格を決定、取引ごとに結果が異なることも】 |
| 特徴4 | 現物売買は売り買い通算したポジションの範囲で行なわれる<br>【個別に決済するよりも、決済に必要な現物が少なくて済む】 |

る。また、ネッティングの効果によって実際に受渡しされる現物が少額で済むことから、多額の現物決済の需要によって現物の価格が大きく上昇するといった問題も軽減されることが期待される。

図表6-9は、入札決済の主な特徴をまとめたものである。

### 第2項　入札決済の前段階

DCでは、クレジットイベントを認定すると同時に、入札決済を実施するかどうかを審議する。イベントが発生した取引[14]の件数が300件を超え、5社以上のディーラーが当事者であることがDTCC社のデータベースにおいて確認できた場合には、原則として入札決済が実施される。入札決済の実施が決まった場合、入札の当日までに主として以下の手続が行なわれる。

- クレジットイベント通知の交付（M(M)Rリストラクチャリングの場合のみ）

DCにおいて、M(M)Rリストラクチャリング以外によってクレジットイベントが認定された場合には、クレジットイベント通知の交付なしに自動的にイベントが認定される。一方、M(M)Rリストラクチャリングによってクレジットイベントが認定された場合には、取引当事者は決済を希望する取引

---

14　入札決済が適用される取引。

第6章　クレジットイベント決済

図表6－10　アイフルCDS入札の流れ

```
2009年12月24日：事業再生ADRの第3回債権者会議で事業再生計画案承認
2009年12月30日：DCでクレジットイベント認定
2010年 1月27日：引渡可能債務当初リスト公表
2010年 2月10日：引渡可能債務最終リスト公表
2010年 3月 3日：入札決済条件公表
2010年 3月23日：適用為替レートの決定日
2010年 3月25日：入札日
2010年 3月30日：現金決済日
2010年 5月17日：現物売買日（5月17日が締切り）
```

について，別途クレジットイベント通知を交付する必要がある。

・引渡可能債務リストの作成

　DCは，入札の対象となる引渡可能債務のリストを作成する。まず，候補銘柄から構成される**引渡可能債務当初リスト**（Initial List）が用意され，適格性の審査を経た上で，公表される。DCの委員やこれ以外の市場参加者は，希望があれば追加もしくは削除を要請し，弁護士事務所による最終確認を経て**引渡可能債務最終リスト**（Final List）が作成，公表される。

・入札の詳細条件の決定

　DCは，入札の詳細条件を記した**入札決済条件**（Auction Settlement Terms）を作成する。入札決済条件には，入札の日程，価格の提示方法や最終価格の算出方法など，入札の具体的な条件や手順が規定される。

・入札ディーラーの決定

　入札に参加する**入札ディーラー**（Participating Bidder）のリストは，**入札運営者**（Administrators）であるIHS Markit社とCreditex社によって，**入札日**（Auction Date）の2日前（北米市場では前日）までに発表される。入札ディーラーは，当該地域のDCに所属するディーラーから構成される[15]が，DCに所属しない当事者も，**入札申込書**（Participating Bidder Letter）を提出し，これがDCによって承認されれば，入札ディーラーとして入札に

第Ⅱ部　契約書詳述

参加できる。

- **適用為替レートの決定**

引渡可能債務の通貨が入札の基準通貨と異なる場合，為替レートによってこれを変換する必要が生じる。変換に用いる為替レートは，入札日の2日前（北米市場では前日）に決定，発表される。

図表6-10は，2010年3月に行なわれたアイフルを参照するCDSの入札を例に取り，入札前後の流れを示したものである。


### 第3項　入札の手順

図表6-11は，入札の手順を大まかにまとめたものである。

- **イニシャル・マーケット価格と現物売買リクエストの提示**

入札日の**当初入札期間**[16]（Initial Bidding Period）に，入札ディーラーは引渡可能債務の入札価格と，現物売買のリクエストを入札運営者に提示する。

入札価格は**イニシャル・マーケット価格**[17]（Valid Initial Market Submission）と呼ばれ，**クォーテーション金額**[18]（Initial Market Quotation Amount）を元本とする引渡可能債務の買い売り両サイドのファームの価格提示[19]である。買いの価格は**イニシャル・マーケット・ビッド**（Initial Market Bid），売りの価格は**イニシャル・マーケット・オファー**（Initial Market Offer）と呼ばれ，前者は，入札ディーラーが**RAST**[20]（Representative Auction-Settled Transaction）において，プロテクションの売り手として，

---

15　DCに所属するディーラーであっても，入札運営者に通知することで，当該入札に入札ディーラーとしての参加を辞退することも可能である。ただし，複数回の入札への不参加は，委員の資格喪失事由となっている（172ページ参照）。

16　アイフルのケースでは東京時間の午前9時45分から午前10時の15分間と定められた。

17　2009年以前は，"イニシャル・マーケット"ではなく"インサイド・マーケット"（Inside Market）と呼ばれていた。

18　アイフルのケースでは，2億円と定められた。

19　引渡可能債務の元本金額に対するパーセンテージ表示。アイフルのケースでは，ビッドとオファーの差が5％以内であることが要求された。

### 第6章 クレジットイベント決済

**図表6-11 入札の手順**

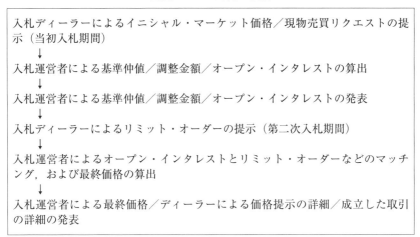

提示したビッド価格で引渡可能債務を受け取ることをコミットするものであり，後者は，プロテクションの買い手として，提示したオファー価格で引渡可能債務を引き渡すことをコミットするものである。

**現物売買リクエスト**（Physical Settlement Request）は，**ディーラー現物売買リクエスト**（Dealer Physical Settlement Request）と**顧客現物売買リクエスト**（Customer Physical Settlement Request）の2つから構成される。前者はディーラー自身の保有ポジションの，後者は顧客の保有ポジションの，それぞれ範囲内であることが要求される[21]。また，現物売買リクエストは，保有ポジションの方向に応じて，**現物買いリクエスト**（Physical Settlement Buy Request）と**現物売りリクエスト**（Physical Settlement Sell

---

20 入札において引渡可能債務の売買が成立した場合，債券や融資の売買取引としてこれを決済するのではなく，決済目的のために新たにCDSを締結して，これについて現物決済を行なうという構成をとる。通常のCDSでは，現物決済は引渡可能債務と元本の100％の現金との交換という形になるが，ここでは，引渡可能債務と最終価格相当の現金が交換されることになる。

21 ディーラー現物売買リクエストについては，売り買いがディーラーの保有するポジションと同じ方向でかつ保有ポジション額を超えてはならない。顧客は複数のディーラーに顧客現物売買リクエストを出すことができるが，リクエストの合計が自身の保有するポジションと同じ方向でかつ保有ポジション額を超えてはならない。ディーラーには，当該顧客との取引の合計金額までについては，リクエストを受けることが義務付けられる。

Request）に分かれる。前者は，RASTにおいて，プロテクションの売り手として，入札で決まる最終価格で引渡可能債務を受け取ることをコミットするものであり，後者は，プロテクションの買い手として，最終価格で引渡可能債務を引き渡すことをコミットするものである。

・基準仲値の算出

　入札ディーラーから価格などの提示を受けた入札運営者は，以下の手順で**基準仲値**（Initial Market Midpoint）を決定する。

　まず，各ディーラーの提示したイニシャル・マーケット・ビッドを高い価格から順に，イニシャル・マーケット・オファーを低い価格から順に並べ，それぞれ**ペア**（Matched Market）を作る。ビッドがオファーよりも高いペアは**取引可能ペア**（Tradeable Markets），それ以外は**取引不可能ペア**（Non-Tradeable Markets）と呼ばれる。取引不可能ペアの**上位半分**（Best Half）のビッド・オファー価格を平均し，規定に従って端数を調整[22]したものが基準仲値となる（図表6-12）。

　基準仲値は最終価格を決定する上でのベンチマーク的な役割を持つ。最終価格には，後述のオープン・インタレストが売り超過の場合には「基準仲値＋a％」を上回らず，オープン・インタレストが買い超過の場合には「基準仲値－a％」を下回らない，という制約が加わる。「a％」は**上下制限値**（Cap Amount）と呼ばれ，イニシャル・マーケット価格の提示において許容されるビッドとオファーの差の最大値の半分，と規定される[23]。

・調整金額の算出

　基準仲値が決まると，**調整金額**（Adjustment Amount）が算出される。調整金額は基準仲値からかけ離れた価格提示に対するペナルティーという位

---

22　平均した結果端数が出た場合，上下近い方の"8分の1ポイント（0.125％）"や"10分の1ポイント（0.1％）"などに合わせる。端数の調整方法は，入札ごとに決められる。
23　アイフルのケースでは，許容されるビッド・オファーの差の最大値が5％（上下制限値＝2.5％）であり，オープン・インタレストは売り超過だったため，最終価格には「基準仲値＋2.5％を上回らない」という制約が課せられた。

## 図表6-12 基準仲値の決定例

ステップ1：入札ディーラーが提示した価格を，ビッドは価格が高い順に，オファーは価格が低い順に並べ替える。
ステップ2：取引可能ペアを除外する。
ステップ3：取引不可能ペアの上位半分（Best Half）をとる。取引不可能ペアの数が奇数の場合は切り上げる。
ステップ4：上位半分（Best Half）のビッド・オファー価格を平均して，上下近いほうの"8分の1ポイント"に合わせる。

### 提示された価格

| ビッド | オファー |
|---|---|
| 39.500% | 41.000% |
| 40.000% | 42.000% |
| 41.000% | 43.000% |
| 45.000% | 47.000% |
| 32.000% | 34.000% |
| 38.750% | 40.000% |
| 38.000% | 39.500% |
| 41.000% | 42.750% |

### 並べ替え後

| ビッド | オファー | |
|---|---|---|
| 45.000% | 34.000% | ⎫ |
| 41.000% | 39.500% | ⎬ 取引可能ペア |
| 41.000% | 40.000% | ⎭ |
| **40.000%** | **41.000%** | ⎫ |
| **39.500%** | **42.000%** | ⎬ 上位半分（Best Half） |
| **38.750%** | **42.750%** | ⎭ |
| 38.000% | 43.000% | （取引不可能ペア） |
| 32.000% | 47.000% | |

基準仲値 = 平均（40, 41, 39.5, 42, 38.75, 42.75）
　　　　＝ 40.667%（rounded to 40.625%）

---

置付けであり，取引可能ペアのうち，基準仲値を上回るビッドおよび下回るオファーと基準仲値の差に元本を乗じて求められ，後述のオープン・インタレストが売り超過の状態の時には基準仲値を上回るビッドを提示した入札ディーラーによって，買い超過の状態の時には基準仲値を下回るオファーを提示した入札ディーラーによって負担される。支払われた調整金額は，入札にかかる諸費用を控除した後に，入札ディーラーの間で均等に配分される。

図表 6-13　調整金額の決定例

| 取引可能ペア | |
|---|---|
| ビッド | オファー |
| 45.000% | 34.000% |
| 41.000% | 39.500% |
| 41.000% | 40.000% |

オープン・インタレストが"売り超過"の場合，クォーテーション金額を5億円とすると，取引可能ペアのビッド価格を提示した入札ディーラーは以下の調整金額を支払わなければならない。

| 調整金額 | 取引可能ペア | |
|---|---|---|
| | ビッド | オファー |
| 21,875,000円 | 45.000% | 34.000% |
| 1,875,000円 | 41.000% | 39.500% |
| 1,875,000円 | 41.000% | 40.000% |

21,875,000円 = 5億円 × (45.000% − 40.625%)
1,875,000円 = 5億円 × (41.000% − 40.625%)

・オープン・インタレストの算出

　これと並行して，入札運営者は現物売りリクエストと買いリクエストをマッチングさせる。売り買いがマッチしたものは**市場ポジション取引**（Market Position Trade）と称され，当該リクエストを提示した入札ディーラー間で最終価格にて決済される。売りリクエストと買いリクエストの差は**オープン・インタレスト**（Open Interest）と呼ばれ，これは市場における引渡可能債務の売り需要／買い需要の偏りを反映したものである[24]。当初入札期間終了後30分以内に，入札運営者は基準仲値，調整金額，およびオープン・インタレストをウェブサイト上で発表する。

---

24　例えば，現物売りリクエストが10億円，現物買いリクエストが30億円であった場合，10億円分が市場ポジション取引を構成し，残りの20億円の買いリクエストがオープン・インタレストとなる。

・リミット・オーダーの提示

　第二次入札期間[25]（Subsequent Bidding Period）に，入札ディーラーは，オープン・インタレストとして残った売買需要を満たす目的で，**リミット・オーダー**（Limit Order Submissions）を提示する[26]。リミット・オーダーは，オープン・インタレストが売り超過であれば，"この金額をこの価格で買いたい"とする価格提示であり，オープン・インタレストが買い超過であれば，"この金額をこの価格で売りたい"とする価格提示となる[27]。入札ディーラー以外の当事者も，入札ディーラーを介してリミット・オーダーを提示することができる。現物売買リクエストとは異なり，リミット・オーダーとしては，当事者は保有するCDSのポジションとは無関係に売買の希望を提示できる。

　リミット・オーダーと，当初入札期間に提示されたイニシャル・マーケット価格[28] を合わせて**取引未了リミット・オーダー**（Unmatched Limit Orders）と称し，入札運営者は価格順[29] にオープン・インタレストとマッチングする。オープン・インタレストもしくは取引未了リミット・オーダーのいずれかがゼロとなった段階でマッチングは終了する[30]。マッチングされたリミット・オーダーは**照合済リミット・オーダー**（Matched Limit Order），マッチングされた取引は**リミット・オーダー取引**（Matched Limit Order Trade）と呼ばれる。

---

25　アイフルのケースでは，東京時間の午後12時45分から午後1時の15分間と定められた。
26　そもそもオープン・インタレストが存在しない場合，すなわち，現物買いリクエストと現物売りリクエストが同額である場合，リミット・オーダーは提示されず，最終価格は基準仲値となる。
27　従前は，現物売買リクエストとリミット・オーダーを提示するタイミングが同一であり，入札ディーラーはオープン・インタレストの方向や金額を認識せずにリミット・オーダーを提示していた。このため，リミット・オーダーは常に売り買い両サイドの価格提示となった。
28　オープン・インタレストが売り超過であればイニシャル・マーケット・ビッドが，オープン・インタレストが買い超過であればイニシャル・マーケット・オファーが，それぞれ用いられる。また，取引可能ペアを構成するビッド・オファーは，提示価格が基準仲値であったものとされる。
29　ビッドであれば価格が高い順に，オファーであれば価格が低い順にマッチングさせる。
30　最終のマッチングにおいて，同じ価格提示が複数あった場合，提示金額に応じて比例配分される。

第Ⅱ部　契約書詳述

図表 6 - 14　最終価格の決定例

| | ビッド価格 | ビッド金額 | 累計金額 |
|---|---|---|---|
| A社 | 41.625% | 25億 | 25億 |
| G社 | 41.000% | 20億 | 45億 |
| D社 | 40.625% | 5億 | 50億 |
| H社 | 40.625% | 5億 | 55億 |
| E社 | 40.625% | 30億 | 85億 |
| C社 | 40.625% | 5億 | 90億 |
| B社 | 40.000% | 5億 | 95億 |
| F社 | **39.750%** | **25億** | **120億** | ← ここまで売買成立
| A社 | 39.500% | 5億 | 125億 |
| F社 | 38.750% | 5億 | 130億 |
| G社 | 38.000% | 5億 | 135億 |
| E社 | 32.000% | 5億 | 140億 |

（上から順に売買成立）

オープン・インタレストが120億円の"売り超過"だった場合，取引未了リミット・オーダーのビッドを高い順に並べて，累積で120億円の取引が成立した時点での価格を最終価格とする。

・最終価格の決定

オープン・インタレストがゼロとなってマッチングが終了した場合，最後にマッチングされた取引の価格を以って**最終価格**（Final Price）とする。前述（230ページ）のように，最終価格には上下制限値の制約が加わる。

取引未了リミット・オーダーが先にゼロとなり，オープン・インタレストが残ったままマッチングが終了した場合，オープン・インタレストが買い超過であれば最終価格は100％，売り超過であれば最終価格は０％となる[31]。この場合，オープン・インタレストと売り買いが同方向のすべての現物売買リクエストは，すでにマッチングされた分も含めて，売り買いが逆方向の現

---

[31] オープン・インタレストが残るということは，言い換えれば，現物決済を行なうために引渡可能債務を売買したいという希望があるにもかかわらず，それに応える相手が不在である，という状態である。100％か０％かというと，かなり極端な条件設定にも見受けられるが，入札ディーラーはオープン・インタレストを見た上でリミット・オーダーを提示するため，現実的には考えにくいケースと思われ，実際にそうした事例も存在しない。

第6章　クレジットイベント決済

物売買リクエストやリミット・オーダーと，比例配分によってマッチングされる。第二次入札期間終了後[32]，入札運営者は最終価格，入札ディーラーの名前と提示したビッド・オファーや現物売買リクエストなどの詳細，リミット・オーダーの詳細などをウェブサイト上で発表する。

### コラム　シニア債務と劣後債務の価格（GSEの事例）

　従来型の現金決済（市場価格参照型）では，最終価格は一定額の引渡可能債務に対して評価ディーラーが提示する価格に基づいて決まり，ここにはCDS市場全体における現物決済の需給は反映されない。一方，入札決済では，一定額の引渡可能債務に対してディーラーが提示する価格に基づいて基準仲値が算出された後に，現物の売買需要を反映させて最終価格が決定される。このため，例えば，標準的な取引金額については市場気配価格が40％程度である場合でも，現物の売り需要が強ければ最終価格は40％を大きく下回り，現物の買い需要が強ければ最終価格は40％を大きく上回ることもある。

　2008年10月に行なわれたGSE 2社（Fannie Mae および Freddie Mac）の入札においては，以下のようにシニア債務の最終価格を劣後債務の最終価格が上回り，注目を集めた。

|  | 基準仲値 | 最終価格 | オープン・インタレスト |
|---|---|---|---|
| Fannie Mae シニア | 92.40% | 91.51% | $12million（買い超過） |
| Fannie Mae 劣後 | 92.65% | 99.90% | $608million（買い超過） |
| Freddie Mac シニア | 93.75% | 94.00% | $79million（買い超過） |
| Freddie Mac 劣後 | 93.80% | 98.00% | $542million（買い超過） |

　GSE 2社は公的管理下におかれ，債務履行に対する政府の支援姿勢が強まったことから，シニア債務と劣後債務の価格差は，残存年限や表面利率の違いに起因する部分以外は，最小限にとどまるとみられていたが，劣後債務に対して大きな買い需要が集まったことなどを背景に，上表のように比較的大きな価格の逆転現象が生じた。

　このほかにも，シニア債務の入札と劣後債務の入札の時間差が小さく，参加

---

32　アイフルのケースでは，東京時間の午後2時より前に公表されると定められた。

者が両者の価格の関係を十分に考慮して札入れできなかった，という意見や，劣後債務を参照する CDS においてはシニア債務と劣後債務の両方が引渡し可能であり，本来ならば両者の価格差は収斂しても不思議ではないという認識が定着していなかった，という意見も聞かれた。

需給関係によっては，劣後債務の最終価格がシニア債務の最終価格を上回ることもあり得るが，上記の結果に違和感を覚え，劣後の価格がシニアの価格を上回らないような仕組み上の手当てが必要であるとの声も聞かれた。これに対して，仕組みを変更することによって入札の手順が必要以上に複雑になるという意見や，GSE のような特殊なケースが将来起きる可能性は高くないという意見もあり，本稿の執筆時点（2019 年 3 月）ではこの点を手当てする変更は行なわれていない。

### 第4項　入札後の決済

決定された最終価格を用いて，すべての対象取引は，現金決済日に現金決済される。また，入札で成立した現物の売買はすべて，RAST における現物決済（引渡可能債務と最終価格相当の現金の交換）という形式で，現物決済日に決済される。

# 第7章　承継者規定

## 第1節　承継者規定とは

　**承継者**（Successor）規定とは，クレジット・デリバティブ取引の締結後に参照組織について合併や分割などの事由が発生した場合，それ以降取引の参照組織をどうするかを定めた規定である。単純に2社を1社とする合併のように，参照組織の既存の債務がすべて1社に承継されるケースでは，以降どの主体を参照組織とするかは明白であるが，債務を承継する主体が複数存在する場合や，従来想定されていなかったような形での企業組織の再編が行なわれた場合に備えて，客観的な数値基準などが設けられている。

## 第2節　数値基準による承継者の決定

　2003年版定義集では，債務の承継を伴う合併や統合などの事由を承継事由（Succession Event）と定義し，承継事由の発生を前提として承継者を決定していた。これに対して，2014年版定義集では承継事由という定義が削除され，背景要因を問わずに，元の参照組織の**該当オブリゲーション**[1]（Relevant Obligations）を別の主体が**承継**[2]（succeed）した場合に，該当オブリゲーションの承継された割合に応じて，取引の参照組織を変更するかしないか，変更する場合はどのように変更するか，を決定するようになった。図表7－1

---

1　承継日の直前における，参照組織の債券またはローンの債務で，関係会社との間の債務を除いたもの。金融銘柄についてはシニア債務と劣後債務が区別される。
2　元の参照組織の債務をそれ以外の主体が引き受けることであり，社債を発行して元の参照組織の債務と交換することを含み，いずれの場合も元の参照組織は保証人などとして債務者であり続けてはならない。

**図表 7-1 承継者の決め方**

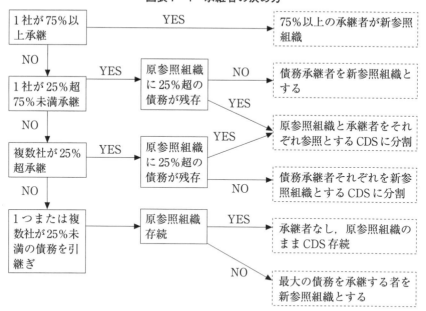

はこの規定をまとめたものであるが，75％以上を承継した主体が存在すればこれを単独の新しい参照組織とし，それ以外の場合には承継割合に応じて取引が複数に分割されたり，最大割合を承継した主体もしくは元の参照組織をそれ以降の取引の参照組織としたりすることになる。承継者の決定は，法律や守秘義務契約などに抵触せずに公開可能な**適格情報**（Eligible Information）に基づいて DC もしくは計算代理人が行なう。

# 第3節 2014年版定義集において導入された項目

2014年版定義集では，従来の基本的な枠組みを残しつつ，新しい規定がいくつか盛り込まれた。主なものは以下の通りである。

### 第1項 承継事由基準日（Successor Backstop Date）

反対取引のヘッジ効果を確実にする目的や，取引のファンジビリティを高

める目的などから，Big Bang において，承継事由の認定期間の起点が「**承継事由判定リクエスト日**（Successor Resolution Request Date）の 90 暦日前（＝**承継事由基準日**（Successor Backstop Date））」に変更され[3]，2014 年版定義集においても引き継がれた。

### 第 2 項　ソブリン承継事由（Sovereign Succession Event）

従来は，承継事由はソブリン以外の参照組織のみを対象としていたが，英国からスコットランドが独立するケースや，スペインからカタルーニャ州が独立する可能性などを念頭に，併合，統合，分離，独立などの事由を**ソブリン承継事由**（Sovereign Succession Event）と定義した上で，ソブリン CDS においても承継者規定を適用することとなった。

### 第 3 項　承継比率算定に際する「シニア債務」と「劣後債務」の区分

従来は，参照組織に支払順位が異なる債務が存在する場合でも，支払順位にかかわらず承継比率を一括して算定し，新しい参照組織を決定していた。

このため，2014 年の Banco Espirito Santo の債務再編において，シニア債と預金を新設のグッド・バンク（Novo Banco）が承継し，劣後債と株式をバッド・バンク（Banco Espirito Santo）に残すという処理が決定された際に，該当オブリゲーション（シニア債と劣後債の両方を含む）の 75％以上を Novo Banco が承継したため，Banco Espirito Santo を参照する CDS の承継者はシニア取引，劣後取引とも Novo Banco に決定した。その結果，劣後債が公的支援の対象外となったことを受けて，本来は劣後 CDS のスプレッドは破綻を織り込む水準まで拡大すべきところ，グッド・バンクである Novo Banco の高い信用力を反映する形でスプレッドが大幅に縮小したため，Banco Espirito Santo の劣後債リスクをヘッジする目的で劣後 CDS のプロテクションを買っていた当事者は，大きな含み損を被ることになった。

このような事例を踏まえて[4]，2014 年版定義集では，金融参照組織条件が指定される取引においては，債務の承継比率を算定する上で，シニア債務，

---

[3] Big Bang によって，クレジットイベント認定期間が「クレジットイベント判定リクエスト日の 60 暦日前」に変更されたことと同様の趣旨による変更である。

劣後債務，下位劣後債務を区別して取り扱うこととなった。具体的には，シニア取引ではシニア債務の承継状況のみを考慮して，劣後取引ではシニア債務と下位劣後債務を除く債務の承継状況を考慮して，それぞれ承継者が決定されることになった。仮に，Banco Espirito Santo の債務再編の事例を 2014 年版定義集の規定に基づいて検討した場合，シニア取引の承継者は Novo Banco，劣後取引の承継者は Banco Espirito Santo（参照組織の変更なし）となり，経済実態を反映する結果になったと想定される。

### 第4項　包括承継者（Universal Successor）

　債務承継の事実の認識が遅れるなどの理由によって，承継者が期限までに決定されないリスクに備えて，**包括承継者**（Universal Successor）という規定が導入された。この規定では，参照組織（ソブリンを除く）の全債務を単一の主体が承継した場合で，かつ，参照組織が消滅した場合あるいは消滅過程にあって新たな借入債務を発生させていない場合，当該主体が承継者（包括承継者）となる。

　本規定が導入される直接の契機となったのは，Unitymedia（ドイツ・通信）の事例であった。同社は，既存の全債務を別組織に承継した上で解散し，その後，当該別組織が名称を Unitymedia に改名したため，旧 Unitymedia が解散，消滅した事実が CDS 市場で認識されたのは，承継事由の認定期間の経過後であった。このため，旧 Unitymedia を参照する CDS では，参照組織が実質的に存在しない「オーファン」状態となり，プロテクションの買い手は無価値のプロテクションに対してプレミアムの支払いの継続を余儀なくされた。

　Unitymedia の事例が包括承継者規定の導入後に発生していれば，新 Unitymedia が自動的に承継者となっていたと考えられる。

---

4　同様のケースは従来から想定されていたため，2014 年初頭に公表された 2014 年版定義集には新規定が盛り込まれていた。しかし，Banco Espirito Santo の債務再編は同定義集の利用が始まる直前に行なわれたため，経済合理性に欠く結果となった。

### 第 5 項　段階的承継計画（Steps Plan）

　債務の承継が一括ではなく複数の段階に分けて行なわれるケースに対応するため，**段階的承継計画**（Steps Plan）という規定が導入された。2003 年版定義集では各段階が個別に取り扱われており，承継者の決定が困難になるケースも想定されたが，2014 年版定義集では，事前に策定された承継計画に基づく個別の承継を，一括して取り扱うこととなった。

## 〈参考文献（書名・論文名 50 音順）〉

〈英語文献〉
- ISDA "AIG and Credit Default Swaps" 2009 年
- INSOL International "Credit Derivatives in Restructuring" 2006 年
- MOODY'S ANALYTICS "EDF Overview" 2011 年
- ISDA "ISDA Standard CDS Converter Specification" 2009 年
- Merton, Robert C "On the Pricing of Corporate Debt: The Risk Structure of Interest Rates" 1974 年
- Merton, Robert C "Option Pricing When Underlying Stock Returns are Discontinuous" 1976 年
- ISDA "Research Notes: The Empty Creditor Hypothesis" 2009 年
- ISDA "Standard CDS Examples 〜 Supporting Document for the Implementation of the ISDA CDS Standard Model" 2012 年

〈日本語文献〉
- ISDA Japan Credit Derivatives Committee: Research Working Group「CDS Q&A」（日本証券クリアリング機構ホームページに掲載）
- 安達哲也・末重拓己・吉羽要直「CVA における誤方向リスク・モデルの潮流」日本銀行金融研究所 金融研究 2016 年 7 月
- 森田隆大『格付けの深層』日本経済新聞出版社 2010 年
- 谷栄一郎『共和分の手法と複数の流動性指標を用いた社債スプレッドの分析』証券アナリストジャーナル 51 (11)，88-97 2013 年
- 河合祐子・糸田真吾『クレジット・デリバティブのすべて（第 2 版）』財経詳報社 2007 年
- 島義夫・河合祐子『クレジット・デリバティブ入門』日本経済新聞社 2002 年
- クレジットマーケット研究会『クレジット・デリバティブを検証する』商事法務 NBL（No.893〜900）2008 年〜2009 年
- 大橋英敏『クレジット投資のすべて（第二版）』金融財政事情研究会 2014 年
- 楠岡成雄・青沼君明・中川秀敏『クレジット・リスク・モデル―評価モデルの実用化とクレジット・デリバティブへの応用』金融財政事情研究会 2001 年
- ムーディーズ・インベスターズ・サービス著，日本興業銀行国際金融調査部翻訳『グローバル格付分析』金融財政事情研究会 1994 年
- 徳島勝幸『現代社債投資の実務』財経詳報社 2008 年

- 森田長太郎『国債リスク』東洋経済新報社 2014 年
- みずほ証券『債券ハンドブック』みずほ証券株式会社 2010 年
- 土屋剛俊『財投機関債投資ハンドブック』金融財政事情研究会 2003 年
- 土屋剛俊『新版 デリバティブ信用リスクの管理』シグマベイスキャピタル 2008 年
- 後藤文人『信用リスク分析ハンドブック』中央経済社 2007 年
- 小林孝雄『信用リスク・モデル化のアプローチ』2003 年
- Crosbie, Peter and Jeffrey Bohn『デフォルトリスクのモデル化』Moody's KMV 2002 年改訂
- 山本慶子「デリバティブ取引等の一括清算ネッティングを巡る最近の議論：金融危機後の米国での議論を踏まえた一考察」日本銀行金融研究所 金融研究 2014 年 7 月
- 福島良治『デリバティブ取引の法務と会計・リスク管理』金融財政事情研究会 2008 年
- 後藤文人『日本クレジット市場の特徴と投資分析』中央経済社 2014 年
- 土屋剛俊・森田長太郎『日本のソブリンリスク』東洋経済新報 2011 年
- 木野勇人・糸田真吾『ビッグバン後のクレジット・デリバティブ』財経詳報社 2010 年

あ と が き

　クレジット・デリバティブのバイブルともいえる本書の執筆に加わることができたことは金融業界に身を置くものとして大変光栄なことであったが，土屋の貢献はほんの僅かで，共著者として名を連ねるには値しないレベルである。しいて自分の貢献を申し上げるとすれば，この本を世に送り出すきっかけを作れたことではないかと考えている。内容に関して言えば，担当させていただいたカウンターパーティー・リスク管理の変化は急速で，特にリーマン・ショック後にグローバル・スタンダードが大きく変わり，CCPの利用についても数年前とは違う世界を呈している。CCP関連の執筆については，本邦CCPの要である日本証券クリアリング機構の細村武弘執行役員や河合文子氏に全面的な協力をいただき，決済に関する最新情報を盛り込めたのはひとえに両氏のおかげである。この場を借りて感謝申し上げる。

（土屋　剛俊）

　クレジット・デリバティブとの出会いは，私が日本生命保険相互会社より留学していた大阪大学大学院にてファイナンス理論の勉強をしていたころだと思う。そのルーツ，社債との違い，取引におけるリスクなど，かなり熱心に勉強したことを記憶している。その時の経験が，その後の外資系証券会社での業務に活かされるとは夢にも思っていなかったが。何を隠そう，クレジット・デリバティブの主力となったCDSインデックスの産みの親は，私である（2002年にMSJ CDS Indexを開発し，インデックス値をレポートで公表したのが，おそらく世界で最初の試みだったと記憶している）。小生の貢献は微々たるものではあるが，インデックスの部分を含めこの素晴らしいプロジェクトに参加できたことをうれしく思うと共に，素晴らしい共著者，出版社の方々をはじめ多くの関係者にこの場を借りて御礼を申し上げたい。

（大橋　英敏）

今回，クレジット・デリバティブの最前線を離れて久しい私にお声かけいただいた共著者の3名には，感謝申し上げたい。近年，金融市場や法規制の変化に合わせて一段と複雑化した取引の契約構成を記述するにあたり，かなり大きな不安を抱えていたが，SMBC日興証券の谷由利果氏から原典を裏付けとする有益なコメントを数多くいただいたことによって，大変勇気付けられた。また，本書は，日本銀行の河合祐子氏との共著『クレジット・デリバティブのすべて』と，欧州SMBC日興キャピタル・マーケットの木野勇人取締役社長との共著『ビッグバン後のクレジット・デリバティブ』をベースとしているため，そのエッセンスが随所に凝縮されており，記述を引用した箇所も少なくない。ここでお名前をあげられない数多くの協力者の方々と合わせて，3名の方々には改めて感謝申し上げたい。また，15年ほど前に初めて著書を執筆した際に，懇切丁寧に御指導いただいた富高克典氏に本書を捧げたい。

（糸田　真吾）

　「谷くんは大学で金融を勉強してきたのだよね？CDSって知っているかな？」2001年4月，新卒入社したJPモルガンで上司の糸田氏から問いかけられたこの言葉が，筆者とCDSの最初の出会いだった。その後CDSを学び，2010年から大和証券で実際にCDSを売買する機会に恵まれると，今度は理論と現実のギャップに戸惑うことになる。理論上は高度なモデルほど素晴らしいとされていたが，実務上はうまく本質を残したうえで，芸術的なほどにモデルが共通化・簡略化されていたのである。筆者が本書に記した，理論と現実のギャップを埋める様々な実務上の工夫が，今後CDSに関わる方々の一助になれば望外の喜びである。本書の執筆にあたっては，理論と現実のギャップを共に解き明かした大和証券の檀上雅史氏/立川義人氏，全体を詳細に読み込み多数の有益なコメントを提供してくれた妻，由利果にこの場を借りて感謝申し上げたい。

（谷　栄一郎）

# 図表索引

## 第Ⅰ部

| | | |
|---|---|---|
| 図表 1-1 | 保証契約の例 | 5 |
| 図表 1-2 | 調達金利の決定 | 7 |
| 図表 1-3 | 信用リスク・プレミアムの表現方法 | 8 |
| 図表 2-1 | CDS の取引概要 | 12 |
| 図表 2-2 | 単純化した銀行のバランスシート | 14 |
| 図表 2-3 | 契約書の構造 | 16 |
| 図表 3-1 | 反対取引によるポジションの解消 | 22 |
| 図表 3-2 | 早期解約によるポジションの解消 | 24 |
| 図表 3-3 | ノベーションによるポジションの解消 | 25 |
| 図表 4-1 | ペア・トレードの典型例 | 31 |
| 図表 4-2 | ノーショナル・マッチ,デュレーション・マッチ取引の具体例 | 33 |
| 図表 4-3 | 東芝の CDS スプレッド（2018 年 7 月 31 日と 2018 年 11 月 30 日の比較） | 33 |
| 図表 5-1 | CDS と保証契約 | 40 |
| 図表 5-2 | アセットスワップ | 42 |
| 図表 5-3 | アセットスワップと CDS の比較 | 43 |
| 図表 5-4 | ネガティブ・ベーシス取引 | 45 |
| 図表 5-5 | CDS スプレッドと株価の推移 | 49 |
| 図表 5-6 | CDS スプレッドと株価の散布図 | 49 |
| 図表 6-1 | CDS のカウンターパーティー・リスクに関連するシナリオ | 59 |
| 図表 6-2 | 取引相手が債務不履行に陥るシナリオ | 60 |
| 図表 6-3 | カウンターパーティー・リスクが顕在化するシナリオ | 60 |
| 図表 6-4 | 取引相手（売り手）が健全な状態でクレジットイベント発生（A-Ⅰ-4） | 62 |
| 図表 6-5 | クレジットイベントが未発生の状況で取引相手（売り手）に債務不履行発生（A-Ⅱ-3） | 63 |
| 図表 6-6 | 参照組織のクレジットイベントと取引相手の債務不履行の同時発生（A-Ⅱ-4） | 64 |

| | | |
|---|---|---|
| 図表 6-7 | クレジットイベントが未発生の状況で<br>取引相手（買い手）に債務不履行発生（B-Ⅱ-1） | 65 |
| 図表 6-8 | 一括清算 | 68 |
| 図表 6-9 | CSA の実務 | 69 |
| 図表 6-10 | CCP の基本的な枠組み | 73 |
| 図表 7-1 | 日本ソブリン CDS スプレッドと格付けの関係 | 80 |
| 図表 7-2 | 日本ソブリンのスプレッド推移（2003～2018 年） | 81 |
| 図表 8-1 | クレジット商品の全体像 | 89 |
| 図表 8-2 | 典型的なクレジット・リンク商品のスキーム図 | 92 |
| 図表 8-3 | FTD の仕組み | 93 |
| 図表 8-4 | どちらか1社がデフォルトする確率 | 94 |
| 図表 8-5 | CDO および CLO の組成額の推移 | 95 |
| 図表 8-6 | 世界の CDS インデックス | 99 |
| 図表 8-7 | 主な CDS インデックス | 100 |
| 図表 9-1 | プロテクションの買い手と売り手の経済効果<br>（デフォルト Leg とプレミアム Leg） | 112 |
| 図表 9-2 | CDS 取引の計算ツール | 113 |
| 図表 9-3 | ISDA 標準モデルの概念図 | 114 |
| 図表 9-4 | ISDA フェアバリューモデルとデフォルト率の期間構造 | 116 |
| 図表 9-5 | 累積デフォルト率とデフォルト率の期間構造 | 116 |
| 図表 9-6 | カーブ・トレード（デュレーション・マッチ） | 117 |
| 図表 9-7 | マートン・モデルの数式とイメージ図 | 119 |
| 図表 9-8 | 余裕度の数式とイメージ図 | 122 |
| 図表 9-9 | 余裕度と CDS スプレッド（2010 年 4 月～2018 年 11 月） | 122 |
| 図表 9-10 | 電気機器 4 社の余裕度と CDS スプレッド<br>（2010 年 4 月～2018 年 11 月） | 123 |
| 図表 9-11 | 業界全体の余裕度低下（＝ワイド化）を想定するケース | 124 |
| 図表 9-12 | 業界全体の余裕度改善（＝タイト化）を想定するケース | 125 |

## 第Ⅱ部

| | | |
|---|---|---|
| 図表 1-1 | マスター・コンファメーション | 131 |
| 図表 1-2 | マトリクスのイメージ | 132 |

| | | |
|---|---|---|
| 図表 1 – 3 | バックログの期間の推移（2002〜2005 年） | 133 |
| 図表 1 – 4 | バックログの期間の推移（2006〜2009 年） | 134 |
| 図表 1 – 5 | Big Bang による変更 | 135 |
| 図表 2 – 1 | 「全額期中払い方式」と「アップフロントと期中払い組合せ方式」 | 143 |
| 図表 2 – 2 | 日米欧市場における固定金利の統一化（民間法人銘柄） | 144 |
| 図表 2 – 3 | 固定金利の計算期間と利払日 | 146 |
| 図表 3 – 1 | イベント対象債務の種類 | 150 |
| 図表 3 – 2 | イベント対象債務の性質 | 150 |
| 図表 3 – 3 | 引渡可能債務の性質と対象となる債務の種類 | 156 |
| 図表 4 – 1 | DC メンバーの構成 | 171 |
| 図表 4 – 2 | クレジットイベントの認定期間（Big Bang 前） | 180 |
| 図表 4 – 3 | クレジットイベントの認定期間の相違 | 180 |
| 図表 4 – 4 | クレジットイベントの認定期間（Big Bang 後） | 181 |
| 図表 5 – 1 | クレジットイベントの主な適用状況 | 183 |
| 図表 5 – 2 | バンクラプシー条項抄訳 | 185 |
| 図表 5 – 3 | 海外の金融機関のバンクラプシー事例 | 187 |
| 図表 5 – 4 | リストラクチャリング条項抄訳 | 195 |
| 図表 5 – 5 | 最低支払不履行額・最低デフォルト額 | 198 |
| 図表 5 – 6 | 履行拒否／支払猶予延長条件 | 205 |
| 図表 5 – 7 | 政府介入条項抄訳 | 207 |
| 図表 6 – 1 | 決済方法 | 211 |
| 図表 6 – 2 | 現金決済（市場価格参照型） | 213 |
| 図表 6 – 3 | 現金決済（定額型） | 213 |
| 図表 6 – 4 | 現物決済 | 217 |
| 図表 6 – 5 | 現物決済の流れ | 217 |
| 図表 6 – 6 | 決済方法の変遷 | 221 |
| 図表 6 – 7 | 現金決済と引渡可能債務の売買の組合せ 1（例） | 224 |
| 図表 6 – 8 | 現金決済と引渡可能債務の売買の組合せ 2（例） | 225 |
| 図表 6 – 9 | 入札決済の特徴 | 226 |
| 図表 6 – 10 | アイフル CDS 入札の流れ | 227 |

| 図表6-11 | 入札の手順 | 229 |
| 図表6-12 | 基準仲値の決定例 | 231 |
| 図表6-13 | 調整金額の決定例 | 232 |
| 図表6-14 | 最終価格の決定例 | 234 |
| 図表7-1 | 承継者の決め方 | 238 |

# 用 語 索 引

## 数字

1999 年版定義集 ················· 130
2003 年版定義集 ················· 130
2014 ISDA Credit Derivatives
　　Definitions ··················· 129
2014 年版定義集 ················· 136

## B

Big Bang ························· 134

## C

CBO ······························· 95
CCP ··························· 15, 71
CDS ························· 11, 129
CDS インデックス ·············· 98
CDS スプレッド・カーブ ······ 32
Cheapest to Deliver（CTD）······ 166
CLO ······························· 95
CSA ······························· 16

## D

DC ································ 170
DC クレジットイベント発生発表 ··· 177
DC クレジットイベント未発生発表
　································ 177
DC セクレタリー ············· 170
DC 発表対象期限日 ············ 178
DC ルール ················ 135, 170
DES ······························ 200

## F

FTD ······························· 90
funded ···························· 90

## G

General Interest Question ········ 173

## I

ISDA ······························ 15
ISDA 標準モデル ·············· 111

## M

M(M)R リストラクチャリング ······ 167
Mod Mod R ···················· 167
Mod R ··························· 167

## O

OTC デリバティブ ·············· 15

## P

PAI ······························ 173

## R

RAST ···························· 228

## S

Small Bang ····················· 134
SPV ······························ 91
SRO リスト ····················· 148

## U

unfunded ························· 90

## あ行

アセットスワップ ·············· 41
アップフロント ················ 141
アービトラージ ················· 28
アービトラージ型 ·············· 96
一括清算 ·························· 68

251

イニシャル・マーケット・オファー
　　　…………………………… 228
イニシャル・マーケット価格 ……… 228
イニシャル・マーケット・ビッド
　　　…………………………… 228
イベント対象債務 ………… 18, 149
インデックスのロール ………… 103
エクスポージャー ……………… 54
オフ・ザ・ラン ………………… 103
オープン・インタレスト ……… 232
オリジネーター ………………… 96
オン・ザ・ラン ………………… 103

### か行

開始日 …………………… 17, 144
買い手または売り手 …………… 169
該当オブリゲーション ………… 237
外部有識者パネル ……………… 171
下位劣後債務 …………………… 153
カウンターパーティー・リスク … 53
カーブ・トレード ……………… 33
借入債務 ………………………… 149
カレント ………………………… 103
関係子会社 ……………………… 155
起債市場 ………………………… 4
基準仲値 ………………………… 230
キャッシュ型 …………………… 90
キャッシュフロー型 …………… 96
許容偶発事由 …………………… 159
禁止行為 ………………………… 159
金融参照組織条件 ……………… 152
クォーテーション金額 ………… 228
クライアント・クリアリング … 73
クレジットイベント …………… 11
クレジットイベント基準日 …… 181
クレジットイベント決済 … 12, 19
クレジットイベント通知 ……… 173
クレジットイベント判定リクエスト日
　　　…………………………… 177
クレジット・スプレッド ……… 6
クレジット・デフォルト・スワップ
　　　…………………………… 11, 129
クレジット・デリバティブ …… 3, 11
クレジット・リスク …………… 3
クレジット・リンク債 ………… 90
クレジット・リンク・ローン … 90
計算代理人 ……………………… 212
現金決済 ………………… 19, 211
現物買いリクエスト …………… 229
現物決済 ………………… 19, 211
現物決済期間 …………………… 216
現物決済通知交付期限日 ……… 216
現物決済日 ……………………… 217
現物売買リクエスト …………… 229
現物売りリクエスト …………… 229
公開情報 ………………………… 173
公開情報源 ……………………… 173
公開情報の通知 ………………… 173
行使期限日 ……………………… 178
構造型アプローチ ……………… 111
顧客現物売買リクエスト ……… 229
固定金利 ………………………… 141
固定金利計算期間最終日 ……… 145
固定金利支払日 ………………… 144
固定金利日数計算式 …………… 144
誤方向リスク …………………… 66
コンファメーション …………… 15
コンプレッション ……………… 23

### さ行

債券 ……………………………… 149
債券またはローン ……………… 149
最終価格 ………………… 212, 234
最大資産パッケージ …………… 164
最長決済期間制限 ……………… 217
最長満期 ………………………… 162
最低支払不履行額 ……………… 190
最低デフォルト額 ……………… 198
参照価格 ………………………… 212
参照債務 ………………………… 147
参照債務のみ …………………… 149
参照組織 ………………………… 11

用 語 索 引

残存元本金額 ·················· 158
資産市場価値 ················· 164
資産パッケージ ············ 158, 164
資産パッケージ・クレジットイベント
　 ····························· 164
資産パッケージ引渡 ············ 157
市場ポジション取引 ············ 232
シニア債務 ··················· 152
シニア取引 ··················· 152
支払債務 ····················· 149
支払不履行 ··············· 18, 189
支払優先レベル ················ 148
支払猶予期間 ················· 192
支払猶予期間延長 ·············· 194
事由発生決定日 ················ 169
事由発生前引渡可能債務 ······ 157, 164
終了日 ······················· 216
上位半分 ····················· 230
承継 ························· 237
承継者 ······················· 237
承継事由基準日 ················ 239
承継事由判定リクエスト日 ······· 239
上下制限値 ··················· 230
照合済リミット・オーダー ······· 233
譲渡可能ローン ················ 160
除外イベント対象債務 ··········· 152
除外引渡可能債務 ·············· 166
シンセティックCDO ············ 90
シンセティック型 ··············· 90
信用リスク ····················· 3
信用リスクの移転 ················ 4
信用リスクの創出 ················ 3
信用リスク・プレミアム ··········· 6
スキュー ····················· 104
すべての保証 ·················· 155
請求可能額 ··················· 159
政府介入 ················ 18, 206
セカンダリー市場 ················ 4
潜在的支払不履行 ·············· 192
潜在的履行拒否／支払猶予 ··· 173, 204
セントラル・カウンターパーティー
　 ·························· 15, 71
ソブリンCDS ·················· 79
ソブリン承継事由 ·············· 239

### た 行

代替参照債務 ················· 148
代替事由 ····················· 148
第二次入札期間 ················ 233
段階的承継計画 ················ 241
調整金額 ····················· 230
追加条項 ················ 16, 130
通貨変更 ····················· 194
通知交付期間 ················· 177
通知交付日 ··················· 177
通知当事者 ··················· 169
ディーラー現物売買リクエスト ···· 229
適格関係会社保証 ·············· 155
適格情報 ····················· 238
適格保証 ····················· 155
デット・エクイティ・スワップ ···· 200
デュレーション・マッチ ········· 34
同意を要するローン ············ 160
当初支払額 ··················· 142
当初支払日 ··················· 142
当初証拠金 ···················· 71
当初入札期間 ················· 228
トランザクション・サプリメント
　 ··························· 131
取引可能ペア ·················· 230
取引日 ·················· 17, 142
取引不可能ペア ················ 230
取引未了リミット・オーダー ····· 233

### な 行

入札 ························ 223
入札運営者 ··················· 227
入札決済 ··············· 19, 211, 223
入札決済条件 ················· 227
入札ディーラー ················ 227
入札日 ······················ 227
入札申込書 ··················· 227

253

ネガティブ・スキュー ················ 104
ネガティブ・ベーシス ················ 44
ノーショナル・マッチ ················ 33
ノベーション ························ 23
ノベーション・プロトコル ············ 26
ノン・ディーラー委員 ················ 172

## は行

バックログ ·························· 25
パッケージ観察可能債券 ······· 157, 164
発行市場 ····························· 4
バランスシート型 ···················· 96
バンクラプシー ················ 18, 184
引渡可能債務 ······················ 157
引渡可能債務最終リスト ············· 227
引渡可能債務当初リスト ············· 227
非持参人払式 ······················ 161
非標準参照債務 ···················· 148
非標準事由発生決定日 ··············· 177
評価ディーラー ···················· 212
評価日 ···························· 212
標準参照債務 ······················ 148
非劣後 ······················ 150, 159
ファースト・トゥ・デフォルト ······· 90
複数債権者債務 ···················· 199
プライア参照債務 ·················· 151
プライマリー市場 ···················· 3
プロテクションの売り手 ·············· 11
プロテクションの買い手 ·············· 11
プロテクションを売る ················ 11
プロテクションを買う ················ 11
プロトコル ·························· 16
プロトコル方式 ······················ 17
ペア ······························ 230
ペア・トレード ······················ 30
ベーシス ···························· 44
変動証拠金 ·························· 71
包括承継者 ························ 240

法務サブコミッティ ················ 171
ポジティブ・スキュー ··············· 104
ポジティブ・ベーシス ················ 44
保証 ································ 4
ポテンシャル・エクスポージャー ····· 55

## ま行

マーケット・バリュー型 ·············· 96
マスターアグリーメント ········ 15, 129
マスター・コンファメーション ····· 131
マトリクス ························ 131
マートン・モデル ·················· 111
無リスク ····························· 6

## や行

有識者メンバーリスト ··············· 172
誘導型アプローチ ·················· 111
用語定義集 ··················· 16, 129
予定終了日 ·························· 17

## ら行

リカバリー・ロック ················ 214
履行拒否／支払猶予 ············ 18, 202
履行拒否／支払猶予延長条件 ········ 206
履行拒否／支払猶予延長通知
 ························ 173, 204
履行拒否／支払猶予評価日 ·········· 206
リスク・フリー ······················· 6
リストラクチャリング ·········· 18, 195
リストラクチャリング対象引渡可能
 ソブリン債務 ············ 157, 162
リミット・オーダー ················ 233
リミット・オーダー取引 ············· 233
流通市場 ····························· 4
劣後債務 ·························· 152
劣後取引 ·························· 153
ローン ···························· 149
ロング・ショート ··················· 30

## 著者紹介

**土屋　剛俊**（つちや　たけとし）
みずほ証券株式会社 金融市場本部 シニアエグゼクティブ
1985年一橋大学経済学部卒 1987年野村證券（株）入社、野村バンクインターナショナル（英国ロンドン）、業務審査部（現リスクマネジメント部）を経て、野村インターナショナル（香港）にてアジア・パシフィックの非日系リスク管理部門を統括。1997年チェースマンハッタン銀行入社、東京支店審査部長。同行のアジア・パシフィック部門におけるデリバティブ取引信用リスク数量化・管理業務の責任者を兼務。2000年よりチェース証券会社調査部長。2001年より野村證券金融市場本部チーフクレジットアナリスト。2005年より野村キャピタルインベストメント審査部長。2009年2月よりバークレイズ証券 クレジットトレーディング部ディレクター。2013年11月より現職。著書：『財投機関債投資ハンドブック』（きんざい）、『デリバティブ信用リスクの管理』（シグマベイスキャピタル）、『日本のソブリンリスク』（東洋経済新報社　共著）、『入門社債のすべて』（ダイヤモンド社）

**大橋　英敏**（おおはし　ひでとし）
みずほ証券株式会社 リサーチ＆コンサルティングユニット シニアエグゼクティブ 兼
金融市場調査部 チーフクレジットストラテジスト
同志社大学経済学部卒業、大阪大学大学院経済学研究科修了。
1991年日本生命保険相互会社入社、2000年よりモルガン・スタンレー・ディーン・ウィッター証券会社東京支店（現モルガン・スタンレーMUFG証券株式会社）入社、クレジットストラテジストとして、日本を含む世界のクレジット市場分析および商品横断的な分析および投資戦略を提供。2006年より債券調査本部長、2008年よりマネージングディレクターを歴任。2012年ジャパン・クレジット・アドバイザリー株式会社を創業、代表取締役社長に就任し、日本では珍しいクレジット専門の投資助言業務を営む。2015年より現職。著書：『クレジット投資のすべて』（金融財政事情研究会）など。

**糸田　真吾**（いとだ　しんご）
オーガニック トランスレーション 代表
東京外国語大学外国学部英米語学科卒業。1994年、チェースマンハッタン銀行に入行。1999年以降、欧米の外資系証券会社において、クレジット・デリバティブを中心とした信用リスク商品のリスク管理、ドキュメンテーション、マーケティング、営業などを担当。2009年から2011年にかけて日本銀行金融市場局および金融機構局にて、クレジット市場の分析などを担当。2008年から2009年にかけて明治大学商学部にて、兼任講師として金融特殊講義を担当。2011年に翻訳家・コンサルタントとして独立して現在に至る。著書：『クレジット・デリバティブのすべて』（共著：財経詳報社）、『ビッグバン後のクレジット・デリバティブ』（共著：財経詳報社）

**谷　栄一郎**（たに　えいいちろう）
大和証券株式会社 金融市場調査部 副部長 債券調査課長 チーフストラテジスト
東京大学経済学部経済学科卒業、一橋大学大学院国際企業戦略研究科金融戦略・経営財務コース卒業（卒業生総代）。2001年JPモルガン証券入社、クレジット・デリバティブを中心とした信用リスク商品のリスク管理業務を担当。2003年に大和証券入社、金融市場調査部と債券部にてクレジットアナリスト、クレジットトレーディング業務を担当。2019年より現職。テレビ東京『Newsモーニング・サテライト』レギュラーコメンテーター、CFA認定証券アナリスト。主な論文：『共和分の手法と複数の流動性手法を用いた社債スプレッドの分析』（2013年度証券アナリスト・ジャーナル証受賞）

---

## 新クレジット・デリバティブのすべて

令和元年6月21日　初版発行Ⓒ
令和4年9月29日　初版第2刷発行Ⓒ

著　者　　土屋　剛俊　　大橋　英敏
　　　　　糸田　真吾　　谷　栄一郎
発行者　　宮本　弘明

発行所　　株式会社　財経詳報社

〒103-0013　東京都中央区日本橋人形町1-7-10
電話　03(3661)5266㈹
FAX　03(3661)5268
https://www.zaik.jp
Printed in Japan 2019

落丁・乱丁はお取り替えいたします。　印刷・製本　創栄図書印刷
ISBN 978-4-88177-771-8